Berger • Das Cellobuch

Für meine Eltern

Dietmar Berger

Das Cellobuch

Das Instrument im Spiegel von Literatur und Film

Ein Buch für Cellofans

Verlag Dohr Köln

Gefördert durch ein Künstlerstipendium im Rahmen der NRW-Corona-Hilfen

Ministerium für
Kultur und Wissenschaft
des Landes Nordrhein-Westfalen

Bibliografische Information der Deutschen Nationalbibliothek

Die Deutsche Nationalbibliothek verzeichnet diese Publikation in der Deutschen Nationalbibliografie; detaillierte bibliografische Daten sind im Internet über http://dnb.d-nb.de abrufbar.

1. Auflage 2020
© 2020 by Verlag Christoph Dohr Köln
www.dohr.de • info@dohr.de

Lektorat: Christoph Dohr
Layout und Satz: Christian Vitalis
Covergestaltung: Maximilian Dohr
Gesamtherstellung: Verlag Dohr Köln

ISBN 978-3-86846-168-8

Gedruckt auf säure- und chlorfreiem,
alterungsbeständigem Papier.

Dieses Werk einschließlich aller seiner Teile ist urheberrechtlich geschützt. Jede Verwertung außerhalb der engen Grenzen des Urheberrechtsgesetzes ist ohne schriftliche Genehmigung des Verlages unzulässig und strafbar. Das gilt insbesondere für Vervielfältigungen, Mikroverfilmungen, Übersetzungen und die Einspeicherung und Verarbeitung in elektronischen und digitalen Systemen.

Inhalt

Klaus Heitz: Grußwort 7
Einleitung 9
Best-of 11
Romane, Erzählungen und mehr 23
Kinder- und Jugendbücher 65
Celloliteratur im Internet 87
Intermission 1 93
Cellisten 95
Luigi Boccherini und Jacques Offenbach 143
Intermission 2 153
Geigenbauer 155
Fachliteratur 163
Filme 185
Kinder- und Jugendfilme 195
Ausklang 199

Anhang

Franz Hohler: Der Vater meiner Mutter 203
Literaturverzeichnis 205
Bildnachweis 213

Danksagung 216

Grusswort

Ja! Cello, Cello, Cello! Lieber Dietmar, Sie haben eine wunderschöne und einmalige Sammlung zum Thema „Das Violoncello in der Literatur" zusammengestellt! Noch nie gab es eine so weit gefächerte Dokumentation über unser so geliebtes und doch so geheimnisvolles Instrument; ohne Zweifel das interessanteste und farbenreichste aller Streichinstrumente. Ununterbrochen hat das cellistische Repertoire Erneuerungen durchgemacht, dank seiner Interpreten und dank der Komponisten, deren Phantasie nie Grenzen gesetzt zu sein schienen. So auch im 20. Jahrhundert; am Anfang die Solosonate von Zoltan Kodály, die damals als unspielbar galt und gegen Ende die ungemein schwierige und abstrakte Solosonate von Bernd Alois Zimmermann.

Neue Klänge und Spieltechniken haben schon seit der Barockzeit beständig die Cellisten herausgefordert und trotzdem bleibt der Celloton, die menschliche Stimme unter den Instrumenten, unser Markenzeichen. Diesem Ton sind seit jeher die Zuhörer verfallen, darunter natürlich auch Schriftsteller und Dichter verschiedenster Couleur bis hin zum Nobelpreisträger für Literatur Kazuo Ishiguro.

Das alles und noch viel mehr ist zu lesen in Ihrem großartigen Kompendium über die „Cello-Erscheinungen" in der Literatur! Der Mensch und die Musik, Ernsthaftigkeit und Humor; eine unglaublich spannende Reise durch die Jahrhunderte begleitet von so vielen Künstlern und Ereignissen! Im Namen aller Cellisten herzlichsten Dank!

Klaus Heitz

Einleitung

Mitte März 2020 kam in Deutschland das öffentliche Leben weitestgehend zum Erliegen. Sämtliche Kindergärten, Schulen und ähnliche Einrichtungen wurden geschlossen, ebenso die Restaurants, die Bars und Kneipen und viele Geschäfte. In den Kirchen gab es keine Gottesdienste mehr, und die Bundesliga beendete vorzeitig die Saison. Diese Maßnahmen hatte die Bundesregierung in Absprache mit den Landesregierungen getroffen, um die Ausbreitung des Coronavirus zu verlangsamen und damit besser bekämpfen zu können. Der Virus hatte im Ausland schon vielen Menschen das Leben gekostet, besonders betroffen waren zunächst China und in Europa Italien. Dann stiegen die Infiziertenzahlen auch in den anderen Ländern, so dass in Deutschland gegen Ende des Monats die Maßnahmen der Regierungen noch verschärft wurden. So sollten die Menschen z. B. einen Mindestabstand von 1,50 bis 2 Metern voneinander einhalten und sich nur noch jeweils zwei Personen gleichzeitig an einem Ort aufhalten, nur Familien waren von dieser Vorschrift ausgenommen.

Leider fielen auch alle Konzerte aus, und das betraf nun mich selbst, denn ich bin Musiker, genauer: Cellist. Diese völlig neue Situation war vermutlich der Auslöser dafür, ein Vorhaben zu beginnen, das ich schon lange geplant hatte, nämlich dieses Buch zu schreiben: ein Buch über das Cello und das Lesen, also das Cello im Buch, in der Literatur.

Das Cello hat mich schon früh in meinem Leben fasziniert. Ich lernte es durch meinen Vater kennen, der eigentlich immer Geige gespielt hatte, sich dann aber entschloss, das Cellospiel zu erlernen. Eines Tages sagte er zu mir: „Dietmar, komm mal mit." Wir fuhren zu seiner Cellolehrerin, und an diesem Tag hatte er seine letzte Cellostunde und ich meine erste. Damit begann für mich das Cellistendasein.

Aber wie schon gesagt: Es geht hier nicht um den Alltag der Cellisten, das Geübe, die Konzerte, das Schwitzen vor Lampenfieber. Hier geht es um das Cello in der Literatur, und dieses Buch richtet sich an seine Bewunderer, seine Fans. Leute, die nicht nur begeistert sind über den Celloton und die Musik, die man darauf machen kann, die Kompositionen, die für dieses Instrument seit 400 Jahren geschrieben wurden, die großen Cellisten, die diese Stücke so mühelos beherrschen. Sondern hier geht es um die besondere Spezies von Menschen, die auch die schöne Form des Cellos, den Glanz und den Duft des Lackes lieben. Die sich stundenlang die Schnecke ihres Cellos ansehen und bewundern können. Und die auch die elegante Form des Cellobogens mögen – und, wie er sich anfühlt. Deren Liebe vielleicht noch weiter geht, so dass sie sich freuen, wenn sie auf alten Gemälden oder Kupferstichen Streichinstrumente entdecken usw. Tatsächlich habe ich eine kleine Anzahl von Nippesfigürchen verschiedenster Art, die alle ein Cello zwischen den Knien halten. Die Darstellungen sind oft mehr schlecht als recht gelungen, aber das ist nicht so wichtig. Ich habe sogar ein Feuerzeug in der Form eines Cellos: Wenn man den Hals zur Seite kippt, schießt an dieser Stelle eine Flamme heraus. Man kann es wohl nicht leugnen: Ich bin ein Cello-Fan.

Gut, werden Sie sagen, ist das denn etwas Besonderes? Es gibt unendlich viele Fans von irgendwelchen Dingen, auch Cellofans wird es wie Sand am Meer geben. Und mit Ihrem Einwand haben Sie absolut recht: Die gibt es wie Sand am Meer. Zum Glück. Und dieses Buch hier ist eben ein Buch für die zahllosen Cellofans, oder auch für angehende Cellofans.

Ich liebe Bücher, und es ist dann natürlich schön, wenn ich ein Buch entdecke, in dem das Cello eine wie auch immer geartete Rolle spielt. Ob diese Rolle nun groß ist oder klein – das ist zunächst erst mal gar nicht so wichtig. Und es ist auch heute noch so: Wenn ich mich gerade in ein neu entdecktes Cellobuch einlese, überträgt sich der Schwung auf mein Üben am Instrument. Es wirkt in der Tat inspirierend. Das ist dann ein sehr schönes Gefühl, von dem man sich wünschte, dass es möglichst lange anhält.

Im Folgenden habe ich nun die Bücher, die ich in dieser Hinsicht besonders anregend finde, aufgelistet und einige Anmerkungen dazu gemacht. Die echten Cellofans werden viele davon schon kennen. Es würde mich aber sehr freuen, wenn vielleicht doch der ein oder andere Tipp dabei ist.

Best-of

Dasjenige Buch, das auf Anhieb den meisten „cellistischen Schwung" bei mir freigesetzt hat, war natürlich Gregor Piatigorskys „Mein Cello und ich" (dtv, 1975). Dieses Buch, ein Cellofan-Klassiker, ein echter „Knüller", schenkte mir mein Vater, und da es so alt ist, ist vorne noch die wunderbare Coverillustration von Celestino Piatti abgebildet. Die Coverillustration der gegenwärtigen Ausgabe ist dagegen leider ziemlich beliebig, und das Cello, das vorne abgebildet ist, hat mit Piatigorskys Stradivari „Batta" nichts zu tun. Aber der Inhalt ist ja zum Glück derselbe geblieben: Humorvoll erzählt der große Cellist Gregor Piatigorsky aus seinem Leben, das aus einer Aneinanderreihung der unglaublichsten Anekdoten zu bestehen scheint. Mit Leichtigkeit steht er himmelhoch über den Dingen, und das alles ist keine Angeberei, im Gegenteil. Hier spricht ein echter Meister – allerdings, was um so seltener ist: einer mit espritvollem Humor.

Mit „Mein Cello und ich" las ich mein erstes Buch, das eigentlich für erwachsene Leser gedacht war. Doch das stellte überhaupt kein Problem dar, im Gegenteil. Die Passage, in der Gregor Piatigorsky und Jascha Heifez nach gelungener Einwanderung in die USA in eine Tanzschule eintreten, um das Tanzen zu erlernen, aber nach einigen Tagen als „völlig unmusikalisch" gefeuert werden, wurde für mich zur Bestätigung meiner Annahme, dass zumindest klassische Musiker, besonders aber Cellisten, aus wahrscheinlich biologischen Gründen auf keinen Fall tanzen lernen können. Mehr noch: Unterstützt durch meinen Meister Piatigorsky, dessen Brahms-Sonaten mit Arthur Rubinstein ich mir während vieler Jahre mehrmals täglich anhörte, verwandelte sich diese Annahme in eine feste Überzeugung, und ich konnte plötzlich sämtliche Angebote meiner Schul- und Klassenkameradinnen, ich möge doch ihr Tanzpartner für die Tanzschule werden, ohne jede Verlegenheit und mit gefestigtem Selbstvertrauen einfach ablehnen. Natürlich ist dies nur einer von vielen Fällen, in denen Piatigorsky für mich zum Vorbild wurde.

Später folgte „Licht und Schatten", ein Buch von und über Pablo Casals. Dazu möchte ich zunächst eine Bemerkung machen: Insgesamt gesehen sind die „Casals-Bücher" ein Kapitel für sich. Klar ist, dass man die wichtigsten Titel alle einmal gelesen haben sollte. So wie man auch die wichtigsten Aufnahmen von Casals kennen sollte: die Bachsuiten, das Konzert im Weißen Haus, die Aufnahme aus dem Bonner Beethovenhaus usw. „Licht und Schatten auf einem langen Weg" (Erinnerungen, aufgezeichnet

Abb. 1: N. Scherbakow, D. Davis, Alexander Stogorsky, Gregor Piatigorsky und Wladimir Pawlowitsch Perlin, Tschaikowski-Wettbewerb, Frühling 1962.

von Albert E. Kahn, Fischer 1974) nimmt unter den Casals-Büchern in meinen Augen einen hervorragenden Platz ein. Schon im Vorwort schwingt Kahns Ehrfurcht vor der bedeutenden Persönlichkeit und ihrer menschlichen Größe mit. Seine Haltung fasst Pablo Casals selbst gleichnishaft in folgende Worte:

„Ich beuge meinen Rücken nur über mein Cello, sonst vor niemandem. Kunst ohne Menschlichkeit ist nichts."

Es mag seltsam erscheinen, aber vielleicht wurden deshalb dieses und die anderen Bücher über Casals zwar meine Lieblingsbücher, aber bis zu einem gewissen Grade auch „problematische" Lieblingsbücher. Einfach aus dem Grund: Sie begeisterten mich beim Lesen, aber im Nachhinein wirkten sie auf mich einschüchternd – wenn Sie verstehen, was ich meine.

Wie dem auch sei – Casals konnte jedenfalls auch ungetrübten Humor zeigen. Mein Lehrer an der Musikhochschule Düsseldorf, Claus Reichardt, erzählte mir einmal eine lustige Geschichte, die ihm wiederum sein Lehrer, der berühmte spanische Cellist Cassadó, erzählt hatte: Wie jedermann weiß, warf Casals seinem Lieblingsschüler Cassadó vor, dass er sich bei Ausbruch des Spanischen Bürgerkriegs 1936 und auch später opportunistisch und politisch gleichgültig verhalten habe. Darüber kam es zwischen den beiden spanischen Cellisten zum Zerwürfnis. Nun ergab es sich, dass sich eines Tages beide Meister anlässlich eines großen Musikfestivals in der italienischen Stadt Siena aufhielten – allerdings ohne von der Anwesenheit des anderen zu wissen. Zufällig trafen sich die beiden dann in einer schmalen Gasse, sie erkannten sich, liefen aufeinander zu, umarmten sich und jeglicher Streit war vergessen. Nachdem sie sich wieder beruhigt hatten, sprach der eine: „So, jetzt haben sich die bedeutendsten Cellisten unserer Zeit wieder vertragen, und niemand hat es mitbekommen." „Ja", sprach der andere, „das geht so eigentlich nicht." „Hmm", sagte der eine nach einigen Augenblicken des Überlegens. „Das ist in der Tat mies, aber ich glaube, ich weiß da eine Lösung", und er flüsterte dem anderen etwas ins Ohr. Und so wurden die Besucher des Musikfestivals und die Touristen, die sich gewohnheitsmäßig am späten Nachmittag, wenn es schon wieder etwas kühler wurde, auf dem berühmten fächerförmigen piazza del campo von Siena versammelt hatten, völlig unvermutet Zeugen des folgenden Spektakels: Von links trat aus einem Sträßchen Pablo Casals, umgeben von seinen Jüngern, auf den Platz. Jedermann erkannte ihn sofort, und ein Raunen ging durch die Menge. Von rechts trat zugleich Gaspar Cassadó inmitten seines Schülergefolges auf den Platz. Auch ihn erkannte jeder sofort.

Erneutes Raunen. Dann erblickten sich die beiden Cellomatadore, die gesammelte Schüleranhängerschaft hielt den Atem an: Was würde nun geschehen? Der Engel ging vorbei. Da eilten die beiden Meister plötzlich aufeinander zu und lagen sich schon in den Armen, unter dem donnernden Applaus sämtlicher Zeugen dieses historischen Augenblicks.

Ich weiß, dass die Biographen von Casals und Cassadó das Ereignis der Versöhnung anders niederschrieben haben: Cassadó habe einen Brief an Casals geschrieben usw., aber so ist die Geschichte, wie sie mir mein Lehrer Claus Reichardt vor Jahrzehnten erzählt hat. – Es kann natürlich sein, dass mir mein Gedächtnis hier oder da einen Streich gespielt hat, aber im Großen und Ganzen... Tatsächlich hat Claus Reichardt mir die Richtigkeit der Geschichte kürzlich noch einmal telefonisch bestätigt.

Ich habe übrigens mal munkeln hören, dass Casals auf seinen Lieblingsschüler Cassadó

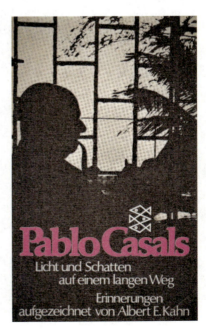

Abb. 2: Albert Kahn: „Pablo Casals, Licht und Schatten auf einem langen Weg, Erinnerungen" (Fischer Taschenbuch Verlag 1974).

Abb. 3: Pablo Casals spielt ein Konzert während des ersten Israel International Music Festival in Caesaria, September 1961. Foto: Fritz Cohen.

hauptsächlich deswegen sauer gewesen sei, weil dieser mit den modernen stahlumsponnenen Saiten herumexperimentierte, anstatt den traditionellen Darmsaiten treu zu bleiben. Andere sagen, es sei gewesen, weil Cassadó anstelle eines Saitenhalters eine Zeitlang Bettfedern ausprobiert habe, aber ich halte das alles für Gerede.

Claus Reichardt berichtete mir aber noch etwas Interessantes über Cassadós Lehrmethode. Ab 1958 unterrichtete Cassadó auch an der Musikhochschule Köln. Es war damals bei vielen Professoren üblich, dass die Unterrichtsstunden in Anwesenheit der ganzen Klasse stattfanden. Nun denn, die Locatelli-Sonate, erster Satz, der Anfang mit dem Aufstrichstaccato, stand auf dem Programm. Die Schülerin startete und es klappte nicht mit dem fliegenden Staccato. Cassadó hatte zugehört, mit unbewegtem Gesicht. Nun sprach er, freundlich und mit weicher Stimme: „Du schaffst nicht, schade..." Schon war die Stunde zu Ende und der nächste Student nahm Platz.

Claus Reichardt hatte selbst aber auch eine besondere Unterrichtsmethode, besonders wenn es um den künstlerischen Ausdruck ging. Wenn man mit dem Stück oder einer Passage fertig war und vorsichtig zu ihm hinübersah, konnte es passieren, dass er einen ganz ruhig ansah, die buschigen Augenbrauen nur um ein My gerunzelt. Dann wiederholte man die Stelle besser noch einmal, und diesmal spielte man sie möglichst richtig gut.

Über keinen Cellisten sind so viele Bücher geschrieben worden wie über Casals – es werden jetzt wohl über 150 sein (Auskunft eines Cellobuch-Sammlers, der anonym bleiben möchte), die Zeitungsartikel und sonstigen Beiträge nicht mitgerechnet. Aus

dieser großen Anzahl von Veröffentlichungen möchte ich nur einige wichtige Titel anführen:
- „Pablo Casals" von Rudolf von Tobel (1947).
- „Gespräche mit Casals" von José Maria Corredor (mit einem Vorwort von Thomas Mann).
- „Pablo Casals erzählt aus seinem Leben" von Arthur Conte (Bern 1952).
- „Casals and the Art of Interpretation" von David Blum (mit Vorwort und Einleitung von Paul Tortelier, Sprache: englisch).
- Robert Baldock: „Pablo Casals – Das Leben des legendären Cellovirtuosen" (Kindler-Verlag, München 1994).

In allen diesen Büchern geht es im Prinzip darum, Casals das Geheimnis seiner Kunst zu entlocken: Wie gelingt es ihm, während des Konzertes auf derartig natürliche Weise unmittelbar mit dem Publikum zu kommunizieren? Jedermann im Auditorium fühlt sich persönlich von ihm angesprochen, und die Sendung ist für den einzelnen Zuhörer immer wichtig, egal in welchen Lebensumständen er sich befindet. Dazu kommt, dass Casals in Einheit mit seinem Instrument und völlig mühelos agiert. Und es ist seltsam: Obwohl sich sowohl die Autoren – in den meisten Fällen sind es die Interviewer – und auch Pablo Casals die redlichste Mühe geben, hier passende Fragen zu stellen, dort passende Antworten zu geben, scheint sich das Geheimnis immer mehr zu verstecken. Trotzdem sind die Berichte natürlich spannend, und irgendwie bringen sie interessierte Cellisten doch auf neue Ideen bei ihrer eigenen Arbeit am Instrument.

Es erscheint einem nach dem gerade Gesagten paradox, dass die Autoren der zeitgenössischen Casals-Bücher – also von Tobel, Corredor, Conte u. a. – sämtlich um die starke Wirkung von Casals' Persönlichkeit wissen und davon in ihren Betrachtungen auch sprechen, fast alle ihn aber mit einer weihevollen Stimmung umgeben, so dass der Eindruck entsteht, als sei tatsächlich eine Legendenbildung von Casals beabsichtigt. Und tatsächlich ist ja Casals für uns, die wir uns heute, mehr als ein halbes Jahrhundert nach seinem Tod mit ihm beschäftigen, schon zur Legende geworden. Aber nun geschieht etwas Interessantes: Diese weihevolle Stimmung wird der Kreativität, der Schaffenskraft Casals' zugrunde gelegt. Und das hat mich ehrlich verblüfft, denn ich hatte immer gedacht, dass es anders herum sein müsse: Aus dem Schaffen erwachse – wenn man Glück hat – etwas Besonderes, bei den Großen eben die weihevolle Stimmung. Dass es auch anders herum möglich sein könnte, dieser Gedanke war mir bis dahin noch nicht gekommen. Die erhabene Atmosphäre, die Casals umgibt, schafft den Grund für seine Kunst.

Im Zusammenhang mit Casals möchte ich auf ein Thema zu sprechen kommen, das jedem begegnet, der sich mit denjenigen deutschen Schriftstellern beschäftigt, deren Wirken in die Jahre des Nationalsozialismus, also von 1933 bis 1945, fällt und sich dann noch bis weit in die Zeit nach dem Zweiten Weltkrieg fortsetzt. Als Beispiele für diese Problematik möchte ich die beiden Bücher von Joseph Müller-Blattau und Alfred Mühr nennen. Die Veröffentlichungen sind sozusagen doppelt problematisch, da sie ausgerechnet Pablo Casals' Biografie zum Thema haben. Beide Autoren lenken in ihren Texten das besondere Augenmerk auf die Würdigung von Pablo Casals' hohen menschlichen Idealen.

Da ist zunächst ein ganz kleines Buch von Joseph Müller-Blattau. Der schmale Fotoband mit einer Sammlung von wirklich sehr interessanten Bildern heißt einfach „Casals" und erschien 1964 im Rembrandt Verlag, Berlin. Einige der Fotos tauchen in Karla Höckers kleinem Band „Große Kammermusik" desselben Verlages noch einmal auf. In beiden ist das tolle Bild, auf dem Casals von hinten, vielleicht beim Einspielen vor einem Konzert, aufgenommen worden ist. In diesem ziemlich bekannten Foto ist quasi das Bild eines Cellomeisters „an sich" festgehalten worden. Vieles, was man sonst so auf Cellistenporträts sieht, ist dagegen Pose oder Maskerade.

Der deutsche Musikwissenschaftler und nationalsozialistische Kulturfunktionär Joseph Müller-Blattau (1895–1976) studierte zunächst Musikwissenschaft an der Universität Straßburg, hatte Unterricht in Komposition und Dirigat bei Hans Pfitzner. 1920 Promotion in Musikwissenschaft an der Universität Freiburg. 1928 Ernennung zum außerordentlichen Professor in Königsberg, 1930 Mitglied der Königsberger Gelehrten Gesellschaft.

Am 1. Mai 1933 Eintritt in die NSDAP und SA-Mitglied. 1935 Professur für Musikwissenschaft in Frankfurt am Main. 1938 bis 1942 Städtischer Musikbeauftragter von Freiburg. 1936 arbeitete er für die Forschungsgemeinschaft Deutsches Ahnenerbe der SS über Germanisches Erbe in deutscher Tonkunst, zu der Heinrich Himmler das Vorwort schrieb. Während des Zweiten Weltkrieges sang er für Rundfunkaufnahmen Kampflieder wie „Erde schafft das Neue" und „Heilig Vaterland".

Ab November 1946, also direkt nach dem Krieg, war er Lehrer an verschiedenen Schulen; 1952 wurde er zum Direktor des Staatlichen Konservatoriums Saarbrücken ernannt und gab als Professor mit vollem Lehrauftrag Vorlesungen an der Universität des Saarlandes. 1963 Emeritierung. 1960 Goldenes Ehrenzeichen des Deutschen Sängerbundes, 1961 Bundesverdienstkreuz 1. Klasse und Präsident des Saar-Sänger-Bundes.

Zum anderen habe ich da ein broschiertes, olivgrünes Heft mit dem Titel „Pablo Casals" (1960) in meiner Cellobuchsammlung. Es ist die farbig illustrierte Werbeschrift der Firma Nattermann, eines Kölner Arzneimittelunternehmens mit einer über 100-jährigen Geschichte. Der sehr persönlich gehaltene Text stellt uns den Cellisten Pablo Casals während eines Konzerts im Juli 1955 in der Kirche St. Pierre in dem Städtchen Prades vor. Alle Bewegungen und Regungen des Cellisten werden geschildert, sogar die zarte Gebärde, mit der die junge Margita Montanez, Casals' spätere Ehefrau, ihm den Schweiß von der Stirne wischt. Dies ist jedoch nur der Ausgangspunkt für die dann folgenden Betrachtungen über Casals' Bedeutung als Instrumentalist und als Mensch, die sehr interessant zu lesen sind.

Der Autor dieser und weiterer sechs Pharma-Werbe-Novellen für die Firma Nattermann ist Alfred Mühr (1903–1981). Der während der Weimarer Republik und der Zeit des Dritten Reiches dem Nationalsozialismus nahe stehende Journalist, Autor, Theaterkritiker und Intendant lebte nach 1945 wegen seiner nationalsozialistischen Gesinnung gebrandmarkt zurückgezogen in Bayern. Er schrieb jedoch weiterhin Novellen, Romane, Jugend- und Sachbücher und unter Pseudonym einige antikirchliche Schriften.

Nun kommt etwas besonderes: das Buch „Mara, eine Erzählung" von Wolf Wondratschek. Ich bekam es eines Tages von einer Schülerin zum Geburtstag geschenkt, und es „überlebte" quasi nur einen Tag, dann hatte ich es schon „gefressen". Dieses Buch ist für echte Cellisten ein Muss – fast schon so wie Piatigorskys „Mein Cello und ich". Die Hauptperson der Geschichte ist das von Antonio Stradivari 1711 gebaute Cello namens Mara.

Nun ist ja die Idee, dass ein Instrument die Rolle der Hauptperson übernimmt, an sich nicht neu; ich habe schon einige Geigen als Protagonisten erlebt, natürlich meistens ebenfalls Stradivaris. Aber erstens hat Mara in den 300 Jahren seiner Exis-

Abb. 4: Wolf Wondratschek und Luzia Braun im Gespräch (Leipziger Buchmesse 2011).

tenz wirklich die tollsten Abenteuer erlebt, und zweitens kann Wolf Wondratschek sie auch wunderbar erzählen. Allerdings: Die Geschichte wird ja aus der ich-Perspektive des Mara-Cellos erzählt, aber man erkennt an seiner Sprache mitnichten, dass es sich bei ihm um ein uraltes Adelsgeschlecht handelt. Sämtliche Spuren eines italienischen Akzentes und einer distinguierten Ausdrucksweise sind verschwunden, und wenn das Mara-Cello spricht, dann klingt es, als sei es 1943 in Deutschland geboren worden.

Mit „Mara" hat Wolf Wondratschek (geb. 1943) vermutlich sein eingängigstes Buch geschrieben. Ich hätte gerne etwas davon zitiert, aber leider habe ich das Buch an jemanden verliehen, dummerweise weiß ich nicht mehr, an wen. Und Bücher – gerade solche – haben die Angewohnheit, nicht von selber wieder einzutrudeln. Übrigens fällt mir grade ein, dass ich es mir schon zweimal selbst geschenkt habe. Dass jetzt keines mehr da ist, bedeutet, dass ich es schon öfters verliehen habe.

„Mara" wurde vom Carl Hanser Verlag (2003) und dann vom dtv-Verlag herausgegeben. Die Cover-Illustration zeigt ein wunderschönes Foto dieses majestätischen Cellos, bei dem man die Jahresringe auf der Decke einzeln erkennen kann. Es gibt auch eine Version des Covers der dtv-Ausgabe ohne dieses Bild – traurig, traurig.

Mehrere Jahre, nachdem Wondratschek „Mara" geschrieben hatte, lernte er Heinrich Schiff kennen, der das Cello damals spielte. Für die sechste Auflage des Romans Mara, die 2015 erschien, fügte er daraufhin seiner Erzählung fünf Seiten hinzu, in denen „Mara" als Ich-Erzähler Schiffs letzten öffentlichen Auftritt beschreibt. Dieses letzte Konzert Heinrich Schiffs fand am 25. April 2010 im Mozartsaal des Wiener Konzerthauses statt; aufgrund von Schmerzen in Arm und Schulter konnte er das Konzert jedoch nicht zu Ende spielen. 2012 entschied Schiff dann, seine Karriere als Instrumentalsolist zu beenden.

„Mit Cello und Liebeskummer" von Catrina Davies habe ich ebenfalls von einem Schüler geburtstagsmäßig überreicht bekommen – es könnte auch zu Weihnachten gewesen sein. Aber ich weiß bestimmt, dass ich es selbst mindestens viermal verschenkt habe – und zwar an vier völlig unterschiedliche Menschen. Gut, alle vier waren Cellisten, aber das war die einzige Ähnlichkeit zwischen ihnen. Leseralter, Lesergeschlecht und Lesercharakter sind also, was „Mit Cello und Liebeskummer" betrifft, einigermaßen kompatibel.

Was mich an dem Buch gewundert hat, war die starke Wirkung auf mich selbst. Denn schon nach wenigen Zeilen wird ja klar, dass es der Protagonistin, sprich Autorin, wegen ihres Liebeskummers hundeelend geht. Nun bin ich jemand, der sich solches Liebesgejammer nicht so gerne seitenweise durchlesen möchte, aber bei Catrina Davies ist das alles etwas anders. Eine seltsam melancholisch-positive Grundstimmung herrscht hier, die einen – allen Widrigkeiten zum Trotz – weiterlesen lässt, und zwar mit zunehmender Begeisterung.

Um ihre verunglückte Liebe zu vergessen, macht sich die Ich-Erzählerin also mit ihrem Cello als Straßenmusikerin auf den Weg durch halb Europa, obwohl sie eigentlich ein nur sehr unzulängliches Repertoire hat, nämlich exakt zwei kleine Stücke, – so sagt sie jedenfalls. Es sind ein Menuett aus Bachs erster Suite und die ersten 16 Takte von Haydns Cellokonzert in C-Dur. Alle ihre anderen Stücke seien in Moll und daher für die Straßenmusik nicht geeignet. Aber alles dies trübt das Lesevergnügen kaum, denn ebenfalls ziemlich klar wird gleich zu Anfang des Buches, dass da eine spannende Sache passieren wird, die man unbedingt – wenigstens lesenderweise – miterleben möchte. Ja, es ist tatsächlich so, dass man erfahren möchte, wie die ganze aussichtslose Angelegenheit ablaufen wird, wenn sich Catrina Davies in ihren verschimmelten Kleintransporter setzt und losruckelt. Glücklicherweise weiß man zuverlässig, dass die Kollegin das alles überleben wird, denn immerhin hat sie ja selbst das Buch hinterher verfasst. Außerdem gibt es bei YouTube einige Filmchen von ihr, wo man sie auf kleineren Open-Air-Veranstaltungen Cello spielen sehen kann.

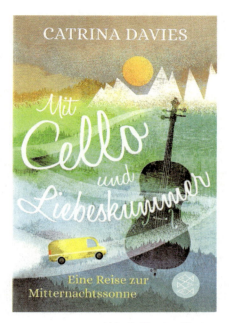

Abb. 5: Catrina Davies: „Mit Cello und Liebeskummer. Eine Reise zur Mitternachtssonne" (Fischer Verlag).

Das Buch gehört – wie wir noch sehen werden – zu einer ganzen Reihe von Büchern, die man als „Cello-Roadmovie-Bücher" bezeichnen kann. CellistIn und Cello begeben sich auf eine abenteuerliche Reise und diese Reise wird zur Metapher für die Suche nach Freiheit und Identität der Protagonisten. Die Beziehung des Instrumentalisten zu seinem Instrument wird durch die neuen Eindrücke und gemeinsam durchgestandenen Fährnisse verwandelt und intimer. Dies wirkt sich auf die Musik aus, die nun auf einem neuen, höheren Niveau stattfindet.

Robert Doisneau und Maurice Baquet – das ist die Geschichte einer tiefen und jahrelangen Freundschaft. Während dieser Zeit machte einer der ganz großen Fotografen Frankreichs seinen Freund, den Cellisten, unsterblich, indem er ihn an den unglaublichsten Orten und in den merkwürdigsten Situationen fotografierte.

Viele der Fotografien sind zu Ikonen geworden – es gibt wohl kaum einen Postkartenladen, in dem nicht eine oder mehrere Karten von Robert Doisneau angeboten

Abb. 6: Hervé Bodeau: „Maurice Baquet – portrait avec violoncelle" (Paulsen-Guerin, 2016).

werden. Und es gibt wahrscheinlich ebenso wenig irgendwo einen Cellisten, der niemals eine Postkarte von ihm aus dem dafür vorgesehenen Ständer genommen hätte, um sie mit einem Schmunzeln zu betrachten.

Über die Beiden wäre auch ansonsten viel zu berichten, z. B. dass Maurice Baquet sein Cellostudium am Conservatoire de Paris mit einer Medaille abschloss, dass er als Skiprofi der französischen Nationalmannschaft angehörte, dass er im Hauptberuf als Filmschauspieler, aber auch als Cellokabarettist arbeitete, und dass Robert Doisneaus Schwarzweißfotografie „Der Kuss" (Le Baiser de l'Hôtel de Ville) aus dem Jahr 1950 als beliebteste Fotografie der Welt gilt. Sie zeigt ein sich küssendes Paar auf dem belebten Gehweg vor dem Hôtel de Ville, dem Rathaus von Paris und wurde seit den 1980er-Jahren gerne als Postkarte und Poster reproduziert.

Ebenfalls erst in den 1980er-Jahren, genauer gesagt 1981, fand sich auch endlich ein Verleger, der das Wagnis auf sich nahm, das Jahrzehnte zuvor gemeinsam von Maurice Baquet und Robert Doisneau geschriebene Buch „Ballade pour violoncelle et chambre noire" herauszugeben. In dem Buch sind alle berühmten Fotos enthalten, die wir als Cellisten natürlich schon vorher kannten: Die Aufführung des Cellokonzertes von Boccherini auf einem steilen, schneebedeckten Berg in den Alpen, der Stuhl des Cellisten nahe am Abgrund (mich kribbelt es immer, wenn ich mir das ansehe), – Cellist und Cello im Regen stehend, wobei der Cellist den Schirm schützend über sein Cello hält und selber nass wird, – die Hand, die aus einer sich schließenden U-Bahn-Türe greift, um noch das Cello mit hineinzuziehen, wobei aber der Betrachter ahnt, dass es dafür ohnehin zu spät ist (hier kribbelt es mich auch), – der Cellobogen, der auf der Nase des Cellisten klemmt usw. usw. Die Beiden müssen sehr viel Spaß beim Ausdenken der humorvollen, leicht surrealen Szenarien und bei den Fotoshootings gehabt haben!

Das Buchprojekt erinnert sehr an die Zusammenarbeit des surrealistischen Künstlers Salvador Dalí (1904–1989) mit seinem Freund, dem Photographen Philippe Halsman (1906–1979), aus der als Frucht „Dali's Mustache" (Dalis Schnurrbart) entstand, ein absurd-humoriges Buch, das in erster Auflage im Oktober 1954 in New York erschien. Die Bilder zeigen viel selbstironischen Humor, indem Dalí z. B. für eine der Photographien seinen Schnurrbart lächelnd in die S-Form des Dollarzeichens brachte. Dalí machte übrigens aus seinem „Geldhunger" keinen Hehl. Schon um 1942 hatte der Dichter und Schriftsteller André Breton, der wichtigste Theoretiker des Surrealismus, aus Dalís Vor- und Nachnamen das bissige Anagramm „Avida Dollars" (deutsch: „hungrig auf Dollars") gebildet. Wer nun denkt, dass Dalí deshalb beleidigt gewesen sei, der irrt. Das Gegenteil war der Fall, das Genie fühlte sich geschmeichelt.

Das Fotobuch „Ballade pour violoncelle et chambre noire" hat einen kleinen, von Doisneau geschriebenen Einführungstext von ca. neun, seltsamerweise nur halbseitig bedruckten Seiten, und kurze Bildunterschriften. Leider kann man es mittlerweile nur noch für sehr viel Geld und auch nur im antiquarischen Handel erwerben.

Ein weiteres, viel neueres Buch über Baquet hat Hervé Bodeau verfasst: „Maurice Baquet – portrait avec violoncelle" (Paulsen-Guerin, 2016), gebundenes Buch und Fotoalbum im Schuber, mit einem Vorwort des Filmemachers Nicolas Philibert. Text: französisch.

Im Internet lässt sich leicht die „vimeo"-Seite finden, auf der Hervé Bodeau sein Buch in einem einstündigen Film des Senders TVMountain vorstellt. Dazwischen liest Lorraine Berger Afanassieff einzelne Abschnitte vor.

* * *

Best-of-Buchlisten ändern sich im Allgemeinen mit der Zeit, der ein oder andere Titel wird ersetzt, aber die Bücher dieser Liste hier haben sich bisher bei mir und – soweit ich feststellen konnte – in der Gunst vieler Cellisten konstant gehalten. Es sind sozusagen die „Klassiker".

Romane, Erzählungen und mehr

Romane können zur Zerstreuung und Unterhaltung gelesen – und geschrieben – werden. Es gibt aber auch den Roman, der mittels der Sprache und geeigneter Stilmittel unterschiedlichste Begebenheiten und Vorkommnisse schildert und damit wesentliche Fragen der menschlichen Existenz berührt. Und er kann beim Leser die vielfältigsten Gefühle hervorrufen. Schließlich gibt es den Roman, der hauptsächlich aus dem Ausdruckswillen des Schriftstellers heraus geboren wird. Hier geht es also um eine Person, der es ein inneres Anliegen ist, sich Ausdruck zu verschaffen. Die Sprache, der sie sich bedient, ist nur Mittel zum Zweck. Stilmittel sind zweitrangig, es geht um die Sendung des Schriftstellers.

Die musikalische Sprache ist in diesem Punkt der Romansprache verwandt. Auch hier gibt es auf der einen Seite diejenigen Komponisten, die ihre Hörer primär erfreuen und unterhalten möchten, und auf der anderen Seite die Musikschaffenden, die mit ihren Werken tiefergehende Aussagen machen wollen. So sind die zwei Sonaten von Johannes Brahms in meinen Ohren die reinsten Celloromane mit allem, was zu einer Erzählung dazugehört: Handlung, Setting, Schreibstil, formaler Aufbau, Protagonisten, Rhythmus, Handlung, Ton usw. Die Gefühle, die sie auslösen, wenn ich sie spiele oder höre, wandeln sich mit den Jahren – es sind Celloromane für Menschen jeden Alters und jeder Couleur, also internationale Bestseller der nobelsten Art. Und ich denke, der Leser wird mir zustimmen, wenn ich behaupte, dass das Dvořák-Cellokonzert die größte aller Cello-Liebesgeschichten aller Zeiten ist, ganz der Geschichte Romeo und Julias entsprechend.

Der Verdacht liegt nahe, dass sich der romanhafte Anklang besonders auf die Sonaten und Konzerte der sogenannten „Romantik" beschränkt, aber dem ist nicht unbedingt so. Andere Beispiele verschiedener musikalischer Stile sind die Sonaten von Schostakowitsch, Vivaldi, natürlich die Bach-Suiten, – eben alle große Cellomusik. Wenn nun solche Cellomusik im Konzert erklingt ist es die Aufgabe des Interpreten, diese Geschichten durch seine Erzählkunst zum Leben zu erwecken und zu versuchen, das Publikum in seinen Bann zu schlagen.

Musik kann einfach nur zur Unterhaltung gemacht oder gehört werden. Doch immer wieder zeigt sich auch, dass die Musik in „Krisenfällen" der unterschiedlichsten Art zu einem wichtigen Faktor werden kann. Krisen können sich in einer einzelnen Person abspielen, innerhalb einer Familie, in einem Land oder zwischen mehreren Ländern oder zwischen Himmel und Erde, und die folgenden Bücher zeigen Beispie-

Abb. 7: Die Cellistin Elena Cheah, Foto: Duncan Smith.

le, auf welch unterschiedliche Weise die Musik, hier in diesen Fällen die Cellomusik, die Geschehnisse beeinflusst, ja in einigen Fällen erst auslöst oder auflöst, manchmal – nein – oft auch Hoffnung schenkt. Wie sie Menschen miteinander verbindet und Trost spendet, – wie sie zu den Menschen spricht.

Beides, die Musik und das Lesen, ermöglicht das Eintauchen in eine andere Welt für eine gewisse Dauer. Und damit ist ein entscheidender Aspekt genannt, nämlich der Begriff „Dauer". „Dauer" hat mit Zeit zu tun. Und man muss sich „Zeit nehmen", um das, was da durch die Sprache der Musik oder des Buches gesagt wird, miterleben zu können. Das stellt für viele Menschen in der heutigen, schnelllebigen Zeit tatsächlich eine Herausforderung dar. Hinzu kommt, dass gerade diejenigen Bücher oder Musikstücke, die uns Vieles zu sagen hätten, mitunter nicht so leicht zu erschließen sind, also zunächst „etwas Mühe machen".

Nun sind wir bei den Schriftstellern angelangt: Bei den unterschiedlichsten Autoren spielt das Cello auf die ein oder andere Art eine Rolle. Das Spektrum reicht vom erfahrenen Romancier über Krimiautoren, Zeitungskolumnisten, Dichter, CellistInnen (!), Verfasser von Liebesromanen und Romandebütanten bis hin zu dem Nobelpreisträger für Literatur Kazuo Ishiguro. Was es nun im Einzelnen ist, was das Cello für diese sehr verschiedenen „Schriftstellertypen" interessant macht, was also eigentlich die Faszination des Cellos ausmacht, finden wir am Besten heraus, wenn wir uns nun mit ihren Büchern beschäftigen.

Unser erstes Buch, geschrieben von der Cellistin Elena Cheah, hat den Titel „Die Kraft der Musik, Das West-Eastern Divan Orchestra" (Bertelsmann, München 2009). Zu diesem Buch hat der weltbekannte Dirigent und Pianist Daniel Barenboim ein Vorwort geschrieben. Weiterhin sind am Schluss Edward Saids Dankesrede anlässlich der Verleihung des Prinz-von-Asturien-Preises und ein kurzer Aufsatz seiner Frau Mariam C. Said angehängt.

Elena Cheah war Solocellistin des Orchesters der Deutschen Oper Berlin, Solocellistin der Staatskapelle Berlin und Professorin für Cello an der Akademie für Orchesterstudien der Barenboim-Said-Stiftung in Sevilla, Spanien. Sie ist als gastierende Solocellistin mit mehreren renommierten Ensembles weltweit aufgetreten; seit 2014 ist sie Professorin für Violoncello an der Hochschule für Musik Freiburg.

Basierend auf ihren Erfahrungen als Mitglied und Dozentin des arabisch-israelischen Jugendorchesters „West-Eastern Divan Orchestra", 1999 in Weimar von Daniel Barenboim und Edward Said gegründet, schrieb sie das Buch „Die Kraft der Musik". Porträts von etwa zwanzig Orchestermusikern erzählen von den Freundschaften, vom alltäglichen Zusammenleben, von der Musik, die sie vereint, und von den politischen Fakten und Grenzen, die zwischen ihnen stehen.

Ein Mitglied des Orchesters drückt das so aus: „Manche Musiker brauchen bei ihrem ersten Workshop eine gewisse Zeit, bis sie sich öffnen können. Zuerst stellen sie fest, dass sie im Orchester neben Menschen von ‚der anderen Seite' sitzen können, dann, dass sie auch beim Essen zusammensitzen können, und schließlich, dass sie mit ihnen reden können."

Der Ton des Buches ist trotz des problematischen, eigentlich aussichtslosen Themas positiv und zukunftsbejahend. Es zeigt sich, dass sich Menschen unterschiedlichster Herkunft und Ansichten miteinander verständigen und gegenseitiges Verständnis entwickeln können, wenn sie sich begegnen und miteinander sprechen. Grenzen bleiben auch hier bestehen, aber die Trennlinie wird durchlässig. Vielleicht sollte man während der Zeit des Lesens dieses wirklich interessanten Buches vermeiden, sich die täglichen Nachrichten zum Thema „Nahostkonflikt" im Fernsehen anzusehen.

„Die Kraft der Musik" ist möglicherweise nicht das Buch, in dem das Cello eine besonders exponierte Rolle übernimmt. Es zeigt aber eindrücklich das Umfeld, in dem sich die Verfasserin, die Cellistin Elena Cheah, zu Beginn ihrer Cellistenlaufbahn bewegte und auf dem sich ihre Karriere als Musikerin begründete.

Im Zusammenhang mit Elena Cheahs Buch möchte ich das Buch „Bis der letzte Ton verklingt: Die Geschichte des irakischen Jugendorchesters" erwähnen. Es ist im Verlag Wilhelm Heyne, München 2017, erschienen. Auch hier geht es um ein Jugendorchester, genauer gesagt um die Gründung eines Orchesters in einem zerstörten Land inmitten von militärischer Gewalt und unter schwierigsten Bedingungen.

Abb. 8: Paul MacAlindin „Bis der letzte Ton verklingt" (Heyne Verlag, 2017).

Das Buch wurde vom Dirigenten des National Youth Orchestra of Iraq, Paul MacAlindin, geschrieben, und die Geschehnisse, die er beschreibt, erscheinen mitunter dermaßen unwirklich, dass man meinen könnte, es handele sich um Fiktion. Es galt, neben der musikalischen Arbeit nahezu unüberwindliche Hindernisse finanzieller, organisatorischer, klimatischer, kulinarischer, hygienischer und kultureller Art zu bewältigen, und letztendlich wurde die Begeisterung der Orchestermitglieder für die Musik zum Mittel zur Bewältigung dieser komplexen Aufgabe. Das Cover des Buches zeigt eine junge irakische Cellistin.

Paul MacAlindin wurde in Aberdeen, Schottland, geboren. Er leitete als Dirigent u. a. die New Zealand Symphony, die Düsseldorfer Symphoniker und das National Youth Orchestra of Scotland.

Mit dem nächsten Buch, „Dinas Buch" von Herbjorg Wassmo (1989), begeben wir uns mitten hinein in die Welt der Cello-Romane. Dieser erste Band der Dina-Trilogie wurde unter dem Titel „Dina – Meine Geschichte" 2002 von Ole Bornedal verfilmt. Herbjorg Wassmo (geb. 1940) schaffte 1981 den Durchbruch mit ihrem ersten Roman, „Das Haus mit der blinden Glasveranda", für den sie den Literaturpreis des Nordischen Rates bekam. Sie gilt mittlerweile als angesehenste und meistgelesene norwegische Schriftstellerin.

In „Dinas Buch" versetzt die Autorin den Leser in das 19. Jahrhunderts und an die Küste ihrer norwegischen Heimat. Dina wird durch eine traumatische Kindheitserfahrung geprägt, von der sie sich ihr ganzes Leben lang nicht befreien wird: Durch einen Unfall verschuldete sie als Kind den Tod ihrer Mutter. Von ihrem Vater verstoßen, wuchs sie von nun an als Waise auf und entwickelte sich zu einer starken und ungewöhnlichen Frau. Doch die Vergangenheit lässt sich nicht auslöschen. Nur das Cellospiel und die Musik können ihr Augenblicke der Ruhe schenken.

Der Band zwei der Trilogie, „Sohn des Glücks", erzählt die Geschichte ihres Sohnes Benjamin. „Dinas Vermächtnis", in der Karna, die Enkelin Dinas im Fokus steht, schließt den Zyklus ab.

Ich erkundigte mich bei Herbjorg Wassmo, ob sie einen besonderen Bezug zum Cello habe, und sie schrieb mir dazu eine Mail, aus der ich hier einen Abschnitt wiedergeben möchte:

„Når du spør om det er noen bestemt grunn til at jeg lar Dina spille cello, så må jeg bare si at jeg ikke bevisst vet det. Det kan være at tonene fra en cello gjentatte ganger har grepet meg sterkt. Og at jeg lenge etter mine opplevelse skriver om barnet Dina som også blir så grepet av å høre noen spille cello, at hun plutselig begynner å snakke igjen. Hun ble nemlig stum som femåring da hun uforskyldt kom i skade å forvolde sin mors død.

Men dette vet jeg ikke. Jeg skriver ikke på den måten at jeg på forhånd bestemmer meg for hva som skal skje. Da ville jeg kjedet vettet av meg og ikke orket å bruke flere år på å skrive en roman. Jeg lar fantasien styre hver skrivedag og planlegger ikke handlingsforløpet. Så akkurat det med celloens betydning i min litteratur kan vi takke celloens betydning og makt over menneskesinnet for, ikke meg.

Likevel må det sies at musikk er en sterk inspirasjon for meg, følelsesmessig. Celloen står meg svært nær. Lyden av den og det den krever av utøveren. Jeg må også fortelle at jeg drømte den voksne Dina sitte med en cello mellom knærne og spille rasende og vilt. Jeg husket ikke da jeg våknet hva hun spilte, men synet av henne husket jeg. I ettertid forsto jeg at dette synet la grunnen for at hennes personlighet.

Jeg beklager at jeg ikke kan være mer konkret. Jeg er en intuitiv og drømmende forfatter, ikke en som på forhånd bestemmer plott og regi."

("Betreffend Deiner Frage, ob es einen bestimmten Grund gab, aus dem ich Dina Cello spielen ließ, muss ich damit antworten, dass ich mir darüber nicht bewusst bin. Der Grund könnte sein, dass mich der Klang des Cellos mehrere Male tief berührt hat. Und dass ich deswegen nun, sehr viel später, über das Kind Dina schreibe, das ebenfalls so berührt ist, als sie jemanden Cello spielen hört, dass sie plötzlich wieder sprechen kann. Sie hatte ihr Sprachvermögen verloren, als sie fünf Jahre alt war und beschuldigt wurde, den Tod ihrer Mutter verursacht zu haben.

Aber ich weiß das nicht genau. Beim Schreiben plane ich nicht im voraus, was geschehen wird. Das würde mich zu Tode langweilen, und ich hätte dann auch nicht die Ausdauer, mehrere Jahre mit dem Schreiben eines Romans zu verbringen. Jeden ‚Schreibtag' lasse ich von meiner Vorstellungskraft bestimmen; ich plane den Ablauf der Ereignisse nicht. Um auf die Bedeutung des Cellos in meiner Schriftstellerei zu kommen: Wir sollten der Bedeutung und dem Einfluss des Cellos auf den menschlichen Geist dankbar sein, nicht auf mich.

Ich möchte jedoch betonen, dass Musik für mich auf emotionaler Ebene eine starke Inspirationsquelle darstellt. Das Cello ist mir sehr nah. Sein Klang und was es vom Cellisten abverlangt. Ich muss Dir auch von einem Traum erzählen, den ich hatte. Darin saß die erwachsene Dina mit dem Cello zwischen ihren Beinen da und spielte wütend und wild darauf. Als ich aufwachte, wusste ich schon nicht mehr, was sie gespielt hatte, aber an die Vision von ihr konnte ich mich gut erinnern. Erst später realisierte ich, dass dies die Basis ihrer Persönlichkeit ausmachte.

Es tut mir leid, dass ich nicht konkreter sein kann. Ich bin eine Schriftstellerin, die vom Instinkt und von Träumen gelenkt wird und nicht im Vorhinein Plot und Form festlegt." Übersetzung aus dem Norwegischen ins Englische und von da aus ins Deutsche)

Wendy Joseph: „Das Geheimnis des Cellolehrers" (Verlag: Droemer/Knaur, 2019), Taschenbuch. Wendy Joseph war die erste Frau, die 2012 als Richterin an das altehrwürdige Old Bailey berufen wurde. Sie wird dort vorwiegend mit Mordfällen betraut. „Das Geheimnis des Cellolehrers" ist ihr Roman-Debüt. Das Buch spricht von Freundschaft, Eifersucht und Loyalität, mit viel Drama und Tragik.

Zur Handlung: Lacy ist im Altenpflegeheim. Vor 70 Jahren hat sie furchtbare Dinge erlebt, deren Bedeutung sie erst jetzt, Jahrzehnte später, richtig erfasst. Und nun hat sie auch erst die Kraft, dies alles niederzuschreiben. Sie erinnert sich vor allem an die Jahre kurz vor dem Zweiten Weltkrieg, die sie an der renommierten Mädchen-Schule Dorset House verbrachte: Eines Tages kommt eine neue Schülerin in die Klasse, Celia

Zimmermann. Sie kommt aus Deutschland, und sie spielt Cello. Zwischen den Klassenkameradinnen Lacy, Alice und Celia entwickelt sich eine ganz besondere Freundschaft. Doch dann spitzen sich die Ereignisse zu, der heraufziehende Krieg wirft seine Schatten voraus und schließlich endet alles in einer Katastrophe.

Während der vier Jahre lang andauernden Belagerung von Sarajevo Anfang der neunziger Jahre geht ein eindrückliches Bild durch die Medien: Es ist das Foto des ehemaligen Solocellisten des Philharmonischen Orchesters von Sarajevo, Vedran Smailović, auch bekannt unter dem Namen „Der Cellist von Sarajevo". Zweiundzwanzig Tage lang setzte er sich, im Frack gekleidet, um vier Uhr nachmittags mit seinem Cello auf die Geröllberge und spielte zum Gedenken an die Opfer des Krieges das Adagio g-Moll von Tomaso Albinoni. Stephen Galloway schildert am Anfang seines Romans „Der Cellist von Sarajevo" diese Situation, um dann auf die Gedanken und Gefühle einzelner Zuhörer überzuleiten: auf die der Scharfschützin Strijela, die des Familienvaters Kenan und die des Bäckers Dragan, die alle in ständiger Todesfurcht leben.

Als der Roman im Jahre 2008 veröffentlicht wurde, gab es ein unangenehmes Nachspiel. Vedran Smailović erfuhr von dem Buch erst, nachdem es publiziert war. Man hatte Galloway geraten, sich mit Smajlović in Verbindung zu setzen, der zu dieser Zeit in Warrenpoint, Nordirland lebte, doch Galloway hatte darauf verzichtet. Smailović äußerte daraufhin seinen Unwillen und seine Bestürzung. Er erhob dagegen Einspruch, dass man seine Geschichte ohne Erlaubnis und Entlohnung verwendet habe und betonte zusätzlich, dass es erhebliche Unterschiede zwischen der Geschichte und seinem wirklichen Leben gäbe. 2012 kam es zu einer Begegnung von Golloway und Smailović, bei der man einer Lösung des Konflikts näher kam.

„Der Cellist von Sarajevo" ist natürlich kein Cellobuch, sondern ein Kriegsbuch, – oder Antikriegsbuch. Es ist aber auch ein Cellobuch.

Ferdinand von Schirach: „Verbrechen" (Piper Verlag, München 2009), Drama. Der deutsche Strafverteidiger und Schriftsteller Ferdinand von Schirach (geb. 1964) ist einer der erfolgreichsten Schriftsteller Deutschlands. Die Rechte an dem Buch „Verbrechen" wurden in über 30 Länder verkauft. Die darin enthaltenen Kurzgeschichten heißen: Fähner, Tanatas Teeschale, Das Cello, Der Igel, Glück, Summertime, Notwehr, Grün, Der Dorn, Liebe und Der Äthiopier. Sie basieren sämtlich auf von Schirachs Erlebnissen als Strafverteidiger.

Zur Handlung von „Das Cello": Theresa möchte Cello studieren und verlässt zusammen mit ihrem Bruder Leonhard den Vater, den erfolgreichen Bauunternehmer Tackler. Dann verunglücken die Geschwister mit einer Vespa. Teresa verrenkt sich lediglich die Schulter, doch Leonhard wird am Kopf schwer verletzt. Als er nach langer Zeit aus dem Koma erwacht, stellt sich heraus, dass er das Gedächtnis verloren hat. Was dann folgt, ähnelt einer klassischen griechischen Tragödie.

Abb. 9: Ferdinand von Schirach. Foto: Michael Mann.

„Das Cello" wurde auch als Fernsehfilm in der Serie „Schuld nach Ferdinand von Schirach" für das ZDF produziert.

Einzelne Bücher habe ich nicht zu Ende gelesen. „Der Solist" von Mark Salzman ist eines dieser Bücher. Es handelt von einem Wunderkind, dem eine glänzende Karriere als dem möglicherweise sogar besten Cellisten aller Zeiten vorausgesagt wird, das dann aber aus verschiedenen Gründen leider scheitert. Nach Jahren der Frustration wandelt sich jedoch unter dem Eindruck verschiedener Ereignisse die Sicht des Protagonisten auf die Musik, das Cellospiel, das Leben und auf sich selbst, und neue Perspektiven für seine Zukunft eröffnen sich.

Ich habe ungefähr an der Stelle mit Lesen aufgehört, wo die Karriere des Cellisten stagniert und die Beschreibungen der Selbstzweifel mich einfach zu sehr frustrierten. Das war also relativ weit vorne. Es gibt aber in meinem Bekanntenkreis verschiedene Menschen, die das Buch als „sehr lesenswert" einstufen. Ein Grund für diese Einschätzung mag die unerwartete Wendung sein, die das Schicksal für den Cellisten bereithält und die ihn wieder hoffen lässt. Außerdem wird der Protagonist anscheinend als Geschworener in einen spannenden Mordfall verwickelt.

Steve Lopez: „Der Solist" (Blanvalet Taschenbuch Verlag, 2009). Der Journalist Steve Lopez begegnet auf seinem Weg zu seinem Büro Nathaniel Ayers, der auf einer Violine spielt, die nur noch zwei Saiten hat. Die Beiden sprechen miteinander, und Lopez schreibt eine Kolumne über den an Schizophrenie erkrankten Musiker, der einst ein hochbegabter Cellostudent an der Juilliard School war. Mit der Begegnung beginnt eine ungewöhnliche Freundschaft...

Die Themen des Buches, besonders die Schizophrenie und die Obdachlosigkeit des Musikers sind außergewöhnlich und machen das Buch lesenswert, gerade in der heutigen Zeit.

Der amerikanische Journalist Steven M. Lopez arbeitet als Kolumnist für The Los Angeles Times. Er schrieb vorher bereits für Time, Life, Entertainment Weekly und Sports Illustrated, den Philadelphia Inquirer und die San Jose Mercury. Das Buch „Der Solist" wurde mit Jamie Foxx und Robert Downey Jr. verfilmt (siehe S. 187 f.).

„Die Glücklichen" von Kristine Bilkau (btb Verlag, 2017). Isabell und Georg leben mit ihrem ein Jahr alten Sohn Matti in einer schönen Wohnung, Altbau, in Hamburg. Sie können sich den gehobenen Lebensstandard leisten. Isabell ist Cellistin in einem Musicaltheater, und Georg hat eine Anstellung bei einer Zeitung. Doch langsam schleichen sich Veränderungen in den Lebensalltag, und keine sind Verbesserungen: Georg verliert seine Anstellung; im Briefkasten liegt eines Tages die Mieterhöhung; Georgs Mutter stirbt plötzlich. Doch damit nicht genug. Isabell bemerkt, dass sie Probleme mit dem Cellospiel hat: Ihre Bogenhand zittert. Die neue Lebenssituation verlangt dem Paar einiges ab, und der Leser stellt sich schon bald die Frage, ob das wohl gut ausgeht, also: ob die kleine Familie den Belastungen standhalten kann.

Der Roman „Die Glücklichen" fand ein großes Echo. Das verwundert eigentlich nicht, denn er fällt haargenau in die Kategorie „Modernes Leben". Viele Leser assoziieren sich spontan mit den Protagonisten. Existenzängste, das Aufgeben von Gewohntem, das Altwerden, – all dies kommt hier vor, und es sind Themen, die viele Menschen bewegen. Was das Glück sei, von dem im etwas provokanten, leicht ironischen Titel ja die Rede ist, das erfahren wir von Kristine Bilkau nicht direkt. Doch der Roman kann dazu anregen, über Glück nachzudenken und vielleicht eine eigene Antwort zu finden.

Kristine Bilkau, geboren 1974, studierte Geschichte und Amerikanistik in Hamburg und New Orleans. „Die Glücklichen" ist ihr Romandebüt und wurde mit dem Franz-Tumler-Preis, dem Klaus-Michael-Kühne-Preis und dem Hamburger Förderpreis für Literatur ausgezeichnet. Kristine Bilkau lebt mit ihrer Familie in Hamburg.

Abb. 10: Anita Lasker-Wallfisch: „Ihr sollt die Wahrheit erben. Die Cellistin von Auschwitz. Erinnerungen" (Rowohlt Taschenbuch Verlag, Reinbek bei Hamburg 2000).

Die jüdische Cellistin Anita Lasker-Wallfisch gehörte zum sogenannten „Mädchenorchester von Auschwitz". In ihrem autobiografischen Buch „Ihr sollt die Wahrheit erben. Die Cellistin von Auschwitz", beschreibt sie, wie sie und ihre Schwester das Konzentrationslager der Nazis überlebten. Sie war 17 Jahre alt, als sie in Auschwitz „eingeliefert" wurde. Die Fähigkeit, Cello zu spielen, rettete ihr das Leben. Im Nachwort berichtet die Verfasserin über ihre Lesereisen und ihre dabei gesammelten Erfahrungen mit dem deutschen Publikum. Der Anhang enthält ihre Zeugenaussage beim Prozess 1945 in Lüneburg, außerdem Briefe und weitere Dokumente.

Anita Lasker-Wallfisch war Cellistin im Londoner English Chamber Orchestra und lebt heute in London. Ihr Sohn ist der bekannte Cellist Raphael Wallfisch.

Dem Buch kommt natürlich eine besonders große Bedeutung zu. Es ist als Tatsachenbericht Zeugnis für eines der grausamsten Kapitel der Geschichte der Menschheit, für den nationalsozialistischen Holocaust. Kurz vor Kriegsende wurde Anita Lasker-Wallfisch von Auschwitz in das Konzentrationslager Bergen-Belsen verlagert, in dem mindestens 52.000 Häftlinge aufgrund der Haftbedingungen starben, so auch Anne Frank. Anita Lasker-Wallfisch schrieb „Ich sollt die Wahrheit erben" gegen das Vergessen.

Dagmar Fohl: „Alma" (Gmeiner-Verlag, 2017), Roman. Dem Buch von Dagmar Fohl ist ein kurzes Vorwort von Esther Bejarano vorangestellt. Die Autorin und Vorsitzende des Auschwitz-Komitees Esther Bejarano war ehemals Sängerin und Akkordeonistin des Mädchenorchesters von Auschwitz. Sie spricht über die Millionen von Menschen, die heute unter Lebensgefahr aus ihrer Heimat flüchten, um woanders ein menschenwürdiges Leben führen zu können. Sie spricht auch über die vom Tode bedrohten jüdischen Mitbürger, die zur Zeit des Nationalsozialismus eine sichere Bleibe suchten. Wie haben damals die anderen Länder reagiert? Wie reagieren sie heute? Nationalismus und rechte Gesinnung gefährden zunehmend die Demokratie, und es stellt sich die Frage: Was kann man tun? Esther Bejarano: „Es gibt keine andere Möglichkeit als zu sprechen, zu erzählen, aufzuzeigen, Zeugnis abzulegen. Immer und immer wieder."

Zum Inhalt: Als der Musikalienhändler und Cellist Aaron Stern 1939 zusammen mit seiner Frau Leah Deutschland verlässt, nimmt er sein geliebtes Cello mit. Leah hat nichts mehr, an dem sie sich festhalten kann – außer ihn. Ihre Tochter Alma müssen sie zurücklassen, als sie an Bord des Luxusdampfers „Saint Louis" gehen, ein „Kraft durch Freude"-Schiff, auf dem die Hakenkreuzfahne weht. Was nun folgt, ist eine leidvolle Odyssee. Nach dem Krieg kehrt Aaron nach Hamburg zurück und beginnt mit der Suche nach seiner Tochter Alma.

Die Ereignisse des Romans werden aus der Sicht des Musikers geschildert. Durch die Knappheit der Sprache und insgesamt die Kürze des Buches wirkt die Erzählung auf den Leser sehr konzentriert ein.

Die Schriftstellerin Dagmar Fohl studierte Geschichte und Romanistik in Hamburg und arbeitete danach als Historikerin und Kulturmanagerin. Sie lebt heute als freie Autorin in Hamburg. In ihren Romanen zeichnet sie Seelenzustände von Menschen in Grenzsituationen mit ihren Lebens- und Gewissenskonflikten nach und beleuchtet gleichzeitig die gesellschaftlichen Verhältnisse und Probleme der jeweiligen Zeitepochen ihrer Protagonisten.

„Konzert für die Unerschrockenen" von Bettina Spoerri (Braumüller Verlag, Wien 2013). Annas Großtante Leah stirbt. Durch den Tod ihrer geliebten Großtante, der Cellistin Leah Feldmann, verändert sich Annas Leben, besser gesagt: die Sicht auf ihr eigenes Leben. Als Anna nach London reist, um Abschied von ihrer Großtante Leah zu nehmen, geraten die Dinge in Bewegung. Leahs Tagebücher und einige Schwarz-Weiß-Fotografien ergänzen sich in Annas Vorstellung zu einem neuen Bild ihrer Großtante. Sie kann nun deutlicher die Zerrissenheit Leahs erkennen, die Schwierigkeiten, ihre Rollen als Mutter, Geliebte und Künstlerin auszufüllen und als jüdische Cellistin unerschrocken ihren Weg zu gehen. Durch diesen befreienden Blick auf ihre eigene Familiengeschichte fasst Anne Mut, ihr Leben in die Hand zu nehmen. In „Konzert für die Unerschrockenen" geht es um die Bedeutung der Vergangenheit und der Zukunft für das Leben im Jetzt.

Die Schweizer Autorin und Literaturwissenschaftlerin Bettina Spoerri, geboren 1968 in Zürich, studierte Deutsche Literatur- und Sprachwissenschaft, Philosophie und Musikwissenschaft in Zürich, Berlin und Paris. Nach dem Studium lebte sie zunächst mehrere Monate lang in Jerusalem und wurde dann als wissenschaftliche Assistentin an das Deutsche Seminar der Universität Zürich berufen. Ab 1998 setzte verstärkt ihre schriftstellerische Tätigkeit ein, und sie hat seitdem einige erfolgreiche Kurzgeschichten, das Theaterstück „Bleichen, wenn nötig" (2004) und drei Romane veröffentlicht. „Konzert für die Unerschrockenen" (2013) war ihr Romandebüt. Bettina Spoerri betätigt sich auch in den Bereichen Kommunikation, kulturelle Konzepte, Events und als Kuratorin von Ausstellungen. Sie lebt in Zürich.

Bettina Spoerri gab mir per Mail einige aufschlussreiche Auskünfte über die Hintergründe zu „Konzert für die Unerschrockenen"; deshalb möchte ich daraus einige Sätze anführen:

„Wenn ich Sie richtig verstehe, wollen Sie wissen, wie stark der Bezug zu real gelebten Biografien ist. Im Prinzip ist ja jeder Roman autobiografisch. Die Ebene der jungen Anna ist gänzlich fiktiv, aber es gibt einige Bezüge in der Familienkonstellation. Die Ebene der Frau Feldmann ist inspiriert durch Eckdaten des Lebens meiner Großtante Rebekka / Regina Schein, die u. a. in Shanghai, Palästina, Philippinen, Indien, London, aber in Realität auch in Kenya gelebt hat. Den Bombenangriff in Tel Aviv kenne ich aus ihren mündlichen Erzählungen, das Tagebuch gibt es nicht, auch das basiert auf viel Recherche in Zeitzeugenberichten, Zeitungen, Einarbeitung in Zeit und Ort, Fotografien waren sehr wichtig als Ausgangspunkt. Und der Dokfilm der zweiten Frau meines Vaters über Rebekka: Erzählung für Sandra (es handelt sich um die Film-Doku von Anne Spoerri-Kasper „Erzählung für Sandra" von 1988). Ich habe zudem mehrere Monate in London bei Wecki, wie wir sie nannten, gelebt und kannte ihre mündlichen Erzählungen wichtiger Episoden aus ihrem Leben."

Regina Schein war eine bekannte Cellistin, die mit vielen großen Dirigenten und den anerkanntesten Musikern ihrer Zeit gearbeitet hat. Ihre Lebensgeschichte gleicht einer Odyssee und ist dermaßen interessant, dass ich hier eine Skizze davon wiedergeben möchte.

Rebekka Schein – Regina war der ‚Künstlername' – wurde 1908 in Zürich in eine russisch-jüdische Familie von Musikern und Uhrmachern hineingeboren, die sich nach ihrer Flucht aus dem Ghetto von Jekateinoslaw, Russland, in der Schweiz niedergelassen hatte. Mit elf Jahren begann sie bei dem bekannten Cellisten und Musikwissenschaftler Joachim Stutschewsky (1891–1982) mit dem Cellounterricht. Im Alter von 14 Jahren spielte sie täglich nach Schulschluss zusammen mit ihren beiden Schwestern Gilia und Eleonore in einem Ensemble mit, das unter der Leitung ihres Vaters in Stummfilmkinos und Cafés auftrat.

Mit 21 heiratete sie den Geschäftsmann Joseph Feldman, der als Staatenloser am besten in Shanghai Geschäfte tätigen konnte und sich deshalb entschloss, mit ihr dorthin überzusiedeln. In Schanghai eingetroffen, eignete sich Rebekka Schein auf autodidaktischem Weg innerhalb von zwei Monaten die Grundlagen der russischen Sprache an, da in ihrer Umgebung nur Russisch und Englisch gesprochen wurde; von ihren Eltern (die aus der heutigen Ukraine vor Pogromen geflüchtet waren), hatte sie bereits etwas Russisch gelernt.

Auch in der neuen Umgebung spielte sie weiterhin Cello und schaffte es, sich im Konzertleben zu etablieren. Als ihr ein Lehrposten an der Manila Academy auf den Philippinen angeboten wurde, nahm sie die Stelle an, obwohl sie keinerlei Erfahrung im Unterrichten hatte und auch kein Englisch sprach. Sie wandte sich an Stutschewsky, der ihr daraufhin in einem langen Brief die grundlegenden Prinzipien des Cello-Unterrichts vermittelte.

In den nächsten vier Jahren unterrichtete sie nun dort, doch als sich 1935 das Paar trennte, kehrte sie nach Europa zurück und nahm in Wien ihre Studien bei Stutschewsky wieder auf. Während dieser Zeit etablierte sie sich als Solistin und konzertierte in ganz Europa. Einer der Höhepunkte war die Aufführung des Dvořák-Cellokonzertes in Prag mit der Tschechischen Philharmonie unter der Leitung von Rafael Kubelik.

1938 heirateten Rebekka Schein und Joachim Stutchewsky in Basel/Schweiz. Zum Glück waren sie beim Einmarsch von Hitler gerade auf einer Konzerttournée und entgingen darum der Verhaftung. Sie konnten jedoch nicht nach Wien zurück und beschlossen darum, nach Palästina zu gehen; „Stutsch" war zudem Zionist.

In den nächsten zwei Jahren verfolgte Rebekka Schein in der neuen Heimat weiter erfolgreich ihre Karriere, während sie gleichzeitig in die jüdische Geschichte eintauchte und ein lebendiges Gefühl für ihre eigenen jüdischen Wurzeln entwickelte.

Doch auch dort holte der Krieg sie ein: 1940 wurde Tel Aviv von den Italienern bombardiert. Rebekka Schein wurde verletzt und ihr Gofriller-Cello völlig zerstört. Trotzdem setzte sie mit einem geliehenen Cello ihre Konzerte fort. Sie trat in Städten, kleinen Dörfern und oft auch in Kibbuzim auf – immer mit großem Erfolg. Doch die Ehe mit Joachim Stutschewsky zerbröckelte, und sie und ihr Mann einigten sich auf die Scheidung.

Bei einer Konzerttournee durch den Mittleren Osten lernte sie ihren dritten Mann, Stanley Gillinson, kennen, der als britischer Offizier in Ägypten diente. Sie heirateten 1945 in Jaffa. Gillinsons Eltern wohnten in Indien, und so zog das Paar nach Bangalore. Auch dort widmete Rebekka Schein sich mit Erfolg ihrer beruflichen Laufbahn als Cellistin; außerdem wurden während dieser Zeit ihre beiden Kinder Clive und Sandra geboren.

Als 1948 der Bürgerrechtler und Freiheitskämpfer Mahatma Gandhi ermordet wurde, änderten sich in Indien für die Europäer die Verhältnisse, und so kehrte Rebekka Schein mit den Kindern nach England zurück. Doch auch dieser Aufenthalt war nur kurz. Ihr Mann und sie kamen überein, einen neuen Anfang in Afrika zu wagen. Gillinson kaufte eine Farm in Kenia, und dort entdeckte Rebekka Schein eine neue Leidenschaft, die sie bis zum Ende ihres Lebens begleiten sollte: die Liebe zur Gartenarbeit.

Nach drei Jahren kehrte sie nach England zurück, da die Kinder dort die Schule besuchen sollten. Als ihr Mann sie beinahe gleichzeitig um die Scheidung bat, willigte sie völlig am Boden zerstört ein. Gillinson musste die Farm übrigens nach den Mau Mau Aufständen aufgeben und kehrte ebenfalls nach England zurück.

Trotz aller Schwierigkeiten gelang es Rebekka Schein wiederum, nun in London ihr Leben als freiberufliche Cellistin und Lehrerin neu aufzubauen. Bis in die 1970er-Jahre konzertierte sie regelmäßig mit den verschiedensten Orchestern. Sie war Mitglied des London Symphony Orchestra und unternahm Tourneen durch Europa, 1968 und 1970 auch durch Israel. Außerdem gründete sie mit der Pianistin Natalia Karp und der Geigerin Henriette Canter das ziemlich erfolgreiche „London Alpha Trio". Das Trio spielte z. B. bei dem Label Vox Records das Klaviertrio op. 50 von Tschaikowski ein (Vox PL 11140, 1959) .

Sie ließ sich in Priory Gardens, Highgate, im Norden Londons nieder. In ihrer freien Zeit widmete sie sich mit Hingabe ihrem Garten. Trotz ihrer drei fehlgeschlagenen Ehen fand sie schließlich doch Erfüllung in einer Liebesbeziehung mit dem aus Wien stammenden Architekten Joseph Berger. Diese Partnerschaft endete erst, als Berger 1989 starb.

Rebekka Schein starb am 7. April 1999 in London. Sie spielte bis zu ihrem Tode Cello, im hohen Alter nahm sie den ersten Satz von Bachs Suite G-Dur für Cello solo auf. Diese Aufnahme wurde bei ihrer Begräbnisfeier gespielt.

Ihr Sohn Clive Gillinson, zunächst Cellist im Philharmonia Orchestra London, dann General Manager des London Symphony Orchestra und heute GM der Carnegie Hall, beschrieb ihr freundliches, leidenschaftliches und enthusiastisches Wesen: „Sie war immer für einen da, und ich bin darauf stolz, dass alle aus unserer Familie ihre enthusiastische Art geerbt haben – auch wenn wir damit manchmal die Leute verrückt machen! Nie tat sie etwas nur halb, ob es nun ihre Liebe zur Familie betraf, ihr Stricken für Oxfam, womit man – glaube ich – ganz Afrika überschwemmen könnte, ihren Garten, der wahrscheinlich meilenweit der schönste ist – und natürlich ihre Musik. Sie war immerzu damit beschäftigt, zu musizieren oder Musik zu hören. Und

Abb. 11: Rebekka Schein 1935, zur Zeit ihrer ersten Konzerte.

sogar als sie sich kurz vor ihrem 90. Geburtstag den Arm brach, arbeitete sie einfach am Klavier weiter, bis sie wieder in der Lage war, den Bogen zu führen und Cello zu spielen."

    Ich finde es nicht verwunderlich, dass es ihrer Großenkelin, der Schriftstellerin Bettina Spoerri, in den Fingern gejuckt hat, die Gestalt der Rebekka Schein als Romanfigur einer breiteren Öffentlichkeit vorzustellen, liest sich doch schon der kurze Lebenslauf wie die Zusammenfassung eines Abenteuerromans, verwoben mit einigen

Ansätzen zu einem Liebesroman. In „Konzert für die Unerschrockenen" ist sie in der Figur der Leah der Ausgangspunkt, an den sich nun die Geschichte von Anna anschließt.

Es gibt eine ganze Reihe von Celloromanen, die geeignet sind, das Herz des Celloenthusiasten in Schwung zu bringen oder ihn zumindest glänzend zu unterhalten. Es ist nicht meine Absicht, sie zu „spoilern", deshalb habe ich nur kurze Bemerkungen zum Inhalt gemacht.

Der Celloroman ist noch gar nicht so alt. Erst die letzten Jahrzehnte haben uns eine ganze Anzahl von Romanen beschert, die das Seelenleben ihrer Protagonisten analog zu ihrer Beschäftigung mit dem Cellospiel betrachten. Schon die grundlegende strukturelle Aufgabe des Schriftstellers ist schwer: Es gilt, die verschiedenen Elemente, die Musik (das Cellospiel), die Protagonisten, die Handlung, das Szenario und das, was aus all dem entsteht, in kunstfertiger Sprache „unter einen Hut zu bringen". Hinzu kommt ja noch, was uns der Autor mit seiner Geschichte eigentlich erzählen will.

In Chaja Polaks „Sommersonate" (Piper, 2000) fügen sich alle diese Dinge zu einem runden und stillen Roman über das Seelenleben eines feinfühligen Jungen zusammen. Der elfjährige Erwin spielt Cello. Und das ist das einzige, was seine Mutter an ihm zu interessieren scheint. Doch dann fahren die Beiden den Sommer über ans Meer, und sein Leben beginnt langsam, eine neue, ungeahnte und hoffnungsvolle Wendung zu nehmen.

„Er lauschte nach der See, dem Schlagen der Wellen auf den Strand, dem Zurückströmen des Wassers...
Er sehnte sich nach seinem Cello.
Wie würde es klingen, wenn er das Flüstern der See spielte?"

Allein schon dieser kurze Textausschnitt zeigt Chaja Polaks zarten, poetischen Umgang mit der Sprache. Nahezu malerisch beschreibt sie Erwins Empfangen von Sinneseindrücken, seine Empfindungen und die Nachwirkungen, die er sogleich mit der Vorstellung eines Cellotons bzw. einer Cellomelodie verknüpft.

Es fällt übrigens gerade bei dieser Buchveröffentlichung des Piper Verlages auf, wie sehr die Gestaltung des Buchcovers die Lesererwartung beeinflusst. Das Foto mit dem am Meeresufer in seiner unbeschwerten, noch ganz kindlichen Unbeschwertheit befangenen, „dahinsegelnden" Jungen strahlt in meinen Augen große Lebensfreude aus und lässt den Leser das Buch in freudiger Erwartung öffnen. Auch während des Lesens bleibt dieses Bild ständig präsent, und zwar nicht nur der als Erwin zu identifizierende Junge auf dem Foto, sondern auch die gesamte traumgleiche Stimmung der in weichen, goldbraunen Farbtönen gehaltenen Abbildung.

Vielen der hier besprochenen Bücher wurden ins Deutsche übersetzt, und das spielt bei Autoren wie Chaja Polak, die mit ihren Worten so feinfühlig umgeht, eine besonders wichtige Rolle. Die Übersetzung von „Sommersonate" aus dem Niederländischen ist von Heike Baryga und wurde vom Nederlands Literair Productie- en Vertalingenfonds, Amsterdam (Niederländischer Literaturproduktions- und Übersetzungsfonds, NLPVF), gefördert. Die Webseite dieser Organisation gibt über die selbstgesteckten Ziele Auskunft: Ziel des Fonds sei es, die Produktion hochwertiger niederländischer und friesischer Literaturwerke, einschließlich Kinder- und Jugendliteratur, sowie Übersetzungen hochwertiger, ursprünglich niederländischer und friesischer literarischer Werke in andere Sprachen als Niederländisch und Friesisch zu fördern.

Ebenso wie Erwin, der junge Protagonist ihres Romans, spielt Chaja Polak Cello. Die niederländische Schriftstellerin wurde 1943 in Den Haag geboren und überlebte die deutsche Besatzung in einem Versteck. Ihr Roman „Sommersonate" ist eine überaus zarte und sensible Erzählung.

Auch beim nächsten Buch richtet sich die Hauptintention der Autorin darauf, das empfindliche Innenleben ihres Protagonisten, seine Gefühle, Gedanken und Empfindungen zu schildern. Osman ist der Icherzähler in Katharina Mevissens Roman „Ich kann dich hören" (Klaus Wagenbach Verlag, Berlin 2019). Der Cellostudent mit türkischen Wurzeln steht vor einer wichtigen Prüfung. Das Stück, das er vortragen möchte, die Sonate von César Franck, will noch nicht so recht klappen, und die Prüfung ist schon in einer Woche. Außerdem ist er in Luise, seine WG-Mitbewohnerin verliebt. Doch als sei das alles noch nicht genug, bricht sich Osmans ehrgeiziger und auf seine Karriere bedachter Vater, ein erfolgreicher Geiger, das Handgelenk und meldet sich arbeitslos.

Osman ist sehr fixiert auf alles Akustische und findet poetische Beschreibungen dafür: Die Geräusche eines Sturms werden für ihn zu Klängen wie „grobe Brocken, laut, fest, leblos". Er nimmt Lounge-Musik mit ihren

Abb. 12: Katharina Mevissen: „Ich kann dich hören". (Verlag Klaus Wagenbach).

Abb. 13: Der Schriftsteller Michael Krüger. Foto: Peter-Andreas Hassiepen, München.

„gleichgültigen Harmonien" wahr, die „einen schillernden, schmierigen Film auf allem" hinterlassen.

Dann kommt plötzlich frischer Wind in Osmans innere Welt: Er findet auf der Rolltreppe einer Hamburger U-Bahn-Station ein Diktiergerät. Auf dem Gerät sind eigentlich keine besonderen Aufnahmen, nur ganz alltägliche, zufällig entstandene Tonschnipsel aus dem Urlaub zweier Schwestern. Doch die Aufnahmen verändern sein Leben.

Katharina Mevissen (geb. 1991) studierte an der Universität Bremen Kulturwissenschaft und Literaturwissenschaft. „Ich kann dich hören" ist ihr Debütroman. Auf eine Anfrage von mir hin schrieb sie mir per Mail: „Ich selbst habe vor dem Verfassen des Buchs tatsächlich gar keinen Bezug zum Cello gehabt, und dieses aus literarischen Motiven ausgesucht. Osmans Welt musste ich mir dann durch Recherchen und Interviews mit Musiker*innen und Studierenden erst erarbeiten – was sehr spannend war."

Michael Krüger: „Die Cellospielerin" (Suhrkamp Verlag, Frankfurt am Main 2000). Der Komponist wohnt in München, die Cellistin kommt aus Budapest. Er komponiert Erkennungsmelodien fürs Fernsehen, sie glaubt an hohe Ideale und möchte ihr Cellospiel noch perfektionieren. Die Gegensätze bringen den Komponisten an den Rand eines Nervenzusammenbruchs.

Der deutsche Schriftsteller, Dichter, Verleger und Übersetzer Michael Krüger (geb. 1943) absolvierte nach dem Abitur zunächst eine Lehre als Verlagsbuchhändler beim Herbig-Verlag; nebenher war er Gasthörer für Philosophie an der Freien Universität Berlin. Weitere Stationen seines Lebens: 1962 bis 1965 Buchhändler in London, ab 1968 Verlagslektor beim Carl Hanser Verlag (1986 literarischer Leiter des Verlages und 1995 Geschäftsführer). 1973 gründete er gemeinsam mit weiteren Schriftstellern die erste genossenschaftlich organisierte Autorenbuchhandlung. Ab 1976 Beginn der eigenen schriftstellerischen Tätigkeit: Gedichtband „Reginapoly", 1984 Erzählung „Was tun?", 1990 Novelle „Das Ende des Romans", 1991 Roman „Der Mann im Turm". Weitere Romane folgen. 2013 bis 2019 Präsident der Bayerischen Akademie der Schönen Künste, 2015 Kurator des Kölner Literaturfestivals Poetica.

Für Michael Krüger ist Literatur ein Lebenselixier.

Anstey Harris: „Find mich da, wo Liebe ist" (Ullstein Taschenbuch Verlag, 2019). Direkt am Anfang des Romans sehen wir die Zeichnung eines Cellos, wie wir sie auch in einer Celloschule für Kinder finden könnten. Die wichtigsten Teile des Instruments sind bezeichnet: Korpus, Griffbrett, Wirbel usw. Darunter wird uns das Instrument erklärt, die Erläuterung schließt mit den Worten: „Der Bassbalken unterstützt den Stegrücken und verteilt die Schwingungen über die Länge der Decke. Diese Schwingungen verwandeln sich in Klang – in die unverwechselbare Stimme des Cellos."

Nun, als ich das gelesen hatte, war ich sicher, dass der Roman ein echtes Cellobuch ist.

Anstey Harris erzählt uns von Grace, die eigentlich Cellistin werden wollte, doch nun in einem kleinen englischen Ort als Geigenbauerin arbeitet. Die Musik, speziell auch der Geigenbau, spielen in dem Roman eine große Rolle, und man merkt, dass die Verfasserin in dieser Hinsicht gut recherchiert hat.

Anstey Harris lebt mit ihrem Mann, von dem sie übrigens ihre Kenntnisse über den Geigenbau erhalten hat, direkt am Meer in Kent/England.

Von der 1951 geborenen Pianistin, Musikwissenschaftlerin und Musikjournalistin Eva Weissweiler stammt das Buch „Der Sohn des Cellisten". Die Hauptperson dieses Buches ist nicht der Cellist, sondern uns wird hier die Geschichte seines Sohnes Theo erzählt, der sich redlich am Klavier abmüht, es dennoch aber niemals zum echten Künstler auf diesem Instrument bringen wird. Trotzdem wird sein Leben von der Musik geprägt.

Eine wohlgemeinte Warnung: Als Cellist sollte man vielleicht vermeiden, die Seiten 131 bis 134 zu lesen. In diesem Abschnitt wird ein Konzertauftritt von Theos Vater mit dem Schumann-Cellokonzert geschildert, ein Fiasko, ein Albtraum – der Albtraum eines jeden Cellisten.

Ich möchte noch auf ein weiteres Buch von Eva Weissweiler aufmerksam machen. 2016 erschien bei Kiepenheuer & Witsch ihre Biografie „Notre Dame de Dada, Luise Straus – das dramatische Leben der ersten Frau von Max Ernst".

Abb. 14: Eva Weissweiler.
Foto: Klaus Kammerichs.

Luise Straus-Ernst, 1893 in Köln geboren, war die erste Frau des Malers Max Ernst und wurde in der Kunstwelt als Muse der Dadaisten und Surrealisten bekannt. In der Wohnung der Kunsthistorikerin, Schriftstellerin und Rundfunkautorin der ersten Stunde am Kaiser-Wilhelm-Ring verkehrten Paul Klee, André Breton, Paul Eluard und Tristan Tzara. Luise Straus-Ernst wurde 1944 deportiert. Sie starb mit 51 Jahren in Auschwitz.

Der Bruder von Luise Straus war Cellist. Er spielte mit Otto Klemperer Klaviertrio, als dieser Opernkapellmeister in Köln war. 1933, kurz nach der „Machtergreifung", brachte er sich um.

Schon während der Schulzeit beschäftigte sich Eva Weissweiler intensiv mit der Musik. Nach dem Abitur begann sie zunächst ein Klavierstudium an der Kölner Musikhochschule, immatrikulierte sich 1969 dann aber für ein Studium der Musikwissenschaft, Germanistik und Islamkunde an der Universität Bonn, wo sie 1976 promovierte. Zu ihren Veröffentlichungen gehören Biografien, Romane, Kurzgeschichten, Hörfunkfeatures, Beiträge für fast alle deutschsprachigen Sender und Zeitungen wie die Frankfurter Allgemeine, die Süddeutsche, Emma und den Kölner Stadtanzeiger. Zudem entstanden die Editionen der Briefwechsel zwischen Clara und Robert Schumann sowie zwischen Fanny und Felix Mendelssohn und mehrere Dokumentarfilme für den NDR und den WDR, die das Thema der Musikwissenschaft während der Zeit des Nationalsozialismus aufbarbeiten.

Eva Weissweiler lebt seit vielen Jahren in Köln.

Auch Celloliebesromane muss es natürlich geben, so z. B. die Sonate in Moll „Tatjana" (rororo, 1965). Kopfsatz, Sonatenhauptsatzform: Curt Goetz stellt uns in der Exposition als kontrastierende Themen einen Arzt als männlich-weibliches Seitenthema vor und seine Patientin, die 13-jährige russische Cellistin Tatjana als weiblich-männliches Hauptthema. Die Durchführung nimmt quasi Vladimir Nabokovs Lolita-Motiv (älterer Mann liebt junges Mädchen) vorweg. Die Novelle erzählt die Liebesgeschichte aus Sicht des Arztes viele Jahre nach Tatjanas Tod, sozusagen als Reprise, und es gibt auch eine kleine, wehmütige Coda.

Mit „Tatjana" hat Curt Goetz den ersten wirklichen Celloroman geschrieben. Das Buch ist also der Vater aller Celloromane. Trotzdem wirkt es auf den heutigen Leser erstaunlich modern, z. B. was die Beschreibung der Charaktere, ihre Handlungsweisen und auch was die Sprache betrifft. Leider kann ich nicht auf Einzelheiten eingehen, denn das würde mit einem Schlag die Leselaune verderben. Ich kann nur eines sagen: Man sollte es unbedingt lesen!

Ich besitze das Buch übrigens in zwei verschiedenen Auflagen, einmal von 1965 und dann von 1976. Beide Ausgaben sind rororo-Taschenbücher, zeigen jedoch unterschiedliche Illustrationen auf dem Cover. Der Umschlagentwurf der älteren Ausgabe

Abb. 15: Der Schriftsteller und Schauspieler Curt Goetz.

stammt von Beate Gaus und zeigt ein junges, Cello spielendes Mädchen mit schwarzem Haar in einem blauem Kleid. Das Bild wirkt wie eine nach dem Leben gezeichnete Skizze. Der spätere Umschlagentwurf stammt von Jürgen und Cornelia Wulff. Ein puppenhaft wirkendes Mädchen, wiederum mit schwarzem, schulterlangen Haar, liegt in der einen Hälfte eines aufgeklappten Cellofutterals, ein Cello mit spiegelverkehrt dargestellten F-Löchern in der anderen. Ein Cellobogen liegt quer über beiden Körpern und stellt eine Verbindung zwischen dem Mädchen und dem Instrument her. Das Bild hat einen leicht surrealen Touch. Immer wenn ich mal wieder Platz in meinem Bücherregal schaffen wollte, habe ich überlegt, ob ich mich von einer der beiden Ausgaben trennen sollte, doch ich habe jedes Mal darauf verzichtet. Denn beide Coverillustrationen entsprechen den geschilderten Begebenheiten des Buches, die sehr realistisch erzählt sind und doch in ihrer Nachwirkung märchenhaft unwirklich nachhallen.

Der deutsch-schweizerische Schriftsteller und Schauspieler Curt Goetz, eigentlich Kurt Walter Götz (1888–1960), ist heute in erster Linie als Verfasser brillanter Komödien bekannt, die er auch selber auf der Bühne spielte und von denen er später einige verfilmte. Seine Partnerin in den bekannten Stücken „Das Haus in Montevideo" (1951) und „Hokuspokus" (1953) war seine zweite Ehefrau Valérie von Martens. Interessant ist, dass Curt Goetz in seiner Jugendzeit neben dem Schauspielunterricht bei dem Berliner Schauspieler Emanuel Reicher auch Cellounterricht nahm.

Von Renée Carlino geschrieben ist der wunderbare Liebesroman „Denkst du manchmal noch an mich?", erschienen 2018 im Fischer Taschenbuch Verlag.

In dieser Liebesgeschichte zwischen dem Fotografen Matt und der Cellistin Grace geht es um die überraschenden Wendungen, die das Leben für uns Menschen bereit hält, wenn es um „die große Liebe" geht. Als Matt nach vielen Jahren seine Jugendliebe Grace in einer U-Bahn wiedersieht, bekommen die Beiden und ihre Liebe eine zweite Chance.

Die amerikanische Drehbuch- und Bestsellerautorin Renée Carlino hegt eine heimliche Bewunderung für große Städte wie New York, Chicago und Los Angeles. Die dynamische Energie, die dort herrscht, wird für sie zur Inspiration bei der Erfindung immer neuer Handlungen und Settings. Eine weitere Leidenschaft ist ihre Liebe zur Musik, von der sie sich während der Arbeit an einem Roman beeinflussen lässt. Renée Carlino lebt in Südkalifornien.

Christin Tewes: „An seiner Saite" (Verlag: epubli, 2018), Genres: Liebesroman, Reisen, Cello, 226 Seiten, Lesealter: ab 16 und aufwärts.

Die Studentin Mona verlässt ihre Heimat Deutschland, um in Japan ein Praktikum anzutreten. Obwohl sie im Land der Kirschblüten herzlich empfangen wird, vermisst sie ihre Familie, ihre Freunde und vor allem ihren neuen Schwarm sehr. Alles ändert sich, als sie bei einem Konzertbesuch dem bescheidenen und wesentlich älteren

Abb. 16: Christin Tewes: „An seiner Saite" (Verlag: epubli, 2018).

Cellovirtuosen Ken begegnet. Die Musik, die er seinem Instrument entlockt, verzaubert sie, und bald bringt Ken ihr Herz völlig aus dem Takt.

„An seiner Saite" ist ein Buch für Japan-Liebhaber oder Menschen, die es werden wollen bzw. eine Reise nach Japan planen. Land und Leute werden treffend geschildert, und es wird deutlich, dass Christin Tewes das moderne Japan aus eigener Anschauung gut kennt. Die Romanze zwischen Mona und Ken ist in leichtem, flüssigen Stil geschrieben und entwickelt sich quasi parallel zu der zweiten, eigentlichen, Liebesgeschichte – nämlich der Liebeserklärung der Autorin an Japan.

Mona, die Protagonistin, kommt gerade zu der Zeit in Japan an, als der japanische Film „Nokan – Die Kunst des Ausklangs" den Oskar für den besten internationalen Film (2009) gewonnen hatte (Beschreibung siehe Kapitel „Film", S. 188). In diesem Film geht es um die Veränderungen im Leben eines Orchestercellisten, der mit einem Male arbeitslos wird. Es war „der Film, der Japan den Oskar einbrachte", und demzufolge bewegte ganz Japan das Thema Cello sehr. Das Cello wurde sozusagen zu einem Modeinstrument.

Die Schriftstellerin Christin Tewes, 1985 geboren, begeisterte sich schon in jungen Jahren für Japan. Sie studierte in Bonn Regionalwissenschaft Japan und arbeitet seitdem als Redakteurin und Lektorin bei dem deutschen Manga-Verlag KAZÉ. Ihre Liebe zu Japan führte 2009 zu dem autobiografischen Reisebericht „Big in Japan", 2011 folgte die Diplomarbeit „Die Wahrnehmung der DDR in Japan". „An seiner

Saite" ist ihr erster Roman. Die Fortsetzung befindet sich gerade im Lektorat und soll Ende 2020 erscheinen.

Christin Tewes hat mir in einer Mail von ihrem Bezug zum Cello berichtet: „Ich selbst bin keine Musikwissenschaftlerin sondern als Cello-Fan dazugekommen, im Erwachsenenalter etwa drei Jahre lang Cello zu spielen. Parallel dazu habe ich meinen Roman geschrieben. Inspiriert wurde beides durch meine Japanreise im Jahre 2009, während der ich einen japanischen Jazz-Cellisten traf, der auch die Vorlage für den Cellisten in meinem Roman lieferte. Darin ist eine deutsche Austauschstudentin fasziniert vom Cello und der ungewöhnlichen Musik, die der Cellist ihm entlockt. Ich wollte die Faszination von jemandem darstellen, der zuvor kaum Berührung mit klassischen Musikinstrumenten hatte. Das Cello im Roman habe ich mir also auf Grundlage persönlicher Erlebnisse und Vorliebe ausgesucht. Es ist bisher das einzige Instrument, das ich ernsthaft (mit einer Lehrerin) eine Zeitlang gelernt habe. Man sagt, dass die Töne der menschlichen Stimme am nächsten sind, das gefällt mir. Cello-Fans können sich daher in meinen Roman sicher gut einfühlen, Cellisten sehen vielleicht einmal den Blick von der anderen Seite: wie ihre Zuhörer sie sehen und bewundern (und sich fragen, wie sie diese Magie vollbringen)."

Christin Tewes lebt mit ihrem Mann, der Halbjapaner ist, in Berlin.

„Madame Ernestine und die Entdeckung der Liebe", von Leona Francombe (Goldmann Verlag, 2014).

Die Schriftstellerin, Pianistin und Komponistin Leona Francombe wurde in England geboren. Sie studierte klassische Musik am Bryn Mawr College und an der Yale School of Music. Ein Stipendium der Rotary Foundation ermöglichte ihr außerdem ein Studium an der Hochschule für Musik in Wien. Im Alter von 16 Jahren gab sie ihr Debüt mit dem Pittsburgh Symphony Orchestra. Seitdem hat sie in den Vereinigten Staaten, Liechtenstein, Belgien, England, Deutschland und Frankreich konzertiert. 1987 wurde sie von der European Cultural Foundation mit Sitz in Belgien eingeladen, das internationale Kammermusikensemble „Concorde East/West" zu formieren, mit dem sie auch auftrat. Als Autorin veröffentlichte sie zahlreiche Essais und Kurzgeschichten. „Madame Ernestine und die Entdeckung der Liebe" ist ihr Romandebüt. Leona Francombe lebt mit ihrer Familie in Brüssel.

Viele ihrer Veröffentlichungen als Schriftstellerin behandeln auf die ein oder andere Weise das Thema Musik – ebenso ist es in „Madame Ernestine und die Entdeckung der Liebe". Protagonistin der Geschichte ist die Brüsseler Putzfrau Ernestine Vandermeer, eine schon ältere Dame mit einigen Marotten, die zwar nicht über Reichtümer verfügt, aber doch immer zufrieden mit ihrem Leben ist. Da bringt der Tod und das Testament ihres Arbeitgebers, eines Diplomaten und Hobbycellisten, ihr Dasein völlig durcheinander, und schließlich führt der Zufall Ernestine in das Haus eines geheimnisumwobenen Meistercellisten, des Meisters Sébastien Balthasar.

Abb. 17: Konstantin Wecker, Pressebild zu „Weltenbrand". Foto: Thomas Karsten.

„Der Klang der ungespielten Töne", von Konstantin Wecker (Ullstein Taschenbuch Verlag, 2006).

Konstantin Wecker, geboren 1947 in München, gilt als einer der bedeutendsten deutschen Liedermacher. Wichtig ist ihm neben der künstlerischen Arbeit als Musiker, Komponist, Schauspieler und Autor sein starkes politisches Engagement.

Zu „Der Klang der ungespielten Töne": Anselm Cavaradossi, ein junger Musiker, verliert sich zunehmend in den Fängen des Musikbusiness. Beigetragen haben dazu die üblichen Dinge wie Partys, falsche Freunde und die Ehe mit einer Frau, die er nicht liebt. Seine Suche nach der Wahrheit in der Musik hat er fast aufgegeben, als die Cellistin Beatrice in sein Leben tritt.

Die Geschichte vom „Klang der ungespielten Töne" ist in großen Teilen autobiografisch. Eine große Rolle kommt dem Vater Weckers zu, der seinen Sohn schon früh in die Welt der Oper einführte und dem er seine Liebe speziell zur italienischen Oper verdankt. Der Titel des Buches leitet sich von einem Zitat von Avo Pärt her, das einen metaphysischen Zugang zur Musik beschreibt – einen Zustand, in dem der Künstler nichts mehr schaffen muss, weil er nun alles in sich selbst trägt.

Von „Der Klang der ungespielten Töne" gibt es auch einen sogenannten literarisch-musikalischen Abend, also eine Fassung für die Bühne, eingerichtet für drei Sprecher, Violoncello und Orchester von Michael Dangl, bei dem Musik von Johannes Brahms,

Gustav Mahler, Wolfgang Amadeus Mozart, Arvo Pärt, Giacomo Puccini, Giuseppe Verdi und Konstantin Wecker erklingt. Zu der Produktion am Gärtnerplatztheater gibt es als Teaser einen Trailer, der eine sehr gute Vorstellung von dem vermittelt, was den Theaterbesucher erwartet. Soviel ich gehört habe, ist auch eine Kinoverfilmung des Buches u. a. mit Mario Adorf im Gespräch.

Neben den Sprechern kommt auch der Cellistin eine wichtige Rolle zu. In der genannten Produktion wird diese Partie von der Cellistin Fany Kammerlander, geb. 1967 in Frankfurt am Main, übernommen. Fany Kammerlander arbeitete bei den verschiedensten Musik-, Theater und Filmprojekten mit, bei denen sie ihre große stilistische Bandbreite von Klassik über Jazz bis hin zur Pop-Musik zeigen konnte. Außerdem spielte sie in dem Jazz-orientierten Ensemble „La Rose Rouge", der Indie-Popgruppe „Samersault" und der Comedy-Musikgruppe „Cello-Mafia" (seit 2009 unter dem Namen „Chili con Cello").

In einem Interview des Internet-Musikmagazins Musicheadquarter.de vom 30. Oktober 2019 spricht Konstantin Wecker von der Bedeutung der klassischen Musik für sein eigenes Schaffen. Er kommt auf die Rolle des Cellos bei seinen Auftritten zu sprechen sowie auf „seine" heutige Cellistin Fany Kammerlander wie auch auf Hildi Hadlich, die in den 1960er-Jahren mit ihm „unterwegs war". Er beschreibt die Wirkung auf die Zuhörer, als er damals ein Cello mit auf die Bühne brachte. Da habe er sich unglaubliche Sachen anhören müssen: Das könne man doch nicht machen, mit so einem bourgeoisen Instrument.

Allerdings haben damals wohl nicht alle Konzertbesucher so gedacht. Für eine Schülerin von mir, Barbara Bremer, wurde ihr damaliger Konzertbesuch zu einem Schlüsselerlebnis. Sie beschreibt es so:

„Ich lernte die Musik von Konstantin Wecker 1977 kennen, ich war damals ca. 15 Jahre alt. Ich empfand einen anderen Zauber als beim Gitarrespielen oder beim Anhören von orchestraler klassischer Musik: Das Cellospiel von Hildi Hadlich im Zusammenspiel mit Konstantin Weckers Klavierspiel (und seinen lyrisch-drastischen Texten) ergab ein kammermusikartiges Miteinander, das mich begeisterte und ‚anfixte', ohne dass ich da schon die Hoffnung hatte, selber einmal Cello zu spielen. Aber ich konnte nicht genug bekommen von diesen Klängen, und als ich ca. zehn Jahre später aus einem Schwur heraus, bevor ich aus dem Leben gehe alles erst auszuprobieren, was mir im Leben etwas bedeutete, aber noch nicht getan war und mir also als Studentin mit eigentlich gar keinem Geld für „so etwas" ein gebrauchtes Cello kaufte – da benannte ich es nach Hildi Hadlich ‚Brumhilde'."

Übrigens war Konstantin Wecker nicht der Einzige, der ein Cello „mit auf die Bühne brachte". Vor 40 Jahren komponierte Udo Lindenberg das Stück „Cello", in dem er seine Liebe zu einer Cellistin besingt – es wurde einer seiner größten Hits. Das Liebeslied an eine Cellistin, eine Cellohymne, erschien 1973 auf dem Album „Udo

Lindenberg & und das Panikorchester – Alles klar auf der Andrea Doria" und machte Udo Lindenberg mit einem Schlag zu einem Star.

Von Udo Lindenberg gibt es den eigenhändig signierten Siebdruck „Sie spielte Cello" in sehr verschiedenen farblichen Varianten, der eine Cellistin und den Rocksänger darstellt. Soeben ist wieder eine neue Edition des Motivs erschienen.

Rebecca Raisin: „Mein wundervoller Antikladen im Schatten des Eiffelturms", Roman (Aufbau Verlag, Berlin 2018). „Mein wundervoller Antikladen im Schatten des Eiffelturms" ist der zweite von drei romantischen Paris-Liebesromanen von Rebecca Raisin. Die beiden anderen Bände heißen „Mein zauberhafter Buchladen am Ufer der Seine" und „Die kleine Parfümerie der Liebe"; man könnte sie als Wohlfühl-gute-Laune-Bücher bezeichnen. Auch die Cover vermitteln auf Anhieb diesen Eindruck.

Es braucht für Rebecca Raisin nur wenige Worte und wir befinden uns mitten in Paris, in Begleitung der Antiquitätenhändlerin Anouk. Anouk geht ganz in ihrem Beruf auf, Männergeschichten hat sie nach ihrer letzten Enttäuschung erst einmal beiseitegeschoben. Doch lässt sich das Schicksal bekanntlich nichts vorschreiben, und so findet sie auf der Suche nach einem besonderem Cello die Liebe…

Das Cello ist in der Geschichte tatsächlich von sehr marginaler Bedeutung und kommt nur im vorderen Teil in einem Abschnitt vor. Ich habe das Buch aber hier aufgenommen, weil es einfach eine sehr sympathische Ausstrahlung hat. Rebecca Raisin besitzt die Gabe eines leichten und dennoch detaillierten Schreibstils, der es ihr ermöglicht, ihre Protagonisten authentisch und lebendig zu beschreiben. Ihre Bücher sind etwas „für's Herz".

Ivan E. Coyote: „Als das Cello vom Himmel fiel" (Krug & Schadenberg, 2011). Joey ist Automechaniker. Als seine Frau ihn verlässt, versteht er die Welt nicht mehr. Da schlägt ihm ein mittelloser Kunde ein Tauschgeschäft vor – Joeys alter Volvo gegen ein Cello –, und Joey schlägt ein, obwohl er gar nicht Cello spielen kann. Er beschließt, in der fernen Stadt Cellounter-

Abb. 18: Ivan E. Coyote: „Als das Cello vom Himmel fiel" (Verlag Krug & Schadenberg, 2011).

richt zu nehmen und findet damit das Mittel, das ihn aus seiner Misere befreit – wenigstens einigermaßen.

Die Geschichten der bekannten kanadischen Schriftstellerin Ivan E. Coyote (geb. 1969) kreisen um die Themen Gender, Identität und soziale Gerechtigkeit. Sie tritt häufig als „Spoken Word"-Künstlerin auf und lebt mit ihrer Partnerin in Vancouver, British Columbia.

James Anderson: „Desert Moon" (Polar Verlag, 2018), englisch, Krimi. Das Buch trägt folgende Widmung: „Für Bruce Berger, der die Wüste liebt, und James A. Lawson, der das Cello liebt."

Mit dieser Dedikation ist schon viel über das Setting des Romans von James Anderson gesagt. Hinzu kämen dann noch der Truck der Hauptperson und eine Art Geisterstadt mitten in der Wüste. Bevölkert wird die Gegend von einigen skurrilen Gestalten, die umso seltsamer auf uns wirken, desto besser wir sie kennenlernen: „Sie reden nicht mal mit den Nachbarn. Die sind sich in nichts einig, außer darin, dass sie in Frieden gelassen werden wollen. Sie haben was gegen alles und jeden."

Der Truck-Fahrer Ben ist die Hauptperson des Romans, und aus seiner Sicht werden die Geschehnisse geschildert. Schauplatz ist eine Geisterstadt in der Wüste Utahs, die jedoch seit einiger Zeit nicht mehr ganz so unbewohnt zu sein scheint. Zufällig beobachtet Ben durch ein Fenster eine unbekannte Frau mit ihrem Cello in einem dunklen Zimmer. Er ist sofort fasziniert, sowohl von der unbekannten Schönen als auch von dem Cello.

Doch dann treffen zwei fremde Personen im Ort ein, und mysteriöse Dinge geschehen. Plötzlich sieht sich Ben eines Mordes angeklagt. Über allem liegt die Wüste in ihrer gleichbleibenden Schönheit: „Diese Wüste ist ein Bermudadreieck aus Sand und Steinen."

James Anderson stammt ursprünglich aus Seattle, Washington. Er arbeitete viele Jahre in einem Buchverlag, andere Berufe von ihm sind Holzfäller, Fischer und – allerdings nur für kurze Zeit – LKW-Fahrer (!).

Alyson Richman: „Der italienische Garten" (Diana Verlag, 2016, Originaltitel: „Garden of Letters"), Roman.

Die amerikanische Bestsellerautorin Alyson Richman (geb. 1972) versetzt uns in ihrem Roman „Der italienische Garten" in das Jahr 1943. Deutsche Soldaten halten den malerischen Ort Portofino besetzt. Die junge und talentierte Cellistin Elodie hat eine besondere Gabe: Alles, was sie einmal gelesen oder gehört hat, speichert sie in ihrem Gedächtnis. Elodie ist Mitglied des italienischen Widerstandes, der Resistenza. Ihre Aufgabe ist es, mit Hilfe ihrer Musik geheime Codes zu übermitteln. Eines Tages entgeht sie der Entdeckung nur durch die Hilfe des Arztes Angelo, der sie für seine Cousine ausgibt. Angelo nimmt Elodie mit in sein Haus auf den Klippen. Es ist das Haus mit dem schönen Garten.

Alyson Richman stellte auf meine Frage, ob sie selbst Cello spiele, fest: „Only in my imagination. I always wanted to play the cello and that's why I chose to do it through my writing."

Die Frage, was das Cello für sie bedeute, beantwortete sie mit einer flammenden Eloge: „For me, the cello is the most beautiful and soulful instrument in the orchestra. With its rich tone and ability to convey deep emotion, it makes me gravitate toward it in my writing. I also love the beauty of its shape, the cello's sensual curves, and the physical way a musician must literally embrace the instrument when playing it. There is something very unique about experiencing the music of a cello ... as if the melody is being coaxed out of the deepest part of the soul, every note 'pulled' from its belly to convey the depth of emotion within the score and the musician's heart."

Henri Gourdin: „Das Mädchen und die Nachtigall" (Verlag Urachhaus, 2019). Das Mädchen Maria Soraya wird durch den spanischen Bürgerkrieg aus ihrer Heimat vertrieben. Im südfranzösischen Dorf Villefranche in den Pyrenäen findet Maria ihre neue Heimat. Später in ihrem Leben kreuzt sich dann der Weg der inzwischen jungen Frau in Prades erneut mit dem des Cellisten Pablo Casals, bei dem sie als Mädchen in Barcelona Cellounterricht hatte. Der alternde Cello-Maestro ermutigt sie, das Cellospiel wieder aufzunehmen und gibt ihr an den freien Samstagen Cellostunden ...

Der Schriftsteller und Essayist Henry Gourdin, geboren 1948 in Uccle (Belgien), hat sich besonders als Biograf einen Namen gemacht. Seine Lebensbilder über Pablo Casals, Alexander Puschkin, Eugène Delacroix, Victor Hugos Töchter Adèle und Léopoldine oder Walt Disney versuchen, die dargestellten Personen aus ungewöhnlichen Blickwinkeln zu betrachten und heben sich dadurch von den „üblichen" Lebensberichten ab. Seine Biografie über Casals heißt: „Pablo Casals, l'indomptable (Essais et documents)" und ist im Verlag: PARIS erschienen (2013, französisch).

„Das Mädchen und die Nachtigall" ist Gourdins Debütroman. Er lebt im Süden Frankreichs in der Nähe von Montpellier.

Andromeda Romano-Lax: „Der Bogen des Cellisten" (Bloomsbury, Berlin 2008). Roman, mit CD. „Der Bogen des Cellisten" ist der erste Roman der US-amerikanischen Journalistin und Reiseschriftstellerin Andromeda Romano-Lax (geb. 1970). Außer bisher vier Romanen hat Andromeda Romano-Lax eine große Anzahl von Reiseführern über Alaska geschrieben. Seit 2015 lebt sie auf Vancouver Island, in British Columbia, Kanada.

Im Mittelpunkt von „Der Bogen des Cellisten" steht der Cellist Feliu Delargo, dessen Lebensgeschichte an die Vita von Pablo Casals angelehnt ist. Und so gelingt Feliu, wie seinem realen „Double" Casals, mit seinem musikalischem Genie, aber auch mit viel Üben, der Sprung zur bis hin zur Weltkarriere. Als Nebenfiguren begegnen uns Picasso, Elgar, Brecht, Weill, der legendäre Fluchthelfer Varian Fry sowie Franco und Hitler.

Abb. 19: Andromeda Romano-Lax mit ihrem neuesten Cello, einem „black carbon fiber cello". Das Foto wurde in Anchorage/Alaska aufgenommen.

Im Nachwort geht Andromeda Romano-Lax auf die Intention ihres Romans ein. Sie berichtet davon, dass sie den Wunsch verspürt habe, sich in etwas Schönes, Hoffnungsvolles zu versenken. „... und für mich hat das Cello immer schon den Klang von Hoffnung und Menschlichkeit verkörpert".

Als ich Andromeda Romano-Lax um einige Auskünfte betreffs ihres Buches bat, schickte sie mir spontan einen selbst zusammengestellten Auszug eines Interviews zu, das Emily Wright 2008 nach Erscheinen von „Der Bogen des Cellisten" mit ihr führte. Mit der großzügigen Erlaubnis Emily Wrights gebe ich es hier wieder.

EMILY WRIGHT: What was your best cello moment?

ANDROMEDA ROMANO-LAX: As research for The Spanish Bow, I traveled to San Juan, Puerto Rico and studied Casals documents and archival footage. (My main character was originally inspired by Pablo Casals.) Briefly, I took lessons with the principal cellist of the local symphony, a warm and patient man named Jesus Morales. With the kind permission of the current homeowner, I asked Morales to play a few of the Bach Suites for me in the living room of the former home of Pablo Casals, where the maestro himself used to play Bach every day. The tropical setting, the regal atmosphere of the home, the photos of Casals on the walls, and Morales playing all created a one-of-a-kind private concert.

E.: First, tell me about you and the cello. When and why did you start?

A.: I started playing at the age of 6, and played on and off again as a child. I don't recall my parents overseeing my practice very much, and both lessons and instrument rentals were haphazard. I didn't get far, though I loved the sound of the cello so much that it made my heart ache, and still does. I remember being in a school orchestra in maybe 5th grade. We were playing Pachelbel's Canon in D and as ridiculously simple as my part was, I got lost and stopped playing. But the funny thing? I wasn't embarrassed. I just sat, and listened, and was moved to tears. I remember leaving the concert very happy and at peace. Perhaps that was my only wise moment, being content as a listener rather than as a performer. A decade ago, when my daughter was one year old, I decided I wanted to play the cello again, in a more dedicated and rigorous way. At one point I started writing a memoir about my experiences as an adult amateur cellist. (A book with an overly focused audience, no doubt!) I put that project on hold, but later, it helped inform the research that ultimately became the foundation for my book, The Spanish Bow. With this novel, I've come full circle. What started out as a project focused on my own minor ambitions and frustrations turned into a story about the cello and about the importance of the arts in general. Nothing pleases me more than getting emails from readers who didn't listen to the cello until they started reading the book. The novel has been published in ten languages and I've heard from music lovers, including many amateur cellists and pianists, in several countries.

Das vollständige Interview kann man auf der Seite von Emily Wright nachlesen unter emilywright.net/2008/10, Conversations with Andromeda. Mehr dazu auch im Kapitel Celloliteratur im Internet.

Ariane Wilson: „Un violoncelle sur le toit du monde" (Verlag Presses de la Renaissance, 2002), französisch. Im August 2000 macht sich Ariane Wilson auf den Weg durch das einsame Zanskar-Tal im Himalaya – auf dem Rücken eine ungewöhnliche Last: ihr Cello. Die Wanderung durch das Land des Buddhismus' entwickelt sich zu einer musikalischen Reise der besonderen Art...

Auf ihrer außergewöhnlichen Wanderung wurde Ariane Wilson von der Psychologin und Fotografin Maya Gratier begleitet.

Von Ariane Wilson ist ebenfalls das Buch „Le pèlerinage des 88 temples" (Presses de la Renaissance, 2006), französisch, erschienen. Der Pilgerweg der 88 Tempel, oder auch Shikoku Henro, ist einer der ältesten Pilgerwege der Welt. Er wurde vor mehr als 1 200 Jahren eingerichtet und ist ungefähr 1 400 Kilometer lang. Der Weg des Wanderers zieht sich an steilen Bergen, über lange Steintreppen, durch ländliche Gegenden und an ruhigen Meeresküsten entlang hin. Bei den Besuchen der Tempel

Abb. 20: Ariane Wilson. Foto: Maya Gratier.

sind – in den Haupthallen und auf dem Gelände verteilt – Skulpturen und andere Kunstwerke zu sehen. Die Wanderung auf dem Pilgerpfad, der kreisförmig um die Insel verläuft, soll als Akt der Besinnung empfunden werden.

Ariane Wilson spricht sehr gut deutsch. Ich habe sie gefragt, ob das Cello während der Himalaya-Wanderung nicht sehr gelitten habe. Ihre Antwort (per Mail): „Das Cello hat nur durch die Temperaturwechsel gelitten (Verstimmung: nichts Schlimmes). Die Spitze (der Stachel, Anm. d. Verf.) hat sich in Lauf der Reise blockiert und ich könnte sie nicht mehr rausziehen. Ich musste das Cello halb-barock halten, aber die Sitzmöglichkeiten waren auch sowieso unüblich! Sonst hat sich das Instrument eher ganz schön entwickelt. Es ist weiterhin mein Reisebegleiter. Es fährt jetzt Rad."

Unwillkürlich fragt man sich, an welchem exotischen Ort das wohl sein mag.

In den beiden letztgenannten Büchern spielt das Reisen mit dem Cello eine grundlegende Rolle. Man könnte sie der Gattung nach als Cello-Road-Movie-Bücher bezeichnen. Man macht sich ja nicht allzu oft Gedanken über dieses Thema, aber der Beruf des Cellosolisten bringt es mit sich, sehr viel auf Reisen zu sein. Wenn man sich auf diesen Aspekt hin die Autobiografien der großen Cellisten durchsieht, stellt man fest, dass sie sich alle darüber geäußert haben. Man kann manchmal sogar den Eindruck gewinnen, dass das Thema Reisen mehr Seiten in Anspruch nimmt als z. B. die Beschreibung von Konzertauftritten. Das liegt wahrscheinlich darin begründet, dass das ständige Unterwegssein, das Hasten von Auftritt zu Auftritt, in vielfacher Hinsicht ungeheuer anstrengend ist. Ich weiß nicht mehr, welcher bedeutende Cellist es gesagt hat, aber er bringt es auf den Punkt: „Um als Solist international bestehen zu können, ist es natürlich wichtig, super spielen zu können. Aber fast noch wichtiger ist es, einen guten Magen zu haben."

Tatsächlich sind die Belastungen für Geist und Körper groß, und es muss gar nicht immer so rasant und gefahrvoll zugehen wie bei Servais und Piatigorski, von denen behauptet wird, dass sie auf ihren Celli – oder auf den Cellokästen, wie auf einem Schlitten sitzend – irgendwelchen Verfolgern entkommen seien. Das Leben in Hotelzimmern, das Warten in Bahnhofs- und Flugplatzhallen, der Jetlag, das Alleinsein – das sind alles Dinge, die zum Stress des Konzerts hinzukommen.

Ursula Wiegele: „Cello, stromabwärts", Roman (Drava Verlag, Klagenfurt, Wien 2011). Mittelpunkt der Handlung ist ein altes, rotes Stadthaus, das von lauter Musikern bewohnt wird. Denn seiner Eigentümerin, die einst mit einem italienischen Opernsänger liiert war, sind Musiker die liebsten Mieter: Da sind Ciprian, Cellist in zweiter Generation, sein Sohn Luca, der sich vom Cello ab- und dafür umso obsessiver der Gambe zuwendet, Alexej, der ukrainische Korrepetitor und Chorleiter, und die Sängerin Alena: Insgesamt also ein musikalischer Taubenschlag für Menschen aus allen Himmelsrichtungen.

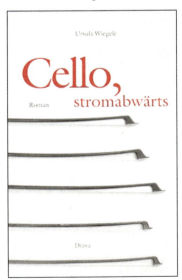

„Livias Blick liegt auf Ciprians Cello, die Konturen des Mannes und jene des Instruments verschmelzen."

Ursula Wiegele (geb. 1963) wurde mehrfach für ihre Kurzprosa ausgezeichnet. Mit ihrem Debütroman „Cello, stromabwärts" ist ihr ein sehr poetisches Buch gelungen, das den Leser zutiefst berührt. Im Alter von sieben Jahren begann Ursula Wiegele, Klavier zu spielen, und später nahm sie Orgelunterricht am Kärntner Landeskonservatorium.

Auf meine Bitte hin gab mir Ursula Wiegele zusätzliche Auskünfte speziell über ihren Bezug zum Cello:

Abb. 21: Ursula Wiegele: „Cello, stromabwärts" (Drava Verlag, Klagenfurt, Wien 2011).

„Ich lebe seit ca. 25 Jahren in Graz, wo zu Ehren von Nikolaus Harnoncourt (bzw. um ihn irgendwie an Graz zu binden) das Festival ‚Styriarte' entwickelt wurde. Im Rahmen dieses Festivals ist Jordi Savall ein Fixpunkt im Programm. So habe ich zur Gambe gefunden. Und: Viele Jahre war ich singendes Mitglied des Grazer Chores ‚mondo musicale', und für einige Jahre war unser Korrepetitor und stellvertretender Chorleiter Nicolas Radulescu, der Sohn von Michael Radulescu, der mir als Orgelvirtuose schon lange bekannt war. Nicolas hat Cello und später auch Gambe gelernt und gespielt. So kam ich auf die Idee eines Sohnes, der das Cello verlässt und zur Gambe wechselt. (Wobei Nicolas Radulescu mit dem Konflikt von Luca im Roman überhaupt nichts zu tun hat.) Wenn ich noch einmal auf die Welt käme (wie man so sagt), dann würde ich unbedingt das Cellospiel erlernen wollen. Das Cello ist seit langem mein eindeutiges Lieblingsinstrument. Das sind meine ‚äußeren' Anlässe gewesen.

Ich möchte unbedingt hinzufügen, dass es mir sehr peinlich ist, wenn ein Cellist/eine Cellistin das Buch liest. Ich habe – ich weiß nicht, wie es gekommen ist – an mindestens zwei Stellen leider den Begriff ‚Steg' fälschlich verwendet anstelle von ‚Hals'. Sollte es einmal eine weitere Auflage geben, wird das natürlich behoben."

Leah Cohn: „Der Kuss des Morgenlichts" (Fischer Taschenbuch Verlag, 2011). Das Cover gibt uns Zusatzinformationen: „Sie sind gefallene Engel, unsterbliche Wesen – und es gibt gute, aber auch sehr böse...". Genre: moderne romantische Fantasy, Twilight, interessanterweise aber auch: europäische Literatur, zeitgenössische Frauenliteratur, Liebesroman, Science Fiction und Vampirromane.

Zu Beginn ist alles ganz einfach: Sie, Sophie, ist eine leidenschaftliche Klavierstudentin. Er, Nathanael Grigori, ist ein hochbegabter, eigenwilliger Cellist. Sie musizieren zusammen, verlieben sich, erleben einen wunderbaren Sommer. Doch dann verlässt er sie, und sie ist schwanger.

Sophie ahnt nicht, dass ihre Tochter Aurora kein gewöhnliches Kind ist: In ihrem Kind spielt sich ein uralter Kampf ab, der Kampf zwischen Gut und Böse. Denn Nathanael und somit auch Aurora sind Nephilim, Unsterbliche.

Die Schriftstellerin Leah Cohn, 1975 in Linz/Österreich geboren, studierte Geschichte, Philosophie, Theologie und Religionspädagogik. Sie arbeitet zurzeit als Fernsehjournalistin und lebt in Frankfurt am Main.

Es gibt auch eine Fortsetzung von „Der Kuss des Morgenlichts", nämlich „Der Fluch der Abendröte" (ebenfalls Fischer Taschenbuch Verlag, 2012), aber hier spielen Musik bzw. das Cello keine Rolle mehr.

Lola Gruber: „Trois concerts" (Verlag Phebus, 2019), französisch. Lola Gruber, geboren 1972 in Paris, ist selbst keine Musikerin. Um überzeugend die „Innenansicht" der Musikwelt darstellen zu können, musste sie sich in das Thema einarbeiten. In Gesprächen mit befreundeten Musikern kam sie der Sache immer näher: „Die Schönheit des Musizierens ist nicht die Schönheit des Erfolgs. Es ist nicht die gleiche Sache."

Der Weg, den junge Menschen zurücklegen, wenn sie eine Musikerkarriere anstreben, ist beschwerlich. Diese Erfahrung macht auch die in sich gekehrte, verschlossene Clarisse in „Trois concerts". Sie ist sieben Jahre alt, als sie die Schülerin des Cellisten Viktor Sobolevitz wird. Die dritte Person in diesem Beziehungsgeflecht ist der Musikkritiker Rémy Nevel, der Clarisse manche Illusionen über das Cellospiel nimmt.

Hartmut Krüpe-Silbersiepe: „Der Cellist und andere Erzählungen" (Verlag epubli, 2018). Der Ich-Erzähler hat soeben sein Solokonzert beendet. Er verlässt die Konzerthalle und macht einen Abendspaziergang durch die Straßen Barcelonas. Sein Cello hat er „unter strengster Bewachung" im Konzerthaus zurückgelassen, und somit kann er völlig ungestört seine Gedanken schweifen lassen. Seine Laufbahn als Cellist kommt ihm in den Sinn, seine ersten Konzertbesuche, seine Begeisterung für das Cello, später das erste Berühren eines Cellos, eines Bogens. Doch dann hatte die Verletzung seiner linken Hand alles verändert…

Hartmut Krüpe-Silbersiepe, geboren 1941, bezeichnet sich selbst als „Biologe mit Begeisterung für Sprache und phantasievoll-kreativem Umgang damit". Beruflich als Mikrobiologe in der Diagnostik in einem Krankenhaus tätig, widmet sich Krüpe-Silbersiepe mit Leidenschaft der Literatur. Er liebt es, Geschichten zu erzählen, die er folgerichtig und betont als Erzählungen veröffentlicht.

Abb. 22: Hartmut Krüpe-Silbersiepe: „Der Cellist und andere Erzählungen" (epubli, 2018). Coverillustration: Andreas Alba.

Im Unterschied zu seinem ruhig dahinfließenden Erzählstil ist die Sprache seiner Lyrik prägnant und „auf den Punkt". Das scheint im Widerspruch mit der Thematik fast aller Gedichte zu stehen, handelt es sich hier doch um die Darstellung von Gefühlen wie Trauer, Wut, Leichtigkeit usw.

Seit frühester Kindheit fühlte sich Hartmut Krüpe-Silbersiepe zur Musik hingezogen. Er lernte Klavier- und Violine, später stieg er auf die Viola um. Doch das Cello, dem seine vornehmliche Liebe galt, blieb ihm vorenthalten. Dagegen erlernte seine Schwester, die heute als Kirchenmusikerin tätig ist, das Cellospiel.

Wer im Internet seinen Namen recherchiert, wird auch auf den Künstler Krüpe-Silbersiepe stoßen. Seine Werke konstruiert er aus Metallplättchen, die auf einem flachen Träger fixiert werden. Man könnte sie als Reliefs bezeichnen, oder – wie er selber sagt – als „Metallmosaike".

„Der Tanz mit dem Cello und andere Freuden" (Knecht Verlag, Frankfurt am Main 1966), von Nikolas Benckiser. „Der Tanz mit dem Cello" ist eine von mehreren kurzen Geschichten des gleichnamigen kleinen Bandes. Der Publizist und Mitherausgeber der Frankfurter Allgemeinen Zeitung (FAZ), Nikolas Benckiser (1903–1987), erzählt von den Jahren des Krieges, die er als Korrespondent der FZ für das gesamte Südeuropa in Budapest verbrachte. Doch nicht die Politik ist das Thema der kleinen Erzählung, sondern die Musik, die Klavierlehrerin Frl. L., die Etüden von Dotzauer, Duport und Grützmacher. Es ist der Weg eines Dilettanten, der hier aufgezeichnet ist, die Gedanken eines Liebhabers der Musik und des Cellos:

„‚Die Bachsuite habe ich aber heute gut gespielt. Kein anderer Mensch hat es gehört, und hätte er es gehört, so hätte er wahrscheinlich nichts Besonderes daran gefunden.'

Aber der Spieler hat gewusst: Es war gut dieses Mal."

Es ist schon etwas Seltsames um die Etüden der Celloliteratur. Die deutschen (Cellisten-)Komponisten haben auf diesem Gebiet ja wahre Meisterwerke verfasst. Und sie haben – wie jeder Cellist weiß – so klingende Namen wie Dotzauer, Grützmacher und Kummer. Es ist wahrlich eine kummervolle Aufgabe, wenn man als Cellolehrer Etüden mit solchen Komponistennamen an den Mann bzw. „an den Schüler" bringen soll. Eine erfreuliche Ausnahme ist da Sebastian Lee, dessen „melodische Etüden" (op. 11 und op. 31) genauso melodisch klingen wie sein Name. Ich habe bezüglich des Namens „Lee" nie eine despektierliche Bemerkung eines Schülers gehört, wenn ich ihm eine Lee-Etüde zum Üben aufgegeben habe. Allerdings habe ich die Angewohnheit, jeweils nur den Nachnamen in das Hausaufgabenheft zu schreiben, und so bin ich des öfteren schon gefragt worden, ob Lee ein koreanischer Komponist sei.

Rolf Gerlach: „Cello unter Trümmern, kleine Geschichten" (Verlag der Nation Berlin 1988).

Der Theologe, Musiklehrer, Fernsehredakteur und Schriftsteller Rolf Gerlach wurde 1935 in Leipzig geboren. Es lohnt sich, seine verschiedensten Arbeitsstellen hier einmal aufzuzählen: bis 1961 freiberufliche Tätigkeit für das Kunsthistorische Institut der Universität Greifswald, von 1961 bis 1965 Assistent am Institut für griechisch-römische Altertumskunde bei der Deutschen Akademie der Wissenschaften zu Berlin, 1965 bis 1967 freiberufliche Mitarbeit am Grimmschen Wörterbuch. Ab 1967 Umorientierung, Beginn eines Fernstudiums an der Hochschule für Musik „Hanns Eisler" Berlin (Klavier, Gitarre und Tonsatz/Komposition). Ab 1971 unterrichtete er Musiktheorie an der Spezialschule für Musik, ab 1977 freiberuflicher Autor, Redakteur und Moderator in der Abteilung Ernste Musik beim Fernsehen der DDR. Man sieht, ein bewegtes Berufsleben.

Seine zwölf Geschichten aus „Cello unter Trümmern" erzählen von den Beziehungen unter Menschen, von Einsamkeit und Sterben, von Sehnsüchten, Situationen, denen wir selbst begegnen oder begegnen können. Die zehnte Geschichte ist die Titelgeschichte. Sie spielt mitten im Krieg, wahrscheinlich in Leipzig. Die Freunde Michael und Klaus werden während eines Besuches bei einem Ehepaar von einem Fliegeralarm überrascht. In dieser lebensgefährlichen Situation reagieren die vier Personen unterschiedlich. Michael versucht seine Furchtlosigkeit zu beweisen, indem er auf dem „Luftcello" ein Stück vorträgt, obwohl Klaus eigentlich der Cellist ist.

Das Besondere an der Geschichte ist die Sprache. Sie wirkt leicht zerfahren und besteht aus Anspielungen, saloppen Formulierungen und verdrehten Satzgebilden, – was sich aber als ein geschickt eingesetztes Stilmittel erweist: „Also erstens, beispielsweise, Speerwasser (Michael Speerwasser ist die Hauptperson) soll, heißt es, größenwahnsinnig sein, soll er. Ist er das? Bißchen, so betrachtet vielleicht ein bißchen. So betrachtet nicht die Bohne."

Batya Gur: „Das Lied der Könige" (Bertelsmann Verlag, 1998), Kriminalroman. „Das Lied der Könige" ist der vierte der insgesamt sechs sogenannten Inspektor-Ochajon-Romane. 1988 erzielte die israelische Schriftstellerin Batya Gur (1947–2005) mit ihrem ersten Band aus der Serie, „Denn am Sabbat sollst du ruhen", einem Kriminalroman um den gebildeten und zugleich melancholischen Inspektor Michael Ochajon von der Jerusalemer Polizei, auf Anhieb einen internationalen Bestsellererfolg.

Der über 600 Seiten langen Krimi „Das Lied der Könige" spielt in der Welt der klassischen Musikszene Israels. Stellenweise geraten dem Leser die zwei Mordfälle etwas aus dem Blick: Über weite Strecken tauschen die Protagonisten Meinungen und Gefühle, auch Tatsachen, über bedeutende Komponisten aus: „,Bei Bach ist die Menschwerdung voller Trauer', sagte Juwal laut." Ich hoffe, dass ich nicht zu viel verrate, wenn ich sage, dass mit einer Cellosaite... Ach, lieber doch nicht.

An dieser Stelle möchte ich auf ein Problem zu sprechen kommen, dass einigen Romanen, die in der klassischen Musikwelt spielen, mehr oder weniger stark anhaften kann. Das Problem entsteht leicht, wenn Nichtmusiker über das Musiker-Milieu schreiben und ihre Geschichten aus einer Erwartungshaltung heraus erzählen, die diesem Milieu nicht entspricht. Der Schriftsteller mag sich z. B. eine zu „romantische" Vorstellung vom professionellen Musikergewerbe gemacht haben – oder Ähnliches. Für einen Musiker, der solch ein Buch liest, entsteht in diesem Fall ein dermaßen ungutes Gefühl, dass er das Buch schließlich frustriert beiseitelegt. Ein Cello-Kollege erzählte mir, dass es ihm mit dem oben genannten Buch so ergangen sei, und er fügte hinzu: „Ich vermute, dass sich ein Arzt beim Betrachten einer dieser Arztserien im Fernsehen genauso fühlt."

Hingegen wird Nichtmusikern unter den Lesern dieser Umstand möglicherweise gar nicht auffallen.

Eric Siblin: „Auf den Spuren der Cellosuiten. Johann Sebastian Bach, Pablo Casals und ich" (2010 Irisiana Verlag). Es kommt bei jedem Buch darauf an, wie man sich ihm nähert, welche Erwartungen man in es setzt. Als ich das Buch bekam – ja, tatsächlich, auch dieses Buch wurde mir, wie viele andere auch, geschenkt –, machte mich der erste Blick auf den Titel spontan misstrauisch. Er kam mit zu reißerisch vor. Der zweite Blick beim Durchblättern zeigte die Aufteilung des Buchs in Kapitel an, die nach den Sätzen der sechs Suiten benannt sind. Das Misstrauen schwand also nicht, und ich dachte mir: „Dieses Buch ist eher für ein großes, allgemeines Publikum geschrieben, weniger für Cellisten. Schlussfolgerung: Wenn ich unter dieser Prämisse das Buch angehe, kann das doch vielleicht auch gut ausgehen."

Tatsächlich habe ich mich dann aber immer wieder festgelesen. Ich gebe zu, dass ich es nicht in „einem Rutsch" durchgelesen habe, sondern „häppchenweise". Und so – auf diese Weise – habe ich das Buch, in dem Unmengen von Informationen anekdotenhaft in einer lockeren und unverbindlichen Sprache vorgetragen werden, doch genossen. Manche Sprünge im Sinnzusammenhang habe ich nicht geschafft, aber das machte fast gar nichts aus: Es war angenehm, dem leicht einlullenden, etwas melodramatischen Text zu folgen: „Auf dem Griffbrett gibt es ein leichtes Vibrato, der Bogen ist Überbringer schwieriger Neuigkeiten. Das Cello, das zunächst ein wenig wankt, findet sein Gleichgewicht wieder und berichtet von etwas Schmerzlichem..." Das ist definitiv eher für ein großes, allgemeines Publikum geschrieben.

Kazuo Ishiguro: „Bei Anbruch der Nacht" (Originaltitel: „Nocturnes", Karl Blessing Verlag, 2009), Übersetzung von Barbara Schaden. Alle fünf Geschichten in Kazuo Ishiguros Buch „Bei Anbruch der Nacht" kreisen – wie viele seiner Bücher – um die Musik. Erzählt wird von einem Kaffeehaus-Gitarristen, einer alternden Diva, einem virtuosen Cellisten, von Nachwuchskünstlern und einem erfolglosen Saxofonisten. Die fünfte Geschichte des Buches, „Cellisten", handelt von Tibor und Eloise, die sich in Italien kennenlernen. Eloise bewirkt es, die in Tibor schlummernden Fähigkeiten zu wecken: Sein Cellospiel verbessert sich. Da enthüllt ihm Eloise ein Geheimnis.

Kazuo Ishiguro, geboren 1954 in Nagasaki, studierte in London Englisch und Philosophie. 1989 erhielt er den Booker Prize und 2017 den Nobelpreis für Literatur. Kazuo Ishiguro lebt in London.

Von „Bei Anbruch der Nacht" gibt es auch eine Hörbuchfassung. Der Sprecher ist der bekannte Schauspieler und Synchronsprecher Christian Brückner, der seit etlichen Jahrzehnten Robert De Niro synchronisiert. Damit bekommen die Erzählungen etwas Hollywood-Film-Artiges, und das passt natürlich besonders zur ersten Geschichte, in der sich ein ziemlich erfolgloser Saxophonspieler aus Hollywood einer Schönheitsoperation unterzieht, um mehr Erfolg zu haben.

Was wäre die europäische Musikkultur ohne Orchester? Und was wäre ein Orchester ohne die Cellogruppe?

Als eines der führenden Orchester der Welt gelten die Berliner Philharmoniker. Monika Borth stellt uns in „Der siebte Cellist, Aus dem Leben des Berliner Philharmonikers und Gründers der 12 Cellisten Rudolf Weinsheimer" (Schott Verlag, 2019) ein Mitglied aus diesem traditionsreichen Orchester vor. Die Biografie des Cellisten Rudolf Weinsheimer, geboren 1931, lässt das Bild eines passionierten Musikers entstehen, der in den Jahren nach dem Krieg erlebt, wie die Musik zur Friedensstifterin wird und damit auch ein neues Bild von Deutschland vermittelt.

Abb. 23: Der Nobelpreisträger für Literatur Kazuo Ishiguro. Foto: Jane Brown, 2005.

„Das Orchester hat sich einstimmig für Sie entschieden!" Dieser Satz ist für Weinsheimer auch heute noch „der schönste und wichtigste Satz meines Lebens." Denn damit wurde er Berliner Philharmoniker. Das war 1956. 40 Jahre lang – ganz einfach auszurechnen, also: bis 1996 – war er dann Orchestermitglied der Berliner Philharmoniker, hat unter den Dirigenten Herbert von Karajan und Claudio Abbado gespielt und gründete das Ensembles der zwölf Cellisten. Der Rückblick auf sein Leben ist ein Vorgang des Abschiednehmens, „führt aber auch zu Erkenntnissen und großer Dankbarkeit". (aus dem Klappentext)

Das Buch ist als „Co-Produktion" Rudolf Weinsheimes mit der Schriftstellerin und Sprachlehrerin Monika Borth entstanden.

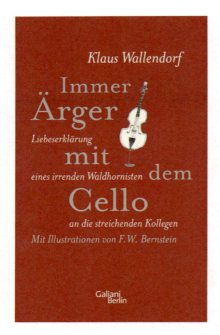

Abb. 24: Klaus Wallendorf: „Immer Ärger mit dem Cello" (Kiepenheuer & Witsch, Köln 2012).

Klaus Wallendorf: „Immer Ärger mit dem Cello" (Verlag Galiani Berlin, Kiepenheuer & Witsch, Köln 2012), mit Illustrationen von F. W. Bernstein. Das Buch ist eine Liebeserklärung an das Cello. Klaus Wallendorf, Hornist der Berliner Philharmoniker und glühender Verehrer des Violoncellos, schrieb aus Anlass des 40-jährigen Bestehens der „12 Cellisten" diese Würdigung und widmete sie dem Cello im Allgemeinen, den zwölf Cellisten im Besonderen – und mit ihnen, allen Cellospielern und -liebhabern dieses Erdenrunds.

Wie kam es zu der Begeisterung Wallendorfs für das Cello? Nun, zunächst war es wohl die Begeisterung für Rostropowitsch und seine Einspielung von Dvořáks Cellokonzert. Damit sei – so Wallendorf – das Cello in seiner Entwicklungsgeschichte auf einem technischen Höhepunkt angelangt. Eine Kollegin aus der Cellogruppe – ihr Name ist Evelyn – schwärmte ihm „in den kurzen Pausen des Schnürlregens – bei geöffneter Dachluke und himmelweit aufgedrehter Stereoanlage von der neuartigen Spieltechnik vor, deren äußerliches Merkmal die fast liegende Position des Instrumentes war." Sie habe, so Wallendorf, ihn in die kleine Welt des großen Stachels, den Frosch, die Schnecke, die Zarge, die Bogenbehaarung und die Saitenbespannung eingeführt. Das Cellospiel ist eben, unter anderem, eine sehr sinnliche Angelegenheit.

Auch das nächste Buch wurde von einem Orchestermitglied geschrieben. Es ist das kurze Buch (56 Seiten) von Wolfgang Schulz: „Sonate für Cello", 2017 erschienen bei epubli. Der Cellist Wolfgang Schulz, geboren 1946, erzählt seinen Werdegang von seiner Kindheit hin zum erfolgreichen Cellisten, von seinem ersten Cellounterricht 1956 in Braunschweig, seinem Studium an der Musikhochschule Berlin, später in Freiburg, dann von dem Unterricht bei Maurice Gendron und von seiner Mitgliedschaft bei den Stuttgarter Philharmonikern von 1971 bis 2011.

Das Buch ist im Ton eher wie eine Erzählung geschrieben und beschreibt den langen und manchmal steinigen Weg eines Cellisten, beginnend in den 1950er-Jahren, den Jahren des Deutschen Wirtschaftswunders, bis heute.

Es folgt hier ein Cellobuch, das in seiner ganzen (Mach-)Art ungewöhnlich ist. Es ist das Buch „ˈtʃɛlo" (Cello) von Florian Althans (Brotlos Verlag, 2018). Der Grafikdesigner und Illustrator Florian Althans, der selbst seit seiner Kindheit Cello spielt, führt hier seine tiefen Leidenschaften für die Musik und für die Grafik zusammen, indem er die Ästhetik des Instruments detailliert erforscht: die Formen, Symmetrien und Silhouetten. Er interpretiert sie in sensiblen Grafiken, die in ihrer Zusammenstellung ein äußerst anziehendes grafisches Buch entstehen lassen.

„Im Grunde habe ich mich auf die andere Seite gesetzt. Statt das Instrument zu spielen, habe ich es mir angeschaut und versucht, sein formales Wesen zu erfassen."

Abb. 25: „ˈtʃɛlo" (Cello), von Florian Althans (Brotlos Verlag).

Befragt auf seine Arbeitsweise, speziell bei der Erstellung der interessanten Texturen der Grafiken, antwortete Althans: „Die Texturen sind in der Tat analog entstanden. Zunächst habe ich mit Druckfarben für Radierungen auf Acrylfolien experimentiert. Die Ergebnisse habe ich eingescannt und als digitale Texturen weiter bearbeitet. Diese Datensätze waren dann die Grundlage für das Befüllen der Konturen aller Motive."

Diese Erläuterungen zur Herstellung der Texturen wirken auf mich wie ein neuzeitliches, digitales alchemistisches Rezept, sehr geheimnisvoll!

Durch die Veröffentlichung von „ˈtʃɛlo" habe er, so berichtet Florian Althans, einige glückliche Erlebnisse gehabt. So sei unter anderem die Verbindung zu seinem früheren Streichquartett-Lehrer wieder aufgelebt, dessen Tochter soeben ihr Cellostudium beginne. Und auch sein damaliger Cellolehrer habe wieder Kontakt mit ihm aufgenommen: „Es haben sich also schöne Kreise geschlossen."

Kinder- und Jugendbücher

Je früher Kinder Musik, Instrumente und Musiker wahrnehmen, desto vertrauter sind diese Dinge ihnen in ihrem späteren Leben, und desto selbstverständlicher kann es geschehen, dass sie sich selber für ein bestimmtes Musikinstrument interessieren. Es gibt einige geeignete Bücher, die ich in dieser Hinsicht empfehlen möchte.

Die Literatur für Kinder wird ja sehr stark in „Mädchenbücher" und Bücher für Jungen unterschieden, was ich selber aber hier nicht gemacht habe. Es fällt allerdings auf, dass die meisten Bücher für Mädchen geeignet sind und nur wenige für Jungen.

Es ist für mich eine geheimnisvolle Angelegenheit, wie Bücher für Kinder überhaupt entstehen können. Denn sie werden ja von Erwachsenen „hergestellt". Ich habe Schüler gehabt, denen war selbst in der Cellostunde anzumerken, dass sie momentan in einer völlig anderen Welt weilten, Welten, in denen Erwachsene nicht viel verloren haben, davon kann wahrscheinlich jeder Cellolehrer ein Liedchen singen. Ich habe zurzeit einen jungen Celloschüler, der des öfteren sehr, sehr weit in seine eigene Welt verschwindet. In einer der letzten Stunden habe ich mich dahingehend auch seiner Mutter gegenüber geäußert: „Ich möchte gerne mal wissen, wo der T. jetzt gerade ist." Seine sehr verständnisvolle Mutter sah mich an, und wir wussten beide, dass wir neidisch auf die Fantasiewelt des Jungen waren. Und trotzdem scheint das Cello gerade für T. eine wichtige Rolle zu spielen – interessant.

Miyazawa Kenji: „Gorch, the Cellist", Bilderbuch mit CD bzw mit DVD, englisch. Es findet soeben eine Orchesterprobe statt. Der Dirigent ist böse auf Gorch, weil dieser nicht gut genug auf seinem Cello geübt hat. Gorch schämt sich, geht nach Hause und übt sehr viel. Das spätere Konzert ist für ihn ein großer Erfolg. Es handelt sich bei der Geschichte um eine vereinfachte Version des japanischen Anime-Films „Goshu, der Cellist" aus dem Jahr 1982, der auf einer Geschichte des japanischen Dichters Miyazawa Kenji basiert (Regie und Drehbuch von Takahata Isao).

Das Buch soll offensichtlich dazu dienen, die englische Sprache zu erlernen. In dem kleinen Band sind noch vier weitere kurze Geschichten enthalten. Auf der beiliegenden CD werden die Texte wie in einem Hörspiel präsentiert. Die Produktion hat mir wegen der poetischen Grundstimmung ganz gut gefallen. Empfohlenes Alter vier bis sechs Jahre.

Ich habe meine Ausgabe von „Gorch, the Cellist" antiquarisch im Internet erstanden. Ausgerechnet die Titelgeschichte hat der Vorbesitzer übersetzt und die Übersetzung mit Bleistift auf freie Stellen der Bilder aufgeschrieben. Den Namen des Protagonisten hat er seltsamerweise von Gorsch in Tammo geändert, und auch sonst ist die Übersetzung eher frei:

> Tammo der Cellist.
> Der Dirigent schimpft: „Tammo! Üb' mal ordentlich Cello!" Tammo wurde rot vor Verlegenheit.
>   Er ging nach Hause und übte bis um Mitternacht Cello.
>   Es klopfte: Da saß eine Katze. Sie half Tammo beim Üben.
>   In der nächsten Nacht kam ein Kuckuck. Er und Tammo spielten zusammen, und es klang schon viel besser.
>   In der nächsten Nacht kam ein Dachsjunges. Es übte mit Tammo den Rhythmus. Das Cellospiel funktionierte immer besser.
>   Dann kam eine Maus mit ihrem Mauskind. Sie sagte: „Mein Kind ist krank und es wird ihm besser gehen, wenn du schön spielst!" Und das tat er.
>   Endlich fand das Konzert statt. Das Publikum war von Tammos Cellospiel begeistert.
>
>   (aus dem Englischen übersetzt von einem anonymen Cellofan)

Philip C. Stead: „Music for Mister Moon" (Neal Porter Books, 2019), Illustrationen von Erin E. Stead, englisch.

Was geschieht wohl, wenn du deine Teetasse aus dem Fenster wirfst und wenn du dabei zufällig den Mond triffst und wenn er daraufhin vom Himmel fällt?

Harriet liebt es, ganz alleine in ihrem Zimmer zu sitzen und Cello zu spielen. Doch eines Tages stört sie das Rufen einer Eule. Vor Ärger wirft Harriet ihre Teetasse aus dem Fenster. Unglücklicherweise trifft sie den Mond. Doch der Mond ist nicht beleidigt, im Gegenteil: Er und Harriet werden innerhalb kürzester Zeit beste Freunde. Weil der Mond erkältet ist, besorgt ihm Harriet einen wollenen Hut, und dann machen beide einen kleinen Bootsausflug, das hatte der Mond sich schon immer so sehr gewünscht. Harriet und der Mond verstehen sich wirklich gut, doch findet Harriet den Mut, dem Mond auf ihrem Cello etwas vorzuspielen?

Die Illustratorin des Buches, Erin Stead, hat für das Projekt „Music for Mister Moon" eine eigene Internetseite eingerichtet: musicformistermoon.com. Dort erfährt man mehr über die Hintergründe des Buches und gewinnt einen Einblick in die Entstehung der Zeichnungen vom Entwurf bis zum fertigen Bild. Der begleitende Text liest sich wie eine in sich abgeschlossene Geschichte.

Philip Stead wuchs, so schrieb er mir, in einer musikalischen Familie auf und hat verschiedene Instrumente erlernt. Allerdings war das Cello nicht dabei. Seine Frau Erin spielt kein Instrument, träumt aber immer schon davon, eines Tages Cellounterricht zu nehmen.

Abb. 26: Philip C. Stead: „Music for Mister Moon",
Zeichnung von Erin E. Stead (Neal Porter Books, 2019).

Cornelia Stank: „Das wunderbare Cello". Mit Illustrationen von Carmela Palmieri (eigentl. Tais Palmieri Scholz). Empfohlenes Alter 5–6 Jahre.

Hanna besucht mit ihrer Schwester und ihren Eltern ein Familienkonzert. Ein Streichquartett tritt auf, und Hanna interessiert sich sofort für die Cellistin und ihr Instrument. Die Inhaltsangabe gibt eine Ahnung von dem Fortgang der Geschichte: Das Konzert, Die Musikschule, Freddy, Eine unglaubliche Nacht, Neue Freunde.

Die Aquarellzeichnungen der Künstlerin und Illustratorin Carmela Palmieri sind sehr fantasievoll und gefallen mir außerordentlich. So z. B. die Zeichnung von Freddys Wohnung in der Celloschnecke. Die Celloschnecke ist nämlich komplett hohl

Abb. 27: Cornelia Stank: „Das wunderbare Cello", Illustration: Carmela Palmieri, Aquarell auf Canson 300g.

und bietet Raum für ein Wohnzimmer, eine Küche, Badezimmer, Treppenhaus usw. Der Leser wird vielleicht schon erraten haben, dass Freddy ein Holzwurm ist. Eines Tages entdeckt ihn Hanna auf dem Wirbel ihrer C-Saite.

Als Carmela Palmieri mir die Zeichnung des Covers zu „Das wunderbare Cello" zuschickte, fügte sie eine kurze Bemerkung über ihren Bezug zum Cello hinzu: „Ich bin, leider Gottes, überhaupt nicht musikalisch, genieße jedoch durchaus die klassische Musik, wo das Cello großzügig zu finden ist. Das Projekt habe ich mit offenen Armen begrüßt, denn das Cello ist nunmal mein Lieblingsinstrument – zusammen mit der Violine und der Oboe."

Anna Chodorowska: „Lieder für Thomas" (Verlag „Ruch", Warschau, etwa 1970). Mit sehr schönen Illustrationen von Helena Matuszewska. Empfohlenes Alter: fünf bis sechs Jahre.

Thomas möchte auf seinem Cello ein Stück spielen, doch es gelingt ihm nicht. Er ist enttäuscht und rennt auf und davon. Das Cello ist sehr traurig und begibt sich auf die Suche nach Thomas – leider vergeblich. Nach einer langen Wanderung, auf der es die Bekanntschaft mit einigen Fröschen und einer Nachtigall macht, kehrt es wieder nach Hause zurück und trifft Thomas dort endlich wieder. Zögernd nimmt Thomas das Cello in die Hand und beginnt ein Stück zu spielen ...

Wie schon gesagt, lebt das Buch besonders durch die sehr fantasievollen, poetischen Zeichnungen von Helena Matuszewska. Es handelt sich um aquarellierte, farbige Tuschezeichnungen (Zeichenfeder und Pinsel), die auf jeder Buchseite eine besonders gestaltete, sehr freie Verbindung mit dem Text eingehen.

Das Buch enthält auch zwei Liedkompositionen: das Froschlied und das Nachtigallenlied (nur Melodien und Texte, ohne Harmonisierung).

Leider nur auf französisch: „martine découvre la musique". Text von Gilbert Delahaye (1923–1997), Illustrationen von Marcel Marlier (1930–2011). Die riesige Buchreihe um das Mädchen Martine wurde 1954 erschaffen und bis 2010 fortgesetzt. „martine découvre la musique" ist der 35. Band von insgesamt 60 und erschien 1985 bei dem belgischen Verlag Casterman. In Frankreich sind die Martine-Bücher sehr bekannt, man kann sie in all den großen Supermärkten kaufen. Generationen von Mädchen haben sie gelesen.

In „martine découvre la musique" lernt Martine während der großen Sommerferien bei einem Jugendorchesterkonzert die etwas ältere Isabelle kennen. Isabelle spielt Cello, und Martine ist sofort Feuer und Flamme. Isabelle zeigt ihr die ersten Schritte, die nötig sind, um Cello zu lernen.

Die Bücher sind schon etwas nostalgisch und haben das Flair der 1960er-Jahre. Es macht nichts aus, dass der Text auf französisch ist; mithilfe der Bilder kann man sich die Handlung zusammenreimen. Oder man erfindet eben etwas Passendes. Das empfohlene Alter ist fünf bis sechs Jahre. Ich habe das Buch mehrmals Kindern und ihren Eltern gezeigt, und es stieß jedes Mal auf unerwartet hohe Resonanz.

Ute Krause: „Der Löwe auf dem Dachboden" (Diogenes Verlag AG Zürich, 1998). Empfohlenes Alter 5–6 Jahre.

Es geht um Karla, ein Cello und einen Löwen auf der einen Seite, und Krach, leise Töne und Stille auf der anderen Seite. Es ist der Löwe, der Karla eine geheimnisvolle Welt zeigt: die Welt der Stille und der leisen Töne. Die Figur des Löwen als „der weise Ratgeber" mag auf erwachsene Leser zunächst befremdlich wirken. Ich habe aber festgestellt, dass Kinder sie als etwas völlig Selbstverständliches hinnehmen.

„Karla spielte. Ihre Musik erklang, flog bis in die Träume ihrer Familie, und alle lächelten glücklich im Schlaf."

Vermutlich würde mir das nicht passieren, wenn ich auf die Idee käme, hier bei mir des Nachts Cello zu spielen.

Auf meine Frage, warum ihre Wahl für die Besetzung einer der Hauptrollen auf das Cello gefallen sei, schrieb mir Frau Krause: „Lieben Dank für Ihre Mail. Ich werde versuchen, sie zu beantworten :-) Ich hatte den herrlich warmen Klang des Cello bei Freunden gehört, die zu Hause musizierten, und es hat einen tiefen Eindruck bei mir hinterlassen. Wohl kaum ein Instrument kommt in meinen Ohren mit solcher Tiefe des Herzens daher. So war es naheliegend, diesem Instrument in der magischen Geschichte eine wichtige Rolle zu zuschreiben."

Klaus Baumgart: „Lauras Stern und der geheimnisvolle Drache Nian" (Buch zum Film). Laura fliegt gemeinsam mit ihrer Familie nach China. Ihre Mutter, die Cellistin ist, soll in Peking ein Konzert geben. In China lernt Laura das chinesische Mädchen Ling-Ling kennen, und während Lauras Mutter auf der Bühne steht und ihr Konzert spielt, erleben die beiden Mädchen, der Stern und der geheimnisvolle Drache Naim ein fantastisches Abenteuer.

Als der Film „Lauras Stern und der geheimnisvolle Drache Nian" 2004 in die Kinos kam, haben ihn viele meiner jüngsten Schülerinnen gesehen, und die meisten haben mir direkt bei ihrer nächsten Cellostunde ausführlich davon erzählt.

Es gibt für ganz kleine Kinder auch noch die pixi-Buch-Serie „Lauras Stern" mit acht Geschichten. Im Heft „Laura spielt Verstecken" aus dieser Serie taucht ab und zu Lauras Mutter auf. Man sieht sie Cello übend in einem Zimmer der Wohnung sitzen oder mit dem Cellokasten unter dem Arm auf dem Weg ins Opernhaus. Mit der Geschichte verbunden sind einige Spiele und Rätsel (Lektorat Eleanore Gregori, Carlsen Verlag 2007).

Klaus Baumgart schrieb mir über seine Überlegungen zu „Lauras Stern" und besonders Lauras Mutter betreffend: „Da es für die Dramaturgie der Geschichten wichtig war, dass Lauras Mutter öfters unterwegs ist und einen etwas außergewöhnlichen Beruf ausübt, kam mir der Gedanke, dass sie in einem Orchester spielen könnte. Die Wahl des Instruments hat etwas damit zu tun, dass der Klang eines Cellos die Stimmung am Besten wiedergibt, die ich spüre, wenn ich in einen Nachthimmel schaue. Hinzu kommt, dass mein Großvater Geige spielte und ich dadurch einen besonderen Bezug zu Streichinstrumenten habe."

Agnes Schöchlis „Lola, das kleine Cello und der Blick ins Weite" ist ein Kinderbuch ab ca. sechs bis acht Jahre. Das Buch ist allein schon deshalb interessant, weil es eine Rarität auf dem Kinderbuchsektor ist: Es gewährt Einblick in die mentale Welt und das innere Erleben eines kleinen Mädchens, das das Cellospiel erlernen möchte.

Das Textbild ist ungewöhnlich und mag den Lesern zunächst irritieren: Die Schriftgröße ist sehr groß, und es gibt weite Partien, in denen einzelne Sätze absatzartig voneinander getrennt sind. Gerade diese Stellen sind es jedoch meiner Meinung nach, die besonders intim und intensiv wirken. Mit anderen Worten: Das Buch ist etwas Besonderes, und es kann sein, dass es – bei den richtigen „Kandidaten" angewendet – einen sehr guten Effekt hervorruft.

„Lola das kleine Cello, und der Blick ins Weite" ist der dritte Band der „Lola"-Reihe. Band eins und zwei sind die Bücher „Lola, das kleine Cello und das Abenteuer" und „Lola, das kleine Cello", die ich leider bisher noch nicht gelesen habe. Inzwischen ist Agnes Schöchli schon bei Nummer 5 angelangt und die Serie setzt sie immer noch weiter fort. Lola und ihr Cello sind jetzt schon 16 Jahre alt, und die Probleme, die ihre Beziehung beeinflussen, sind von der Pubertät geprägt.

Die Schriftstellerin spielt selbst leidenschaftlich gerne Cello. Sie drückt es so aus: „Die Faszination der Töne und Klänge mit dem persönlichen Leben in Verbindung zu bringen war für mich schon sehr früh eine große Leidenschaft."

Agnes Schöchli hat mir mitgeteilt, dass sie ab Anfang 2021 ihre Buchreihe mit Lola und ihrem Cello in einer neue Ausgabe herausbringen möchte.

Andrea Hoyer: „Im Konzert. Ein Bilderbuch" (Schott, Mainz, überarbeitete Neuauflage, 1998). Weitere Titel der Autorin sind „In der Musikschule" und „In der Oper". Die drei Bilderbücher – man könnte sie schon fast als Sachbilderbücher bezeichnen – sind sowohl für Jungen als auch Mädchen sehr zu empfehlen. Die Bilder wirken fröhlich, die Instrumente sind gut und richtig gezeichnet, die drei Geschichten sind flott erzählt und die geschilderten Situationen entsprechen der Realität. Paulchen, ein netter Junge von sechs Jahren, ist in allen drei Geschichten die Hauptperson. Das empfohlene Lesealter ist dementsprechend fünf bis sieben Jahre.

Vor allem das Buch „Im Konzert" ist ein echtes Cellobuch: Paulchen übernachtet an diesem Wochenende bei seinem Onkel, einem Cellisten. Als er bei ihm ankommt und das Wohnzimmer betritt, trifft er auf eine Celloschülerin seines Onkels. Später gehen er und sein Onkel zum Geigenbauer, und am Abend darf Paulchen ein Orchesterkonzert besuchen. Denn sein Onkel ist Mitglied der Cellogruppe des städtischen Sinfonieorchesters!

Es wird Kindern und Eltern gleichermaßen Spaß machen, die Bücher zusammen zu lesen, indem die „Lesepartner" sich immer wieder auf kleine Details auf den Bildern aufmerksam machen – darunter sind auch Spinnen und Mäuse und viele andere Tierchen.

Ursel Scheffler: „Ätze, das Computermonster", mit Bildern von Erhard Dietl (Ravensburger Buchverlag, 2004), Altersempfehlung: ab sieben Jahren. Von der Autorin Ursel Scheffler (geb. 1938) gibt es bereits über 400 Kinderbücher in deutschen und ausländischen Verlagen. Auch das Buch „Ätze, das Computermonster" ist nur eines aus einer ganzen Reihe von „Ätze"-Büchern, nämlich der Band 9. Ätze ist ein Tintenmonster, und Andy ist sein absoluter Monstertraum, denn Andy duscht sehr selten – nur drei mal im Jahr. Doch eines Tages ändert sich das plötzlich: Er duscht sich jetzt öfter! Liegt es daran, dass Andy nur noch Augen für Clara, seine Mitschülerin, hat? Dann wird Claras Cello geklaut. Andy und Ätze machen sich an die Verfolgung der Diebe.

Ebenfalls von Ursel Scheffler ist der Kinderkrimi „Kommissar Kugelblitz in Hamburg" (Schneiderbuch Verlag, 2018). Empfohlenes Alter: ab acht Jahren.

Der erste Band der Kinderbuchreihe mit Kommissar Kugelblitz erschien schon 1982. Inzwischen gibt es 55 Bände, daneben auch Hörspiele, Hörbücher, Streaming-Downloads und eBooks mit den unterschiedlichsten Fällen. Der Leser hat die Aufgabe, gut aufzupassen, denn meistens verrät sich der Täter im Laufe der Geschichte.

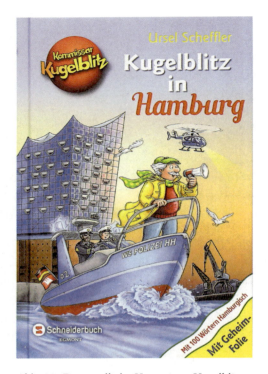

Abb. 28: Der rundliche Kommissar Kugelblitz. Er wird seit 2011 von Max Waltehr gezeichnet.

Am Ende wird der Leser gefragt, ob er den Täter entlarven konnte. Um die Lösung zu überprüfen, benutzt man eine rote Geheimfolie. Kommissar Isidor Kugelblitz lebt und arbeitet in Hamburg. Die meisten seiner Fälle spielen dort, so auch der neueste Fall „Kommissar Kugelblitz in Hamburg": Autos, Fahrräder, Kunstgegenstände werden gestohlen, dann auch noch ein wertvolles Cello – direkt aus der berühmten Elbphilharmonie, Hamburgs großartigem Konzerthaus. Wird es Kommissar Kugelblitz gelingen, alle Puzzleteile der Ermittlungen erfolgreich zusammenzufügen?

Ursel Scheffler engagiert sich seit Jahren für die Leseförderung von Kindern, Jugendlichen und besonders von Grundschülern. Von ihr stammt die Idee für das inzwischen deutschlandweit erfolgreiche Projekt „Büchertürme". Gerade bei den letzten Lesefestivals versuchte sie, die Literatur verstärkt mit der Musik, mit dem Singen, zu verbinden. Ihr Motto lautet:

„Coronazeit ist die perfekte Lesezeit. Das Lesevirus ist wesentlich sympathischer als seine biologischen Kollegen. Er ist zwar ansteckend, aber nicht gesundheitsschädigend!"

Kommissar Kugelblitz wurde seit seiner „Erfindung" von verschiedenen Zeichnern gezeichnet. Seit 2011 ist Max Waltehr für sein Erscheinungsbild verantwortlich.

Adèle Tariel: „Un air de violoncelle – 1989, La chute du mur de Berlin" (Kilowatt 2016), französisch. Illustrationen von Aurore Pinho e Silvia.

Berlin 1988. Ein kleiner Junge – sein Name ist Charlie – spielt auf dem Dachboden und findet dort ein Cello. Er bekommt heraus, dass seine Eltern das Instrument mitbrachten, als sie aus Ostberlin flohen. Der Junge ist von dem Instrument dermaßen fasziniert, dass er das Cellospielen erlernen möchte. Später in seinem jungen Leben erlebt Charlie dann den Fall der Berliner Mauer. Nun lernt er endlich seine Großeltern kennen.

Die französische Journalistin und Schriftstellerin Adéle Tariel, geboren 1979, hat sich eines sehr ungewöhnlichen Themas angenommen. Aus der Sicht des Ich-Erzählers Charlie erzählt sie von den Vorgängen im November 1998, als die Grenzen zwischen Ost- und Westdeutschland geöffnet wurden.

Im hinteren Teil des Buches ist ein Kapitel „En savoir +" angehängt mit Auskünften über das Ende des Zweiten Weltkrieges, den Marshallplan, den Beginn des Kalten Krieges, die Berliner Mauer, Mstislaw Rostropowitsch und über Deutschland. Es ist schade, dass es von dem Buch bisher keine deutsche Übersetzung gibt.

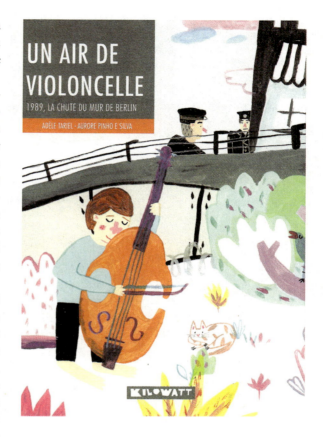

Abb. 29: Adèle Tariel: „Un air de violoncelle – 1989, La chute du mur de Berlin" (Kilowatt éditions, Paris, France 2016).

Michael Schuster: „Dobo und das verschwundene Cello". Illustrationen von Steffen Fischer. Hinter dem Herausgeber des Heftes, der Köthen Kultur und Marketing GmbH, kurz KKM Köthen, verbirgt sich die Bach-Gedenkstätte im Schloss Köthen.

Wir befinden uns im Jahre 1720. Dobo ist als Notenschreiber für das Orchester des Fürsten Leopold zu Anhalt-Köthen angestellt. Leiter des Orchesters ist der berühmte Johann Sebastian Bach. Eines Tages trifft eine große hölzerne Kiste aus Italien im Schloss ein, und darin liegt ein Cello. Doch es ist kein normales Cello, denn es hat fünf Saiten. Dann verschwindet das Cello…

Die Geschichte ist sehr lustig erzählt und basiert auf einem realen Hintergrund. Bekanntlich hat Bach die 6. Suite für Cello solo BWV 1012 für ein fünfsaitiges Instrument geschrieben, nämlich mit einer zusätzlichen e-Saite über der a-Saite. Empfohlenes Alter: Ab sieben Jahren.

Die Geschichte von „Dobo und das verschwundene Cello" ist eine von insgesamt sieben Dobo-Geschichten, die sich Michael Schuster ausgedacht hat, um historische Gestalten aus Köthens wechselhafter Geschichte in das Bewusstsein vor allem jugendlicher Leser zu bringen. Der Autor ist zugleich Inhaber des Schuster Verlags Baalberge, der sich auf Geschichte(n) aus Sachsen-Anhalt spezialisiert hat.

Die Illustrationen der Dobo-Hefte stammen von Steffen Fischer. Steffen Fischer studier-

Abb. 30: Christian Ferdinand Abel spielt in Anwesenheit von Fürst Leopold und Johann Sebastian Bach die sechste Cellosuite, aus: „Dobo und das verschwundene Cello", von Michael Schuster und Steffen Fischer.

te zunächst Elektrotechnik, hat sich aber inzwischen einen Namen als Sackpfeifenmacher und Bauer von historischen Blasinstrumenten gemacht. Von seinen „Helden" aus den Dobo-Geschichten, aber auch von anderen bekannten Persönlichkeiten wie Martin Luther und August dem Starken gibt es nicht nur aquarellierte Zeichnungen, sondern auch ein großes Sortiment an geschnitzten Holzfiguren.

Mittlerweile wurde über „Dobo und das verschwundene Cello" auch ein Singspiel verfasst, das 2013 im Johann-Sebastian-Bach-Saal des Schlosses Köthen seine Premiere feierte. Die Musik stammt von dem Komponisten, Pianisten und Schlagersänger Ulli Schwinge (geb. 1955).

Kim Märkl: „Im Land der Mitternachtssonne, Eine Geschichte aus dem hohen Norden für Jugendliche und Erwachsene" (Musikverlag Zimmermann 2004). Mit Zeichnungen von Heike Reiter. Ab acht Jahren.

Als ich das Buch das erste Mal zur Hand nahm, hat mich zunächst die Aufmachung überrascht. Sie erinnert an die französisch-belgischen Comics, sowohl was die Illustration des Covers betrifft, als auch den Umstand, dass vorderer und hinterer Buchdeckel zusammen genommen dicker sind als der Buchblock, also die eigentlichen Seiten.

In der Tat handelt es sich hier um eine schöne und geheimnisvolle Geschichte: Louis zieht für einige Zeit in eine ganz einfache Hütte mitten in der Einsamkeit Lapplands. Er erlebt und bewundert dort das Nordlicht und musiziert abends auf seinem Cello. Die Schilderungen über die Wanderungen, die Louis durch die Weiten der Natur unternimmt, vermitteln trotz der einfachen Sprache eine

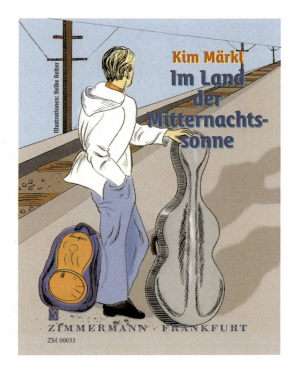

Abb. 31: Kim Märkl: „Im Land der Mitternachtssonne", Zeichnungen von Heike Reiter (Musikverlag Zimmermann, Frankfurt am Main).

poetische Atmosphäre. Dann kommen die geheimnisvolleren Begebenheiten: Immer wieder mal stellt ihm jemand einen Krug Milch vor die Tür, und zum Abschied verschenkt er eine gepresste Rose. An wen?

„Im Land der Mitternachtssonne" ist auch als Hörbuch erschienen, gelesen von Christian Tramitz (Musikverlag Zimmermann).

Das besondere Interesse der amerikanischen Klarinettistin, Komponistin und Schriftstellerin Kim Märkl (geb. 1961) gilt der Kombination von Geschichten mit Musik. Deswegen hier auch gleich noch ein Tipp: „Der Cellist von Venedig, Eine musikalische Reise durch die Zauberwelt des Cellos" (Label: Monarda, 2017), CD, Sunnyi Melles-Erzählerin, Steven Isserlis-Cello.

Es gibt von Kim Märkl auch zwei „musikalische Geschichten" über die Geigenbauer Antonio Stradivari und Amati: „Stradivaris Geschenk" und „Amatis Traum", beide vom Monarda Publishing House.

Wilhelm Busch: „Und die Moral von der Geschicht" (Verlag S. Mohn, Gütersloh 1962), sämtliche Werke und eine Auswahl der Skizzen und Gemälde sowie einem Essay von Theodor Heuss, 1135 Seiten.

Der deutsche humoristische Zeichner und Dichter Heinrich Christian Wilhelm Busch (1832–1908) hat in seiner Bildergeschichte „Die feindlichen Nachbarn – oder Die Folgen der Musik" dem in seiner Kammer hingebungsvoll Cello übenden Musiker ein zeitloses Denkmal gesetzt. Der Konflikt mit dem ganz auf seine stille Malerei konzentrierten Nachbarn ist unvermeidlich; am Schluss steht – wie bei Wilhelm Busch des öfteren – die totale Zerstörung.

Ein zweites Mal taucht im Schaffen des Vaters von Max und Moritz ein Cello in der kurzen Geschichte „Metaphern der Liebe" auf. Ein jugendlicher Liebhaber trägt sein Instrument (ohne Schutzhülle!) auf dem Rücken, zuletzt wird es durch den zornesblitzenden Blick der unnahbaren Angebeteten zerschmettert. Seltsamerweise wird das Cello in den Versen nicht berücksichtigt, sondern spielt seine Rolle ausschließlich visuell.

Abb. 32: Wilhelm Busch (1832–1908),
Selbstporträt, Federzeichnung.

Barbara Schwindt: „Die Anderssonkinder, ein Roman für Kinder" (Franckh'sche Verlagshandlung, Stuttgart, 1971). „Die Anderssonkinder" ist das erste Buch der gleichnamigen Serie. Die beiden folgenden Bücher heißen „Die Anderssonkinder und ihre Freunde" und „Zu Besuch bei den Anderssonkindern". Alles beginnt damit, dass Vater Andersson an einem Probespiel für eine Cellostelle in einem Orchester teilnimmt und tatsächlich die Stelle bekommt! Die Aufregung ist groß, denn das bedeutet, dass die gesamte Familie in die Stadt umziehen muss. Zum Glück findet die vergnügte sechsköpfige Musikerfamilie eine neue Wohnung. Was dann alles geschieht, möchte ich lieber nicht verraten.

„Die Anderssonkinder" ist die Schilderung des Alltags einer Familie, wie sie nebenan wohnen könnte. Für Kinder ab acht Jahren.

Die Pianistin, Komponistin und Schriftstellerin Barbara Schwindt wurde 1914 in Hamburg geboren. Nach dem Abitur absolvierte sie ein Musikstudium und konzertierte im Anschluss daran mit namhaften Künstlern. Nach ihrer Heirat 1937 konzentrierte sie sich auf ihre schriftstellerische Tätigkeit und veröffentlichte Jugendromane, Kinderbücher, Hörspiele, Dramen, Kurzgeschichten und Kinderkrimis, außerdem arbeitete sie für den Schulfunk. 1980 erschien bei Breitkopf & Härtel ihre Komposition „Die Heilige Nacht", ein Krippenspiel für Kinderchor, Darsteller, Erzähler und Klavier. Ähnliche Werke von ihr sind „Der Rattenfänger von Hameln", „Frau Holle" usw. Barbara Schwindt starb im Jahr 2000 in Wiesbaden.

Marianne Pasetti: „Bevor die Blätter fallen" (Schneider Verlag, 1985). Das Buch schildert das Erwachsenwerden von Tinka, einem 15-jährigen Mädchen. Für Tinka ist es schon ausgemacht, dass sie Cellistin werden will. Die Chancen stehen gut, denn ihre beiden Eltern sind ebenfalls Musiker. Doch dann bringt ein wichtiges Ereignis das Leben von ihr und ihrer jüngeren Schwester Julia völlig durcheinander: Die Eltern trennen sich, und der Vater verlässt das Haus. Außer diesen beiden Handlungssträngen, Tinkas Entwicklung auf dem Cello und die Bewältigung der neuen Familiensituation, bahnt sich noch ein dritter, dünner Handlungsfaden an, denn Tinka hat sich wohl etwas in Clemens verliebt, der ebenfalls Cello spielt. Am Ende des Buches werden die drei Stränge zusammengeführt, und die Geschichte kommt – wie der Titel des Kapitels „Erster Erfolg, erstes Glück" schon ankündigt – zu einem Happy End.

Es ist ungewöhnlich für die Zeit, in der das Buch entstanden ist, dass die Trennung der Eltern letzten Endes als etwas Positives dargestellt wird. Tinka und Julia bemerken schnell, dass ihr Vater, der vorher immer ein leicht reizbarer Mensch gewesen war, nun viel ausgeglichener ist, und auch ihre eigene Beziehung zu ihm renkt sich langsam wieder ein. Wie die nachfolgende, kurze Skizze von Marianne Pasettis Lebenslauf zeigt, hat die Schriftstellerin in „Bevor die Blätter fallen" viele biografische Elemente eingebracht.

Marianne Pasetti-Svobodová wurde 1927 in Prag in ein wohlhabendes katholisches Elternhaus hineingeboren. Die deutsche Familie war bilingual, das heißt, auch die beiden Kinder konnten problemlos auf tschechisch und deutsch kommunizieren. Pasettis Eltern ließen sich 1935 scheiden, und die Kinder blieben bei der Mutter. Beide Elternteile waren zu keinem Zeitpunkt Mitglieder der NSDAP, doch die Kinder mussten in die Hitlerjugend eintreten. Im Mai 1946 siedelte die Familie nach Deutschland um, und Marianne Pasetti arbeitete als Übersetzerin für einen Radiosender. Erst im Jahre 1989, nach der sogenannten „Samtenen Revolution", besuchte sie zum ersten Mal wieder die Tschechoslowakei.

Marianne Pasetti-Svobodová starb 2013 in Dießen am Ammersee, Oberbayern, wo sie 34 Jahre lang gelebt hatte.

Der Film „Hanni und Nanni" wurde nach Motiven aus den Jugendbuchklassikern von Enid Blyton konzipiert. Der Text des Buches zum Film stammt von Pascale Kessler. Der Film war bei meinen Schülerinnen ein großer Erfolg. Doch im Unterschied zu „Lauras Stern" haben viele davon auch das dazugehörige Buch gelesen, und manche zählen es sogar zu ihren Lieblingsbüchern. Meine Schülerinnen haben mir immer wieder von „Hanni und Nanni" erzählt, und es herrschte einhellig die Meinung vor, dass Nanni – oder war es doch Hanni? – niemals in so kurzer Zeit Cello hätte lernen können, und dass ihre Spielhaltung einigen Anlass zur Kritik biete. Nein, es war doch Nanni! Empfohlenes Alter ab acht Jahren. Es kann sein, dass die Eltern etwas nervös werden, wenn sie von „Hanni und Nanni" hören, aber den Kindern gefällt es – tja.

Mary Amato: „Playlist für Zwei" (dtv Verlagsgesellschaft, 2014), Roman, Jugendbuch.

Lyla und Tripp sind die beiden Protagonisten in „Playlist für Zwei". Sie könnten gar nicht unterschiedlicher sein. Tripp, ständig mit seiner Gitarre beschäftigt, vernachlässigt die Schule. Deshalb nimmt ihm seine Mutter die Gitarre einfach weg. Einziger Ausweg für Tripp: Er meldet sich in der Schule für einen Probenraum an. Allerdings stellt sich heraus, dass er sich den Proberaum mit jemand teilen muss. Und das ist ausgerechnet Lyla, dem genauen Gegenteil von ihm. Sie ist eine Einserschülerin, eine Miss Perfect, strebsame Cellistin, von allen geliebt usw.

Lyla und Tripp entsprechen somit zunächst einmal vollkommen dem Klischee, das man allgemein von der „Klassik" und der Rock/Popmusik hat: Klassik = angepasst, eher weiblich. Dagegen Rock/Pop = ungezähmt und eher männlich. Doch der weitere Verlauf zeigt, dass sich Gegensätze eben anziehen. Zunächst aus der Not heraus geboren, entwickelt sich langsam eine Freundschaft zwischen den Beiden, die sowohl Tripp als auch Lyla gut tut. Besonders für Lyla, die mit ihrer Musik gefühlsmäßig in eine Sackgasse geraten wird, verändert sich Vieles. Schließlich musizieren sie auch zusammen, und man kann sich ihre gemeinsamen Songs sogar auf einer extra eingerichteten Webseite anhören bzw. in einer Karaoke-Version mitsingen. Außerdem kann man dort von Mary Amato lernen, wie man selbst Songs schreibt usw. Eine kleine Warnung: Bitte nicht enttäuscht sein, es entwickelt sich zwischen Tripp und Lyla keine waschechte Love-Story, jedenfalls noch nicht ganz, aber das macht in diesem Fall wirklich nichts!

Mary Amato, geboren 1961, lebt mit ihrer Familie in Maryland. Sie studierte fiction writing und poetry an der Johns Hopkins University in Washington, DC und special education and dance an der Indiana University, Bloomington, Indiana. Sie schreibt besonders gerne für Jugendliche und unterrichtet auf workshops für jedes Alter mit Leidenschaft das Schreiben. Außerdem spielt sie gerne Gitarre und gibt auch Konzerte, die man sich auf SoundCloud anhören kann. Besonders interessant sind ihre STE(A)M Songs, über die man sich auf ihrer Seite maryamato.com informieren kann.

Als ich meinem 13-jährigen Sohn den Titel von Mary Amatos Buch vorlas, kam es zu folgender Reaktion: „Oh Gott! EINE Playlist für zwei?! Das ist ja ein Albtraum!"

„Outback", von Phillip Gwynne (Sauerländer, Düsseldorf, 2011), Jugendbuch, empfohlen ab zwölf Jahren. Eigentlich soll der begabte, 16-jährige Hugh demnächst mit seinem Cello eine Aufnahmeprüfung für das Konservatorium absolvieren. Doch da taucht plötzlich sein Großvater auf und möchte mit ihm in einem Oldtimer, einem alten, aber PS-starken Holden Morano, eine Spritztour unternehmen.
Leider ist mit diesem Auftritt in der Rahmenhandlung das Thema Cello für den Moment erst mal erledigt, denn was nun folgt, ist ein echter Roadmovie-Roman. 4000 Kilometer reisen der behütete Oberstufenschüler Hugh und sein ziemlich kauziger Großvater Poppy nun durch Australien. Eine endlos lange Strecke, größtenteils durch spärlich besiedeltes Gebiet, liegt also vor den beiden – es geht in Richtung Ayers Rock. Es ist klar, dass die Beiden so manches erleben: Hugh verliebt sich und spielt zum ersten Mal Straßenmusik, und natürlich verändert sich auch die Beziehung von Hugh und Großvater Poppy langsam, aber stetig…
Der australische Schriftsteller Phillip Gwynne (geb. 1958) hatte eine ganze Reihe von Berufen, ehe er sein eigentliches Metier, das Schreiben, für sich entdeckte. Eine begonnene Profikarriere im Australian Football beendete er wegen einer Verletzung. Nach einem Studium der Meeresbiologie an der James Cook University arbeitete er bei einer Fischereibehörde. Danach war er in Thailand als Lehrer und dann als Computer-Programmierer in Belgien beschäftigt. Zurückgekehrt nach Australien, begann er mit dem Schreiben von Kinder- und Jugendbüchern.

Auch im nächsten Buch geht es um Jung und Alt, Cello und ein schickes Auto, doch sind die Rollen vertauscht. In dem Jugendbuch „Arthur oder Wie ich lernte, den T-Bird zu fahren" von Sarah N. Harvey ist der 95-jährige Arthur der Großvater des 17-jährigen Royce. Großvater Arthur, der es immer schafft, in kürzester Zeit sämtliche Pflegekräfte zu vertreiben, war einst ein berühmter Cellist, und nun soll Royce ihn pflegen. Und der lässt sich zu dieser Aufgabe – immerhin soll er sechs Stunden lang täglich die Versorgung des muffeligen alten Griesgrams übernehmen – nur durch Geld überreden. Außerdem ist ja da noch der T-Bird.
Wie in dem zuletzt genannten Buch „Outback" von Phillip Gwynne ist das grundlegende Thema der Erzählung das Älterwerden, bzw. das Altwerden, wobei jeweils ein Familienmitglied dem einer anderen Generation zur Seite steht: auf der einen Seite durch Erfahrung, auf der andern durch Jugend.
Die Autorin und Verlagslektorin Sarah N. Harvey hat eine ganze Reihe von Büchern für Kinder und Jugendliche geschrieben. Sie lebt in Victoria, British Columbia.
Zu empfehlen ist ihr Buch ab ca. 15, 16 Jahren bis …

Cynthia J. Omulolu: „Für immer die Seele" (Dressler Verlag, 2013). Kategorien: Mythen, Legenden, Fantasy und Liebesromane für Jugendliche und junge Erwachsene. Vom Verlag empfohlenes Lesealter: 13 bis 16 Jahre.

Die 16-jährige Cole, eine begabte Cellistin, besichtigt während einer Reise den Londoner Tower und wird dort von einer Vision heimgesucht. Weitere, übernatürliche Erlebnisse wiederholen sich in ähnlicher Art, und Cole fühlt sich dadurch in andere Zeiten und an fremde Orte versetzt. Natürlich ist sie verunsichert und fragt sich, ob sie dabei ist, den Verstand zu verlieren. Da bemerkt sie, dass es jemanden gibt, der sie zu verstehen scheint. Es ist der Amerikaner Griffon, den sie in London kennengelernt hatte und den sie liebt. Doch was ist das für ein Geheimnis, das sie und Griffon außerdem noch verbindet? „Für immer die Seele" ist der erste Band von Omululos „Für immer"-Trilogie.

Die amerikanische Schriftstellerin Cynthia J. Omulolu wuchs in Kalifornien auf und lebt auch heute noch dort. Sie arbeitete zunächst in der Marketingabteilung einer Wochenzeitung in San Francisco und fand erst kurz nach der Geburt ihrer Kinder zur Schriftstellerei.

„Le violoncelle de Sophie" ist eine Comic-Geschichte aus der Heftserie „Sylvie", das in der Reihe Collection Roses Blanches von dem französischen Verlag Les publications Arédit in der Nummer 147 abgedruckt wurde. Eigentlich enden alle Geschichten der Reihe Roses Blanches mit der Heirat der Protagonisten, so auch die love story von Sophie, einer Cellistin, und ihrem neuen Untermieter Claude. Doch wie es dazu kommt, das ist eine lustige Geschichte.

Das Verlagshaus Arédit bzw zeitweise Artima veröffentlichte die 233 Nummern von „Sylvie" von 1963 bis 1985. Leider konnte ich nicht feststellen, wer der Autor, noch wer der Zeichner der Geschichte war. Die Comics atmen den besonderen Charme der 60ger-Jahre und richtet sich vor allem an junge Mädchen.

„Der Klang meines Herzens", Zeichnungen und Text: Kemeko Tokoro (Herausgeber: Kazé Manga, 2018), empfohlenes Lesealter: ab 16 und nach oben, Kategorien: Manga, Boys-Love, Romanze; Serie in fünf Bänden. Für Februar 2021 ist ein Komplettpaket angekündigt.

Takuma arbeitet als Sozialarbeiter bei einem Hilfsdienst. Als er feststellt, dass sein neuer Klient sein ehemaliger Jugendfreund ist, ist er schockiert. Denn wegen eines Unfalls kann Yuki kaum noch sehen. Zehn Jahre lang haben Takuma und Yuki nichts mehr voneinander gehört. Damals ging Yuki nach Italien, um Cello zu studieren. Takuma will ihm zunächst nicht sagen, wer er ist. Doch dann erfährt er, dass Yuki damals in ihn verliebt war.

Zärtliche Boys-Love-Romanze. Von der Kritik wird einhellig der saubere, feine Zeichenstil Tokoros hervorgehoben.

KINDER- UND JUGENDBÜCHER

Gayle Forman: „Wenn ich bleibe" (Englisch „If I Stay", 2010) und „Nur diese eine Nacht" (im Original „Where She Went" und unter dem Titel „Lovesong" bereits bei Blanvalet erschienen). Die beiden zusammengehörenden Romane „Wenn ich bleibe" und „Nur diese eine Nacht" werden als Jugendromane, Liebesromane und Thriller (?!) angekündigt. Gayle Forman (geb. 1971) arbeitete zunächst für große Zeitschriften wie „Cosmopolitan", „Glamour" und „Elle", bevor sie anfing, Romane zu schreiben. Inzwischen hat sie etliche Bestseller veröffentlicht und lebt in New York. „Wenn ich bleibe" wurde 2013 auch verfilmt (siehe auch Kapitel „Jugendfilme", S. 196).

„Wenn ich bleibe": Mia ist eine junge angehende Cellistin und in Adam verliebt. Sie hat Angst, ihn zu verlieren, wenn sie ihrer großen Neigung zur klassischen Musik folgt und mit ihrem Cello nach New York geht. Dann – plötzlich – verliert sie in einem schweren Autounfall ihre ganze Familie; sie selbst fällt ins Koma.

Die Musik, in die die Geschichte eingebettet ist, spielt eine relativ große Rolle: „Konzert bedeutet nicht, vor Tausenden von Fremden wie ein Ziel zu stehen. Es bedeutet Zusammenkommen. Es bedeutet Harmonie."

Meiner Meinung nach sind die geschilderten tragischen Geschehnisse nicht für jeden geeignet. Der Leser sollte sich vorher genau überlegen, ob er das Buch wirklich lesen möchte. Das empfohlene Alter ist 12 bis 17 Jahre. Ich denke, dass das viel zu jung angesetzt ist.

„Nur diese eine Nacht": Die Handlung ist wesentlich übersichtlicher als bei „Wenn ich bleibe". Mia ist inzwischen eine gefeierte Cellistin in New York. Adam – er ist in diesem zweiten Buch der Ich-Erzähler – fühlt sich leer und ausgebrannt, daran kann auch sein Erfolg als Rockmusiker nichts ändern. Er besucht ein Konzert von Mia in New York, um sie wiederzusehen. Und spätestens ab diesem Moment stellt sich der Leser immer dringender die Frage: Wird alles gut? Kommen die beiden am Schluss zusammen?

Durch die Illustration des Buchcovers mit den rosa Bäumchen und die schnörkelige Schrifttype des Titels spricht es hauptsächlich Mädchen und junge Frauen an. Das ist schade, denn mir hat die Liebesgeschichte eigentlich ganz gut gefallen, und ich könnte mir vorstellen, dass das Buch mit einem anderen Cover auch mehr Leser männlichen Geschlechts finden würde.

Mein Tipp wäre es, zuerst dieses Buch zu lesen und dann später vielleicht auch den ersten Band.

„Solo: Tunes of Passion", von Jules Saint-Cruz (Verlag: Feelings, 2017). Liebesgeschichte. Klassik trifft auf Rock, Cellistin auf den Sänger einer Rockband. Das Genre wurde unter anderem als Rockstar Romance bezeichnet.

Die klassische Cellistin Judith Armstrong möchte einen Neuanfang wagen. So bewirbt sie sich als Mitglied der Rockband SOLO – verkleidet als junger Mann! Die aufregendste Zeit ihres Lebens beginnt. Alles wäre also gut, wenn der charismatische Leadsänger Lee B. Driver ihre Gefühlswelt nicht total durcheinanderbringen würde.

Das wäre ganz kurz gefasst die Handlung. Doch wie es in Romanen üblich ist, lebt „Solo: Tunes of Passion" nur in kleinem Maße von diesen „Dingen drumherum". Entscheidend ist das Innenleben der Protagonisten und die Sprachmelodie, die die Regungen und Veränderungen dieses Innenlebens ausdrückt. Den Schreibstil von „Solo: Tunes of Passion" kann man durchaus als emotional, romantisch und fesselnd beschreiben.

Die deutsche Schriftstellerin Jules Saint-Cruz (Pseudonym der Autorin Juliane Käppler) wurde 1977 in Thüringen geboren. Sie hat bereits zahlreiche Romane veröffentlicht und lebt heute in Mainz am Rhein.

„Der Himmel kann warten", von Sofie Cramer (Rowohlt Taschenbuch Verlag, 2015), Liebesroman, Lesealter ab ca. 15/16 Jahre.

Das Buch beginnt mit einem Prolog, dem Gedicht „magic moments". Hier wird schon das Thema des Buches vorgestellt: die tiefe Begegnung zweier Menschen. Lilly und Len stehen dem Leben mit sehr unterschiedlichen Einstellungen gegenüber. Die 17-jährige Lilly muss aufgrund eines schweren Herzfehlers all die Dinge, die ihr am Herzen liegen, aufgeben. Dazu gehört auch das geliebte Cellospielen. Trotzdem will sie jeden Moment ihres Lebens genießen. Len dagegen hat sich selbst sowie seine Musik aufgrund eines tragischen Ereignisses aufgegeben und zieht sich immer mehr in sich selbst zurück. Für ihn ist das Leben eine Qual. Nur in einer Sache gibt es zwischen Lilly und Len eine Gemeinsamkeit: Beider Leidenschaft gilt der Musik. Allerdings liebt Lilly klassische Musik, Len dagegen mag Rockmusik.

Zwischen Lilly und Len entsteht eine wertvolle Freundschaft, und für beide beginnt eine neue, bedeutende Phase ihres Lebens – besser gesagt: das Abenteuer ihres Lebens.

Die deutsche Schriftstellerin Sofie Cramer (Pseudonym für Heidi Goch-Lange) wurde sie 1974 in Soltau (Niedersachsen) geboren. Sie studierte Germanistik und Politik in Bonn und Hannover. Danach arbeitete sie als Drehbuch- und Romanautorin in Hamburg, Hannover und Lüneburg. Als Romanautorin debütierte sie 2009 mit dem Bestseller „SMS für dich", der 2016 verfilmt und 2019 für das Theater adaptiert wurde.

Sofie Cramer verarbeitet in ihren Romanen vielfach eigene Erlebnisse. Dabei machte sie die Erfahrung, dass ihr das Schreiben bei der seelischen Bewältigung tragischer Erlebnisse sehr half. Dadurch ermutigt, bietet sie seit einigen Jahren unter dem Leitgedanken „Schreiben für die Seele" Kurse in kreativem Schreiben an, um anderen Menschen ebenfalls die Möglichkeit zu bieten, in schwierigen Situationen ihr inneres Gleichgewicht wiederzuerlangen, bzw., wie sie selbst es ausdrückt, „sich ihr Innerstes von der Seele zu schreiben".

Sofie Cramer schrieb mir, dass sie ihre Entscheidung zugunsten eines Cellos als Instrument für ihre Protagonistin Lilly aus subjektiven Gründen getroffen habe, „weil

Abb. 33: Die Schriftstellerin Sofie Cramer. Foto: privat.

ich zum einen Streichinstrumente als sehr sinnlich empfinde – und das Cello durch seine Größe und die Haltung des Musikers daran als besonders ästhetisch. Ein anderer Grund, der unbewusst eine Rolle gespielt haben mag, ist, dass ich dieses Instrument selbst gerne beherrschen und es mir insofern auch aussuchen würde, falls ich nochmal eines erlernen würde."

„Many Celli", von Rupert Gillett (2017), illustriertes Buch und Download-Code, englisch.

Das Album „Many Celli" wird als 24-seitiges Buch mit einem Link und einem Download Code angeboten. Das Buch enthält zehn Zeichnungen, die jeweils ein Stück des Albums begleiten, die Song-Texte sowie einige ganz kurze Geschichten. Musik, Text und Illustrationen stammen sämtlich von Rupert Gillett. Auf der Innenseite des hinteren Buchdeckels befindet sich der Hinweis: „This album was created entirely using celli and voices. No other instruments or devices were harmed during the recording of this album."

Es fällt mir schwer, die Veröffentlichung von Rupert Gillett zu beschreiben. Vielleicht könnte man, wenn man sich zunächst mal nur auf das Buch bzw. Heft bezieht, von einer geheimnisvollen Indie Graphic Novel sprechen. Eine humanoide Gestalt bewegt sich durch ein futuristisches Szenario, immer begleitet von einem „normalen"

Abb. 34: Zeichnung von Rupert Gillett, aus: „Many Celli".

Cello. Weitere Bildmotive resultieren aus den Song-Texten, die neben den Zeichnungen abgedruckt sind. Die Lieder handeln z. B. von Hari Seldon, einer Romangestalt von Isaac Asimov, oder von einem Cellisten, der des Nachts eine Fahrt in einer Transporterkapsel unternimmt. Das letzte Lied ist offensichtlich ein Segen, den der Verfasser für den Leser ausspricht.

Der Londoner Cellist Rupert Gillett bewegt sich in den Genres Rock und Jazz. Seine Texte und Lieder behandeln Themen wie Roboter, Weltrauminvasoren, mörderische Schreckgespenster, Leben nach dem Tod, Krieg, Frieden, Liebe und die Steuer. Nach eigener Aussage versucht er meistens, all dies zugleich zu behandeln. Er spricht übrigens fließend deutsch.

Jetzt kommt noch ein Cello-Fachbuch. Es heißt „Pocket-Info Cello" und ist von Hugo Pinksterboer (Schott Verlag, 2005). Der schmale Band ist als praktischer Leitfaden für Einsteiger jeden Alters gedacht, also auch für Kinder geeignet. Sehr wichtig sind die Bemerkungen, die hier über die Saiten, Reinigung und Pflege gesagt werden, denn ein Cello ist ein sehr empfindliches Instrument, und schnell ist ein Missgeschick passiert. Das Buch ist leicht verständlich geschrieben und lädt zum Durchblättern ein.

* * *

Man sieht also: Es gibt gerade auf dem Cellobuchsektor für Kinder und Jugendliche eine interessante Auswahl von sehr schönen Büchern. Ich möchte jedoch noch etwas hinzufügen: Als ich selbst in dem entsprechenden Alter war, waren von den oben genannten Kinder- bzw Jugendbüchern nur Anna Chodorowskas Geschichte „Lieder für Thomas" (Warschau, 1979) und Barbara Schwindts „Die Anderssonkinder, ein Roman für Kinder" (1971) veröffentlicht worden. Allerdings wäre ich für „Lieder für Thomas" damals schon zu alt gewesen, und es existierte nur jenseits des „Eisernen Vorhangs", also quasi in einer anderen Welt. Ich habe es erst vor ca. zehn Jahren kennengelernt.

Die Geschichten, mit denen meine Geschwister und ich – und überhaupt die ersten Generationen nach dem Krieg – gezielt an die Musik herangeführt werden sollten, waren die „Klassiker", die auch heute noch zum „Schulstoff" gehören: Tschaikowskis „Nussknacker", die Oper „Hänsel und Gretel" von Engelbert Humperdinck, Camille Saint-Saëns' „Schwan" mit dem „Karneval der Tiere" drumherum, Mussorgskis „Bilder einer Ausstellung" und Benjamin Brittens „Young Person's Guide to the Orchestra". Das sind alles Stücke, die in Schulkonzerten für Kinder aufgeführt wurden.

Eine große Ausnahme bildete „Peter und der Wolf, ein Musikmärchen für Kinder" (1936) von Sergej Prokofjew, denn von dieser Geschichte gab es ein bis heute bekanntes Bilderbuch: Diese wunderbare Buchveröffentlichung erschien 1958 im Alfred-Holz-Verlag Berlin (der 1963 in den Kinderbuchverlag Berlin aufging, der im

Besitz der SED war). Gleichzeitig erschien die Veröffentlichung im Parabel-Verlag München. In der DDR wurde sie zum „schönsten Buch des Jahres" gekürt. So gab es damals viele Kinderzimmer auf beiden Seiten der innerdeutschen Grenze, in denen das schwarze Buch mit den hellen Umrisslinien auf dem Bücherbrett stand. Die Illustrationen stammen von Frans Haacken und wurden in Schab- und Kratztechnik ausgeführt. Dadurch wirkten sie auf mich als Kind sehr geheimnisvoll und etwas unheimlich. Es ist interessant, dass meine Freundin, die das Buch seit ihrer Kindheit zu ihren Lieblingsbüchern zählt, diese dunkle Stimmung beim Betrachten der Bilder nicht gespürt hat.

Eine wichtige Rolle bei der Musikvermittlung spielten auch schon früh Hörspiele wie „Piccolo Sax und co" (Buch und Schallplatte, 1967) und Rundfunkproduktionen speziell für Kinder über das Leben einzelner Komponisten (z. B. über Mozarts Kindheit, erzählt von dem bekannten Schauspieler und Hörspielsprecher Hans Paetsch).

Celloliteratur im Internet

Oben war schon die Rede von Emily Wright, die sich in ihrem Interview mit der Schriftstellerin Andromeda Romano-Lax über den Roman „Der Bogen des Cellisten" unterhielt. Das ungekürzte Interview kann man auf der Seite von Emily Wright (emilywright.net) nachlesen, und es lohnt sich übrigens wirklich, diese Seite zu besuchen. Nachdem man sich orientiert hat, findet man viele gute Tipps, die ganz allgemein die verschiedensten Aspekte des Celloübens betreffen. Daneben ist dort auch eine riesige Menge von Bildern, kurzen Filmchen und Texten angehäuft, die nicht immer unmittelbar mit dem Cello zusammenhängen, sondern dem Leser manchmal einfach nur Spaß bereiten sollen. Die Seite ist sozusagen eine gelungene Mischung aus den jahrhundertealten literarischen Formen des Tagebuches, des Briefwechsels und der Autobiografie in einer zeitgemäßen Aufmachung.

Von den im Netz in nahezu unendlicher Menge vorhandenen Celloseiten möchte ich hier einige weitere nennen, die mit unserem Thema, dem Cello in der Literatur, in Verbindung stehen.

Valeska Martin: „Der Traum und die Musik: ‚A cello lying in its case' – Her Morning Elegance". Der Beitrag entstand im studentischen Projekt „Her Morning Elegance" im Rahmen der Lehrveranstaltung „Erzählen Bilder?" am Institut für Medienkulturwissenschaft der Universität Freiburg im Wintersemester 2014/2015. Der Beitrag ist unter www.erzaehlenbilder.de/2014/12/21/ publiziert.

Untersuchungsgegenstand ist das in Jahre 2009 entstandene Musikvideo von Oren Lavie „Her Morning Elegance". Eine Frau liegt schlafend auf ihrem Bett. Durch die Technik des Stop-Motion-Films wird für den Betrachter passend zum Text des Liedes eine Handlung in Bewegung gesetzt. Ich will hier nur so viel verraten: Da fliegt auch ein Cello vorbei.

Valeska Martin spürt in ihrer Arbeit wie ein Detektiv allen nur denkbaren Spuren nach und zieht alle Untersuchungsmethoden in Betracht. Bemerkenswert sind auch die Kommentare (Responses) der Teilnehmer des Blogs, aus der eine kurze Diskussion entsteht – insgesamt eine überaus lesenswerte Arbeit! Valeska Martin machte mich darauf aufmerksam, dass es von ihr auch eine schriftliche wissenschaftliche Ausarbeitung zu dem Projekt gibt.

Prof. Dr. Stephan Packard, damals Juniorprofessor für Medienkulturwissenschaft in Freiburg, leitete als Dozent die Lehrveranstaltung „Erzählen Bilder?" und hat die Zeit in guter Erinnerung. Er schrieb mir dazu: „Es freut mich, dass unser damaliges Projekt so noch Interesse findet! Es handelte sich um ein Seminar zur medienüberschreitenden Erzählforschung: Im 18. Jahrhundert galt es als fraglich, ob man mit anderen Medien als gesprochener und geschriebener Sprache überhaupt erzählen kann; heute nehmen wir das wenigstens für Film, Fernsehen, Comics und Computerspiele meist wie selbstverständlich an; für Einzelbilder und für Musik wird es diskutiert. Der Frage, wo hier Ähnlichkeiten und Unterschiede zwischen den Medien bestehen, sind wir in diesem Seminar in vielen einzelnen Projekten und gemeinsamen Diskussionen nachgegangen. Es war für mich eine sehr schöne Erfahrung."

Prof. Dr. Stephan Packard ist seit einigen Jahren am Institut für Medienkultur und Theater der Universität zu Köln tätig.

Stephan Packards eigener Forschungsschwerpunkt waren damals Comics, und ich verdanke ihm den Hinweis auf die Rolle des Cellos in einer Marvel-Superheldenserie: „In Marvels Agents of Shields-Comics wird ab und zu die Freundin einer der Hauptfiguren, Agent Coulson, erwähnt, die großteils mysteriös bleibt und von der wir vor allem erfahren, dass sie Cellistin ist."

2014 war es dann soweit: Die international bekannte US-amerikanische Film- und Fernsehschauspielerin Amy Acker (geb. 1976) spielte in der Fernsehserie Marvel's Agents of S.H.I.E.L.D. (Episode „The Only Light in the Darkness") Agent Coulson's Cello spielende Freundin Audrey. Im Internet kann man einige Promo-Videos sehen und sogar, wie sie etwas auf dem Cello vorspielt.

„Wie ich Cellist wurde – Ein modernes Märchen in 20 Bildern", von Thomas Beckmann, Text und Klaus-Dieter Rainer, Illustrationen. Auf seiner Homepage berichtet der bekannte Cellist Thomas Beckmann in 20 kurzen Episoden von seiner Kindheit in Düsseldorf, von seinen musikalischen Anfängen mit der Blockflöte und dem Augenblick, an dem er schließlich das Cello für sich entdeckte. Die auf liebenswerte Weise erzählte Geschickte ist wohl für eine sehr junge Leserschaft gedacht (thomasbeckmann.com/wie-ich-cellist-wurde).

Thomas Beckmann bezeichnet seinen Geschichte als modernes Märchen. Und das ist interessant, denn allgemein scheinen Märchen wieder modern zu sein. Bzw. es ist durchaus zeitgemäß und „in", Veranstaltungen zu besuchen, bei denen Märchen erzählt werden.

Das Erzählen von Märchen hat ja eine Jahrhunderte alte Tradition, die sich wohl ursprünglich aus dem Bedürfnis eines wie auch immer gearteten Publikums ergab, Informationen zu erhalten, Nachrichten aus aller Herren Länder zu erfahren oder sich auf angenehme Art unterhalten zu lassen – meist war etwas von allem recht. In jedem

Abb. 35: Der Schweizer Erzähler und Cellist Franz Schär mit seinem Projekt „solo duo".

Kulturkreis und in jedem Jahrhundert gab bzw. gibt es MärchenerzählerInnen, im Reiche von Tausendundeinernacht hieß sie z. B. Scheherazade, im abendländischen Mittelalter hieß er Walther von der Vogelweide und heute heißt er z. B. Franz Schär.

Sein Werdegang zum Märchenerzähler wurde nach Schärs eigenen Worten durch eine Weisheitsgeschichte inspiriert, die er im Kapuzinerkloster von Altdorf das erste Mal hörte. In der Folge beschäftigte er sich intensiver mit der Symbolik und der Heilkraft von Märchen und bildete sich zum Märchenerzähler aus. Auf der Seite soloduo.ch findet man Informationen zu seinem Projekt „solo duo" und auch einen Trailer, der Franz Schär und sein Cello während eines Auftritts zeigt. Franz Schär erzählt übrigens seine Geschichten, Märchen und Schwänke in Schweizerischem Zungenschlag, wie schon die Titel einiger seiner Programme verraten: „Wi doch di Zyt vergeit...", „Todesärnscht u Läbesluscht".

Franz Schär gab mir per Mail weitere Auskünfte über seine Arbeit, für die ich ihm sehr danke. Seine Mitteilung habe ich unverändert übernommen:

> „Ich spreche und erzähle im Berner Dialekt. Dank dem Cello muss ich nicht ganz solo auf die Bühne gehen – deshalb ‚solo duo'. Zu einigen Erzählungen kreiere ich passende Lieder und lasse dann das Cello eine zweite Stimme dazu spielen. Ich liebe den Ton des Instrumentes, weil er der menschlichen Stimme so nahe ist. Das Cello hat noch eine weitere Bühnenqualität: es wirkt sehr dekorativ. Ich habe das Cellospiel nicht studiert, trete also nicht mit dem Anspruch eines Musikers auf, sondern als Erzähler mit einem Begleitinstrument."

Die deutsche Bestsellerautorin Cornelia Funke (geb. 1958) ist mit ihren phantastischen Romanen international sensationell erfolgreich. Ihre bekanntesten Jugendbuchreihen sind „Die wilden Hühner", „Drachenreiter", die „Tintenwelt"-Bücher und die „Reckless"-Serie, um nur einige zu nennen. Seit der jüngsten Zeit tritt Cornelia Funke nun als Märchenerzählerin auf, begleitet von Cellomusik. Leider konnte ich bisher von so einem Märchenabend keine Aufnahme finden, doch gibt es inzwischen eine ganze Anzahl von Hörbuchfassungen ihrer Bücher, und bei sehr vielen ist das Cello mit dabei. Als ein Beispiel möchte ich das Hörbuch „Ein Engel in der Nacht – Eine musikalische Erzählung" nennen. Die Hörspielfassung wurde von Lisa Delan and Luna Pearl Woolf geschaffen und erschien 2019 beim Label Pentatone Music. Bei der Aufnahme sind neben einer Reihe von Sprechern und Sängern der Cellist Matt Haimovitz und sein Ensemble Uccello beteiligt. Die Musik stammt von Luna Pearl Woolf (geb. 1973) unter Verwendung von Liedern von Irving Berlin, Lennon/McCartney, Jake Heggie, Engelbert Humperdinck und Gordon Getty.

Die Internetseite von Cornelia Funke, corneliafunke.com/de, ist quasi ein Werkraum. Der Besucher ist dazu aufgefordert, sich durch Anklicken der verschiedenen Gegenstände durch den Raum hindurchzuwühlen.

Abb. 36: Cornelia Funke: „Ein Engel in der Nacht",
Illustration by Mirada/PENTATONE Music.

Lustige Erlebnisse, erzählt von Geigenbauer Adam.
In einer Geigenbauerwerkstatt kann man immer mal wieder sehr lustige Dinge erleben. Christian Adam ist Geigenbauer, und seine Werkstatt befindet sich in Ahrensburg bei Hamburg. Er hat einige seiner schönsten Erlebnisse, die er mit Kunden in seiner Werkstatt hatte, aufgeschrieben und unter der Rubrik „Humor" bzw „Geigenhumor" auf seiner Webseite geigenbau.com eingestellt. Der Besucher der Seite ist aufgefordert, eigene lustige Erlebnisse an Herrn Adam zu mailen, der sie gegebenenfalls auf seiner Seite übernimmt: „Ohne Humor wäre das Leben nur halb so schön. Erzählen Sie Ihre Geschichte."

Abb. 37: „Cellowald" in der Werkstatt von Geigenbauer Christian Adam.

Hier ist noch ein letzter Tipp: Die Seite EasyStoriesInEnglish.com/Cello ist ein Englisch-Online-Sprachkurs. Wie der Titel einer der Lerntexte „The Cello That Spoke" erkennen lässt, dreht sich die Geschichte um ein Cello, das sprechen kann. Doch damit nicht genug – das Cello spricht mit Cockney Akzent, dem Akzent bzw. Dialekt der Londoner Arbeiterklasse! Die gesamte Übeeinheit „The Cello That Spoke" mit Audiodatei und Text ist sehr gut gemacht und auch unterhaltsam.

Intermission 1

Die Osterferien sind vorbei, und weiterhin hält die „Coronakrise" an. Die eingangs geschilderten Lebensumstände haben sich kaum geändert. Allerdings haben kleinere Geschäfte jetzt wieder geöffnet. Beim Betreten muss auf den Sicherheitsabstand von 1,50 bis 2 Metern geachtet werden. Ab Montag ist es Pflicht, in öffentlichen Verkehrsmitteln und Geschäften eine Mund-Nasen-Bedeckung zu tragen.

Das Konzertleben liegt völlig brach; viele Musiker versuchen, durch virtuelle Angebote ihr Publikum zu erreichen. Die Lehrer der Rheinischen Musikschule Köln, zu denen ich auch gehöre, sind dazu aufgefordert worden, Onlineunterricht zu erteilen, – gestern haben die ersten Stunden stattgefunden.

Es ist abzusehen, dass es tatsächlich auch „Gewinner der Coronakrise" geben wird: Neben dem amerikanischen Online-Versandhändler Amazon und vermutlich den Pharmakonzernen ist das die Computerindustrie, die sich ja nichts sehnlicher wünscht, als uns bei der Hand zu nehmen und in ihre digitale Welt zu entführen. Möglicherweise bekommen wir in Zukunft dort alle eine VR-Brille aufgesetzt, Stradivari- oder Montagnana-Apps warten schon auf uns, die Rostro-App, quasi eine Rostro-Alexa, bringt uns das Cellospielen bei, und wenn wir dann endlich soweit sind, spielen wir mit den Berliner Phiharmonikern – am Dirigentenpult niemand Geringerer als Herbert von Karajan – die großen Cellokonzerte, bzw. die romantischen Cellosonaten mit einer Klavierpartner-App unserer Wahl – Schnabel und Horszowski bieten sich da ja an. Die Publikums-App in der riesigen Celloarena-App jubelt uns begeistert zu; die Zeitungskritiken könnten nicht schmeichelnder sein, und die Medien bringen spektakuläre, vorgefertigte Sonderberichte.

Als Bogen würde ich vermutlich zuerst mal eine Pfretzschner-Cellobogen-App ausprobieren. Oder einen jener sehr leichten, alten französischen Bögen, z. B. einen Peccatte (Dominique Peccatte 1810–1874, Bogen aus der besten Schaffensperiode, runde Stange, ca. 175 000 EUR). Was für eine Inflation! Hoffentlich ist dann nicht gerade der Akku leer.

Als ich diesen Abschnitt mit einigen Nachbarn besprach, waren sie hellauf entsetzt. Nie und nimmer werde es möglich sein, die Atmosphäre von live erlebten Konzerten auf digitalem Wege zu ersetzen. Ich möge mir doch zum Vergleich die Situation von Fußballspielen vorstellen. Glaubhaft versicherte mir eine der Nachbarinnen, sie habe, obwohl sie schon seit Jahren mit ihren Freunden und Bekannten zusammen die Spiele des FC (Köln) im Müngersdorfer Stadion besuche, noch nie ein einziges Tor habe fallen sehen. Wie gesagt, ich glaubte ihr sofort, denn sie spielte auf ihre Körpergröße von knapp 1,52 m an. „Natürlich kann man", so führte sie weiter aus, „die Tore im Fernsehen viel besser sehen, bzw. in meinem Fall überhaupt mal sehen, aber die unglaubliche Atmosphäre im Stadion kann das Fernsehen niemals ersetzen."

Diese Betrachtungsweise übertrug sie eins zu eins auf ihre Konzerterlebnisse, und das gab mir zu denken. Es ist immer wieder aufs Neue erstaunlich zu erkennen, wie groß der Unterschied zwischen dem sein kann, was der ausübende Musiker in seinen Konzerten aussagen möchte, und dem, was der Konzertbesucher von dem Konzertbesuch erwartet bzw. was er dann schließlich auch erlebt.

Cellisten

Jede Epoche hat ihre eigenen Stars und Sternchen. Das gilt auch für die Cellowelt – und zwar schon von frühesten „Cello-Kindesbeinen" an. Wie sonst ist es zu verstehen, wenn sich auf einer sorgfältig hergestellten Abschrift des Cellokonzertes von Giovanni Perroni (1688–1748), eines der ersten Cellokonzerte überhaupt, die Bemerkung befindet:

> Concerto
> per il Violoncello
> di Giovanni Perroni
> Suonato dallo stesso dopo il Te Deum*
>
> * Gespielt von ihm selbst nach dem Te Deum

Während der Klassik war es dann der Cellist Mara, der durch seine unbescheidene Art so sehr Mozarts Unmut erregte, dass dieser in einem seitenlangen Brief seinem Vater empört davon berichten musste, um sich wieder beruhigen zu können (s. o. Wondraschek, „Mara", S. 17f.). Später gab es den „Fall David Popper": Da hatte es sich jemand sehr zum Missfallen seiner Cellokollegen bzw. -rivalen einfallen lassen, seinen Celloton mit einem kontinuierlichen Vibrato zu begaben – pure Effekthascherei, wie z. B. der elf Jahre ältere Friedrich Grützmacher fand. Popper konnte ja nicht ahnen, dass sein „kontinuierliches Vibrato" während späterer Cellistengenerationen zum „Dauervibrato" verkommen sollte, und dass die Anhänger der „Alte-Musik-Fakultät" sehr viel Arbeit damit haben würden, es den Cellisten wenigstens einigermaßen wieder abzugewöhnen.

Und heute ist jeder neue junge Cellist bzw. jede neue Cellistin – ein neuer Star! Zumindest, wenn man den Texten auf den Websites oder in den Musikzeitschriften trauen darf.

Stürzen wir uns also hinein in die Lebensbeschreibungen der besten Cellisten, die die schwierigsten Stellen der Celloliteratur im Handumdrehen erledigen, die ihren legendären Montagnanas, Amatis, Stradivaris usw. die traumhaftesten Töne zu entlocken verstehen, die ihr Publikum in den Bann zu schlagen wissen und die Fähigkeit besitzen, die großen Cellokonzerte wie ein Seelengemälde vor uns aufzuschlagen – einfach so!

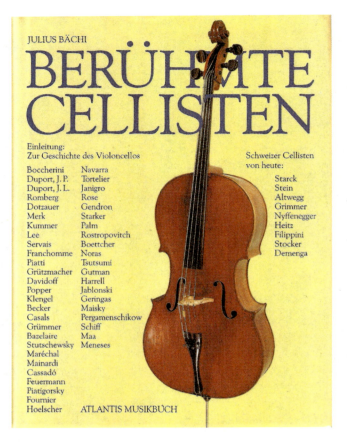

Abb. 38: „Berühmte Cellisten" von Julius Bächi (Schott Music).

Ich möchte hier mit Julius Bächis „Berühmte Cellisten" beginnen, dem „Klassiker", einem wunderbaren Buch, voll nicht nur mit biografischen Details, sondern auch mit Anekdoten. Seit seiner ersten Auflage (1973) wurde das Buch in den nachfolgenden Auflagen von Bächi ständig erweitert. So behandelte „Berühmte Cellisten" zunächst nur die Cellisten von Boccherini bis Casals. In meiner Ausgabe, 4. Auflage (1987), ist Bächi schon bei Yo-Yo Ma, Antonio Meneses und Thomas Demenga angelangt. Ganz am Ende des Buches macht Bächi auf die genreübergreifende Schallplatte „Cellorganics" (1981) von Demenga aufmerksam, die bei dem gerade für seine Jazzproduktionen bekannten Label ECM erschien. Er öffnet damit die Perspektive auf den neuen Weg, den das Cello und die Celloliteratur nun einschlägt.

In seinen Betrachtungen über die „Berühmtesten Cellisten" wirkt es so, als sei Bächi überall mit dabei gewesen. Seine Erzählweise ist dermaßen intim, dass man das Gefühl bekommt, er habe alle Personen, die er so treffend charakterisiert, persönlich gekannt. Wenn man sich nun z. B. gerade in einer Übephase des Boccherini Cellokonzerts B-Dur (in der romantischen Version von Grützmacher) befindet, kann man dort schnell über Boccherini nachlesen. Mit ihm fängt nämlich das Buch an. Und man erfährt, wie Pablo Casals, zu dessen Repertoire das Konzert sein Leben lang gehörte, über die Musik Boccherinis dachte: „Welch bewunderungswürdiges Genie, was für ein mozartisches Gemüt – er muß herrlich gespielt haben, wie ein Engel."

Man kann aber auch über Friedrich Grützmacher, den Bearbeiter dieses Cellokonzerts, einen Abschnitt lesen und erfährt, wie er aus zwei Cellokonzerten Boccherinis das oben genannte Stück zusammenstellte. In diesem Zusammenhang fällt einem dann natürlich die bekannte Begebenheit mit Casals ein: Eines Tages zeigte man ihm die Originalpartitur des Konzertes. Casals studierte also aufmerksam die Partitur und hielt dann verblüfft inne. Aber nur sekundenlang, dann hatte er sich schon wieder gefangen: „Friedrich Grützmacher ist ein wunderbarer Komponist!" Ich hörte damals, als ich das Stück gerade übte, täglich mehrmals die Schallplatte mit Jacqueline du Pré.

Bächi hat seinem Buch auch das Kapitel „Schweizer Cellisten von heute" hinzugefügt, und somit findet sich auch ein Abschnitt von Klaus Heitz darin, bei dem ich mein Cellostudium begann.

Meine Lehrerin Ursa Gneiting hatte mir geraten, bei ihm die Aufnahmeprüfung zu machen. Klaus Heitz war zu dieser Zeit Solocellist des Kölner Rundfunk-Sinfonie-Orchesters, Professor am Conservatoire de Paris und Lehrer an der Musikhochschule Aachen.

Mein Aufnahmestück war der bekannte „Souvenir de Spa" von Servais. Es ging alles gut bis zu Takt 33. Dort spielte ich die kleine Solo-Girlande im *piano*, als es plötzlich einen lauten Knall gab, dass mir der Bogen aus der Hand flog und ich ihn nur durch eine schnelle Bewegung wieder schnappen konnte. Der Pianist hatte offensichtlich die Dynamikbezeichnung verwechselt und seinen Akkord im *forte* gespielt. Vorsichtig blickte ich zur Jury hinüber; alle saßen mit versteinerten Minen da, nur auf einem einzigen Gesicht verzog sich etwas der Mund. Ich spielte die nächste Girlande im *piano* – der Boden erzitterte, als die *fortissimo*-Antwort des Klaviers kam. Wieder zuckte ich zusammen und sah zur Jury hin. Versteinerte Minen, bis auf die von vorhin: Der Mund grinste über beide Ohren. Ermutigt spielte ich die zwei weiteren Girlanden der Überleitung, immer beantwortet vom Getöse des Klaviers. Inzwischen hatte die betreffende Person von der Jury die Hände vor den Mund genommen, die Schultern zuckten verräterisch. So ging ich – selbst nun auch erheitert und viel entkrampfter – die nächsten Sätze an und durfte schließlich nach der Oktavvariation aufhören. Ich wagte es nicht mehr, zur Jury hinzusehen, weil ich sonst vermutlich die Fassung verloren hätte. An der Tür fiel mir dann beim Verlassen des Raumes auch noch mit lautem Knall der Steg um. Während ich mich bückte, um ihn aufzuheben, hörte ich von drinnen lautes Auflachen. Mir war vorher schon aufgefallen, dass der Steg sehr schief stand, aber ich wollte im letzten Moment an der Einrichtung nichts mehr verändern.

Hinterher stand ich mit einigen anderen Prüflingen im Foyer, die mir dabei halfen, den Steg wieder aufzurichten. Zum Glück war dem Cello sonst nichts geschehen. Da ich der letzte der Kandidaten vor der Mittagspause gewesen war, kamen nun die Juroren an uns vorbei. Ein Mann löste sich aus der Gruppe und legte mir die Hand auf die Schulter: „Ich bin Klaus Heitz. Du kommst zu mir in meine Klasse." Er war

Abb. 39: Antoon Bouman, nach einer Fotografie aus „Violoncellisten der Gegenwart in Wort und Bild" (Herausgeber: J. F. Richter, Hamburg 1903).

derjenige, der soviel Spaß an meiner Aufnahmeprüfung gehabt hatte.

J. F. Richter (Herausgeber): „Violoncellisten des 19. Jahrhundert in Wort und Bild". Nachdruck des Buches „Violoncellisten der Gegenwart in Wort und Bild" (A.G. vormals J. F. Richter, Hamburg 1903). Einhundert Violoncellisten des 19. Jahrhundert werden hier vorgestellt, und dementsprechend ist das Buch mit einhundert Schwarzweiß-Tafeln illustriert. Hugo Becker, Friedrich Grützmacher, Julius Klengel und David Popper tauchen hier auf, jedoch auch viele heute völlig unbekannt Cellisten. Dennoch ist dieses Buch sehr lesens- und betrachtenswert, weil es ein Zeugnis aus einem uns inzwischen fremden Jahrhundert darstellt.

Elizabeth Cowling listet in ihrem Buch „The Cello" (s. u.) die „Violoncellisten der Gegenwart in Wort und Bild" im Literaturverzeichnis auf und bemerkt etwas spitz: „The pictures in this book would offer a primary source for a study of moustaches and beard in the nineteenth century." Ich gebe allerdings zu, dass mir der gleiche Gedanke auch schon gekommen war, als ich die Seiten 71 bis 93 in Bächis „Berühmte Cellisten" durchblätterte und dort nacheinander auf die Fotografien von Alfredo Piatti, Friedrich Grützmacher, Karl Davidoff, David Popper, Julius Klengel und Hugo Becker stieß. Erst Pablo Casals ist dann wieder bartlos.

Wie gesagt, ist das Buch ein einzigartiges Zeitzeugnis. Die einhundert Fotos und die jeweils gegenüber abgedruckten biografischen Notizen wurden dem Herausgeber von den Cellisten selber zur Verfügung gestellt und anscheinend kaum verändert abgedruckt. Die Lektüre dieser in eine denkbar knappe Form gebrachten Viten von derart vielen Menschen, die ihr Leben dem Cello verschrieben haben, kann durchaus sehr nachdenklich stimmen. Ich möchte als Beispiel hier einen Ausschnitt aus dem Lebensbild der Cellisten Antoon Bouman anführen:

> „Antonius Alphons Johannes Bouman wurde am 18. Oktober 1855 zu Hertogenbosch (Holland) geboren. Den ersten Cellounterricht erhielt er von seinem Vater, sowie von seinem verstorbenen Bruder Johannes, kam dann zu Oscar Eberle in Rotterdam und studierte bei W. Bargiel Komposition. Später setzte er, dank einer Subvention des Königs Willem III., seine Studien bei Aug. Lindner (Hannover), Fr. Grützmacher (Dresden), J. Servais (Brüssel) und L. Jaquard (Paris) fort. Nachdem er als Solist größere Konzertreisen gemacht hatte, war er Solocellist in Pau (Frankreich), … 1890 Solocellist im ‚Berliner Philharmonischen Orchester' … König Willem III. ehrte Bouman u. a. dadurch, daß er ihm ein wertvolles Cello zum Geschenk machte. Boumann komponierte vier Cellokonzerte (No. 1 dem König von Holland gewidmet), eine Messe für Männerchor, … und viele kleinere Stücke, die in Holland veröffentlicht sind."

Der Text „The History of the Cello On Record" wurde als Booklet-Text für eine sehr interessante CD-Veröffentlichung geschrieben. Es handelt sich um die Produktion „The Recorded Cello – The History of the Cello On Record, Volumes 1 & 2 from the incomparable collection of Keith Harvey, Notes by Tully Potter" (Label: Pearl, 1992), zweimal drei CDs, Compilation, Mono.

Ich nenne diesen Booklet-Text hier stellvertretend für die vielen interessanten Texte, die für LP- und CD-Veröffentlichungen über Jahrzehnte hinweg geschrieben wurden.

Die „History of the Recorded Cello" ist ein echter Schatz für alle diejenigen, die sich mit der Entwicklung der Interpretationskunst auseinandersetzen wollen. Außerdem wird hier ein ganzes Universum von Cellisten mit sehr seltenen Aufnahmen vorgestellt: Insgesamt sind es 75 Cellisten, die aus der Sammlung des Britischen Cellisten Keith Harvey ausgewählt wurden. Die erste Aufnahme mit dem Cellisten Aleksandr Valeriyanovich Wierzbilowicz (geb. 1850) stammt aus dem Jahr 1904. Die CDs stellen hauptsächlich unbekanntere Werke vor. Die wichtigsten Aufnahmen aus Volume 1 sind von Casals, Suggia, Danil Shafran, Victor Herbert, Ennino Bolognini und Piatigorsky. Auf den CDs von Volume 2 hören wir z. B. eine Aufnahme von 1908, Alfred Newberry mit Poppers Spinnlied, des Weiteren Julius Klengel, Hugo Kreisler, Fournier, Feuermann und André Navarra (Aufnahme von 1937).

Beide Volumes sind mit einem umfangreichen und sehr informativen Booklet ausgestattet. Es gibt hier so manchen „neuen, alten" Cellisten zu entdecken. So gibt uns das Booklet von Tully Potter Auskunft über den argentinischen Cellisten Ennio

Bolognini (1893–1979), der auf der Decke seines Cellos von Luigi Rovatti Signaturen befreundeter Musiker sammelte und der zusammen mit Saint-Saëns am Klavier den Schwan gespielt hat und mit Richard Strauss die wunderbare Strauss-Sonate. Bolognini führte ein äußerst bewegtes Leben, spielte in Kinos und Nachtclubs, hatte in Las Vegas einiges „Ansehen" als Spieler und und und. Bei YouTube gibt es ein kurzes Video mit der Cellistin Christine Walewska, seiner bekanntesten Schülerin. Bevor sie eines seiner sechs Flamencostücke, die sogenannte „Echo-Serenade" spielt, erzählt sie einige Anekdoten aus Bologninis Leben.

Auf der CD ist Bolognini selbst mit genau diesem Stück, der „Echo-Serenade", zu hören.

In der Reihe „Die ZEIT Klassik-Edition, Musik zum Hören und Lesen" sind Porträts berühmter Musiker erschienen. Immerhin drei Cellisten haben es in die Best-of-Liste geschafft: Es sind dies Pablo Casals (Band 6), Jacqueline du Pré (Band 14) und Mstislaw Rostropowitsch (Band 19). Jeder der schmalen Bände beinhaltet interessante Fotos und auch eine CD. Das besondere sind jedoch die „ZEITgenössischen" Zeitungsartikel, die hier gesammelt und neu abgedruckt wurden.

Als ich den Band zu Rostopowitsch las, erinnerte ich mich flashbackartig einer Begebenheit aus meiner Kindheit. Unsere Familie fuhr über die Osterferien des öfteren mit dem Wohnwagen nach Holland ans Meer. An einem der sonnigen Tage hörte ich plötzlich meinen Vater in höchster Aufregung nach mir rufen: „Dietmar, komm mal schnell rein!" Ich stieg so schnell ich konnte zu ihm in den Wohnwagen, wo er mit Tischdecken beschäftigt gewesen war. Nun saß er völlig still an dem kleinen Tisch, die Tassen noch in der Hand, mit einem sonderbaren Ausdruck auf dem Gesicht. Das Radio lief, und zwar Mstislaw Rostropowitsch mit dem Cellokonzert C-Dur von Joseph Haydn, und er stellte, was das Virtuosentum betraf, alles in den Schatten, was wir cellomäßig vorher je gehört hatten – eigentlich sogar alles, was wir cellomäßig je für möglich gehalten hätten. Ich denke, dass damals viele Menschen Rostropowitschs Auftritte als ebenso sensationell empfunden haben.

Damit war das Cello historisch gesehen in seiner Entwicklungsgeschichte wieder bei einem neuen Meilenstein angelangt. Ähnliches müssen die Zuhörer empfunden haben, als Casals mit neuer Cellotechnik und den Bachsuiten im Gepäck seinen „Siegeszug" startete. Und in unserer jetzigen Zeit gibt es wieder eine neue Welle der Cellobegeisterung.

So war meine Empfindung im vorletzten Jahr, als das Cello als „Instrument des Jahres 2018" proklamiert wurde. Nur ist jetzt nicht eine einzelne Musikerpersönlichkeit der alleinige Auslöser für den neuen Schwung, der durch die Cellolandschaft weht, sondern eher eine neue, allgemeine Entwicklung der Musikkultur, die dem Cello entgegenkommt. Die Konzerte entsprechen heute vielfach eigentlich eher Events, und diesem Eventcharakter kommt das Cello in vielerlei Hinsicht entgegen. So kann man z. B. darauf sehr gut mit Loops improvisieren, Begleitung und alle anderen Stimmen können von einem Musiker allein gespielt werden, elektronische Verzerrungen ermöglichen noch größeren Abwechslungsreichtum der Klangfarben. Die Musik der Chart-Hits kann auf dem Cello mit befriedigendem Ergebnis adaptiert werden, was den CelloschülerInnen Freude bereitet bzw. in Riesenshows spektakulär in Szene gesetzt werden, siehe den Erfolg der „2 Cellos". Außerdem – und das ist wohl die Hauptsache – kommt die noble Ausstrahlung, das „gute Aussehen", der Aspekt, dass es sehr alte und wertvolle Instrumente sind, und die feminine Form dem Geschmack eines neuen Publikums entgegen, das eben nicht hauptsächlich an der klassischen Musik interessiert ist, sondern an einem feinen Abend.

Ein Bonus bleibt natürlich der wunderbare, edle, sonore Ton des Cellos, den jeder Hörer weiterhin als „schön" empfindet. Auf der Strecke bleiben da zurzeit leider die Kompositionen der Klassiker, der Romantiker und der zeitgenössischen Komponisten, die für das Publikum vermutlich zu kompliziert sind und in den Programmen daher zunehmend durch die Filmmusik zu „Harry Potter" und „Fluch der Karibik" und Hits von Sting, Phil Collins, Metallica, Twenty One Pilots usw. ersetzt werden.

Nun aber schnell zurück zum Thema. Mit den beiden Büchern „Mstislaw & Galina Rostropowitsch: Die Musik und unser Leben. Aufgezeichnet von Claude Samuel" (Scherz, Bern 1985) und „Galina Wischnewskaja: Galina, Erinnerungen einer Primadonna" (Piper Verlag, München 1993) liegen zwei maßgebliche Texte über das große Künstlerehepaar Rostropowitsch als Selbstzeugnisse vor: Lebensberichte über das unheilvolle Beziehungsgeflecht von Musik und Politik in der Sowjetunion. Besonders im „Galina"-Buch beeindrucken die sehr offen geschilderten Begegnungen mit befreundeten Komponisten und anderen, manchmal auch unliebsamen Zeitgenossen, die teilweise über längere Passagen hinweg in wörtlicher Rede wiedergegeben sind und dadurch sehr lebensnah und direkt wirken:

Abb. 40: Mstislaw und Galina Rostropowitsch: „Die Musik und unser Leben, Aufgezeichnet von Claude Samuel" (Scherz, Bern 1985).

„Slawa, es hat keinen Sinn, noch mit irgend jemanden zu sprechen. Es reicht! Ich habe nicht die Absicht, mir weiterhin etwas vorzumachen und zu glauben, es sei nichts gegen uns im Gange. Setz dich hin und schreib einen Brief an Breschnjew mit der Bitte, uns beide und die Kinder für zwei Jahre ins Ausland reisen zu lassen.'

‚Ist das dein Ernst?' fragte Slawa, fassungslos vor Überraschung."

So liest sich in „Galina" einer der dramatischsten Augenblicke im Leben des Künstlerehepaares.

Elisabeth Wilson, „Rostropovich. The Musical Life of the Great Cellist, Teacher and Legend" (Faber, 2007), englisch. Elisabeth Wilsons Biografie von Mstislav Rostropowitsch ist besonders wichtig, da sie selber Cellistin ist und von 1964 bis 1971 am Staatlichen Moskauer P.-I.-Tschaikowski-Konservatorium bei Rostropowitsch studiert hat, das heißt, hier spricht eine Insiderin! So erfährt der Leser, wie es in Rostropowitschs berühmten „Kreativ-Labor" zuging. Bedeutende Cellisten wie Jacqueline du Pré und Mischa Maisky waren ihre Kommilitonen. Dieser Teil des Buches ist für mich fast der wichtigste, denn solche Berichte sind tatsächlich selten. Natürlich wird auch das Konzertleben Rostropowitschs, seine eminente Bedeutung für die moderne Musik und seine politische Haltung beleuchtet. Und es wird uns, die wir seine Interviews und sonstigen Auftritte erlebt haben, wieder einmal deutlich, was für ein warmherziger, humorvoller und espritvoller Mensch er war. Elisabeth Wilson hat jeweils auch eine Biografie über Schostakowitsch („A Life Remembered") und Jacqueline du Pré geschrieben.

Abb. 41: Carol Easton: „Jacqueline du Pré, Musik war ihr Leben, eine Biographie" (Paul Zsolnay, Wien 1991).

Carol Easton, „Jacqueline du Pré. A Biography" (da capo press, 2000), englisch. Deutsche Version: „Jacqueline du Pré. Musik war ihr Leben. Eine Biographie" (Paul Zsolnay, Wien 1991). Die Biografen berühmter Musiker teilen ihre Texte normalerweise in drei zu behandelnde Teile auf: in die Beschreibung der erfolgreichen Cellistenkarriere, in die Schilderung des Menschen im Umfeld der Familie und zuletzt die Laudatio, also die Würdigung und Beschreibung der Bedeutung der Persönlichkeit. Bei den Büchern über Jacqueline du Pré ist das anders, denn 1973 wurde bei ihr Multiple Sklerose diagnostiziert, und sie starb im Alter von nur 42 Jahren an den Folgen dieser Krankheit. Die Schilderung der furchtbaren Krankengeschichte kommt somit für den Verfasser einer Biografie von ihr als eine bedeutsame Aufgabe hinzu.

In Carol Eastons Buch beginnen die Hinweise auf die Krankheit – sie wird ja erst spät diagnostiziert – im letzten Drittel des Buches und werden immer bestimmender. Ich weiß nicht, wie es anderen Lesern ergangen ist, aber nach der Lektüre von Eastons Buch war es mir nicht mehr möglich, die Aufnahmen Jacqueline du Prés noch so zu anzuhören, wie ich es vorher getan hatte. Natürlich hatte ich schon von ihrer Krankheit erfahren, aber die Nachricht erreichte mich nicht wirklich. Jacqueline du Prés temperamentvolles, vor Leben sprühendes Spiel begeisterten mich weiterhin. Erst Carol Eastons Bericht vermittelte mir das genaue Wissen um ihre tragische Krankheit, und dadurch veränderte sich mein Hören ihrer Aufnahmen: Die Krankheit bleibt dabei nun immer präsent. Vielleicht ist das ganz gut so.

Hilary und Piers du Pré: „Ein Genie in der Familie" (Propyläen Verlag, 1999). Hilary und Piers du Pré berichten in ihrem Buch mit großer Offenheit über ihre berühmte Schwester, die in der Familie stets im Mittelpunkt stand. Dabei kommen auch Begebenheiten aus Jacqueline du Prés privaten Leben zur Sprache, insbesondere die intime Beziehung, die sie zum Ehemann ihrer Schwester hatte. Natürlich haben besonders diese „Enthüllungen" beim Erscheinen des Buches für viel Wirbel gesorgt. Das Buch wurde unter dem Titel „Hilary und Jackie" von Anand Tucker verfilmt, der sich – wie man das ja auch erwarten durfte – besonders auf diese konfliktgeladene Situation konzentriert.

Abb. 42: Hilary und Piers du Pré: „Ein Genie in der Familie", Quelle: Propyläen Verlag, 1999.

„Der Riss im Himmel, Band VII, Die Bühnen des Rokoko – Theater, Musik und Literatur im Rheinland des 18. Jahrhunderts", so lautet der Titel des Bandes 7 einer Buchreihe, die anlässlich der Ausstellung „Der Riss im Himmel. Clemens August und seine Epoche" erschien. Eine Fülle sehr guter Aufsätze verschiedener Autoren untersucht das Leben am Hofe des Kölner Kurfürsten und Erzbischofs Clemens August. Titel zweier dieser Beiträge sind z. B. „Die kurfürstliche Hofmusik im 18. Jahrhundert" (von Claudia

Valder-Knechtges) und „Der Potentat und sein Publikum. Die herrschaftliche Selbstdarstellung und das Theater am Beispiel der letzten vier Kurfürsten von Köln" (von Katja Pfeifer). Herausgeber der Schriftensammlung ist Frank Günter Zehnder. Die Ausstellung wurde im Sommer 2000 im Schloss Augustusburg in Brühl gezeigt.

Es ist manchmal erstaunlich, in welchem Zusammenhang man plötzlich auf Informationen über Cellisten stoßen kann, die man vorher vergebens gesucht hat. So erging es mir mit Joseph Clemens dall'Abaco (1710–1805!), von dessen Capricci für Violoncello solo ich soeben einige aufgenommen hatte und über die ich nun einen Booklet-Text schreiben wollte. In dem oben genannten Buch las ich also im Inhaltsverzeichnis: „Ulrich Iser, Mordversuch am Kurfürsten? Die Affäre um den Kammermusikdirektor Joseph Clemens dall'Abaco." Das machte mich natürlich neugierig und ich vertiefte mich in die Affäre mit dem Mordversuch...

Ich möchte nun den Leser aber nicht um das Vergnügen bringen, sich selbst mit den verschiedenen Abschnitten „Stationen im Leben des Joseph Clemens dall'Abaco", „Mordversuch am Kurfürsten", „Der Inquisitionsprozeß", „Rückkehr nach Verona" zu beschäftigen, verrate hier aber zumindest soviel: Es ist sehr unterhaltsam! Besonders schön ist dabei, dass „Die Bühnen des Rococo" den Cellisten Joseph Clemens dall'Abaco in ein so stimmiges Gesamtbild einfügen.

Paul Grümmer (1879–1965): „Begegnungen. Aus dem Leben eines Cellisten". Paul Grümmer war Schüler von Julius Klengel, und einer seiner Schüler wiederum war Nikolaus Harnoncourt. Er wurde als Mitglied des „Busch"-Quartetts schnell bekannt und unternahm Konzertreisen durch ganz Europa und Amerika. 1905 wurde er Solocellist beim Wiener Konzertverein und an der Oper. Seine Unterrichtstätigkeit entfaltete er an der Wiener Musikakademie, an der Musikhochschule Köln, in Berlin und zuletzt in Zürich. Er setzte sich früh für die Wiederbelebung des Gambenspiels ein und ist Widmungsträger von Max Regers Suite a-Moll op. 131c für Cello allein. In seiner Autobiografie schildert er in lebendiger Weise seine Erlebnisse und „Begegnungen".

Im Gesprächsporträt „capriccio für siegfried palm" von Michael Schmidt plaudert der geniale Spezialist für moderne Musik sozusagen aus dem Nähkästchen. Man erfährt sehr interessante Hintergrundgeschichten, z. B. über Bernd Alois Zimmermann und Karlheinz Stockhausen, die ja nur wenige Kilometer voneinander entfernt geboren wurden – sehr unterhaltsam.

Man sagt, es hätte niemals einen Interpreten gegeben, für den mehr Kompositionen geschrieben wurden, als für Siegfried Palm. Sieht man sich die Liste der ihm gewidmeten Stücke an, glaubt man es. Komponisten, die für ihn Werke schrieben haben, waren u. a. Boris Blacher, Morton Feldman, Cristóbal Halffter, Mauricio Kagel, György Ligeti, Tilo Medek, Krzysztof Penderecki, Aribert Reimann, Wolfgang Rihm,

Giuseppe Sinopoli, Dimitri Terzakis, Graham Waterhouse, Iannis Xenakis, Isang Yun und Bernd Alois Zimmermann.

Ein kurzes Selbstzeugnis von Siegfried Palm: „Mein ganzes Leben hängt mit Cello und Neuer Musik zusammen."

Ich habe in meiner Studienzeit an drei Meisterkursen von Siegfried Palm teilgenommen. Während des großen Meisterkurses in Baden-Baden bot er einigen Teilnehmern an, sein berühmtes Cello auszuprobieren. Ich habe mich damals nicht getraut, das Instrument auch nur zu berühren; wahrscheinlich würde ich es auch heute nicht tun. Es war das Cello, das vorher auch schon Julius Klengel gespielt hatte, ein Instrument von Gianbattista Grancino, Mailand 1708.

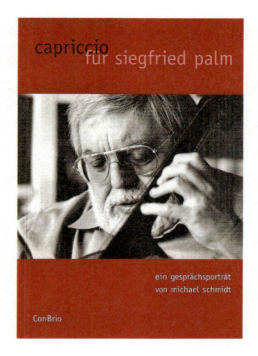

Abb. 43: Michael Schmidt: „capriccio für siegfried palm, ein gesprächsporträt" (ConBrio Verlagsgesellschaft, Regensburg 2005).

„Boris Pergamenschikow – Im Spiegel der Erinnerungen". Das Buch, von seiner Frau Tatjana herausgegeben, ist ein Nachruf auf den 2004 nach schwerer Krankheit gestorbenen bedeutenden Cellisten. Es gibt darin ein kurzes Porträt von Gidon Kremer, die Reden zur Beerdigung und sehr viele Beiträge unterschiedlicher Länge seiner Musikerkollegen, Schüler und Freunde der Familie. Besonders schön ist die reichhaltige Auswahl an Fotos, von denen viele aus dem Archiv der Familie Pergamenschikow stammen. Es ist ein sehr anrührendes Buch.

1977 emigrierte Boris Pergamenschikow mit seiner Familie aus Russland und nahm dann eine Professur an der Hochschule für Musik und Tanz in Köln an. Eine Zeit lang war der Pianist Christian de Bruyn, der Ehemann meiner ersten Cellolehrerin Edith de Bruyn, sein Kammermusikpartner. Während dieser Zeit – und natürlich auch später – besuchte ich alle seine Konzerte, die für mich irgendwie erreichbar waren. Ich erinnere mich, dass seine Tonreinheit, das liebevolle Kümmern um jede Nuance, für mich etwas war, das an ein Wunder grenzte. Leider gingen die de Bruyns wegen einer Gastprofessur dann für mehrere Jahre nach Japan, und die Zusammen-

Abb. 44: Boris Pergamenschikow. Foto: Ursula Gneiting-Nentwig, Köln 1982.

arbeit der beiden Musiker war beendet. Pergamenschikow spielte seitdem die Duo-Abende oft mit Pavel Gililov, und von den beiden Musikern gibt es ja auch die sehr schöne Schallplattenaufnahme mit Stücken von Janacek, Debussy, Stravinsky und Ravel (Aulos, Viersen 1986). Leider verlor ich mit dem Weggang der de Bruyns auch meine Cellolehrerin, und ich war untröstlich. Die de Bruyns vermittelten mir jedoch über Pergamenschikow meine zweite Cellolehrerin Ursa Gneiting, damals Studentin in seiner Celloklasse an der Musikhochschule Köln.

Eines Tages stand in der Wohnung von ihr das Cello, das Pergamenschikow aus Russland mitgebracht hatte, als er nach Deutschland kam. Dieses Instrument stellte er seinen Studenten manchmal in Notfällen zur Verfügung. Es hatte statt einer Schnecke einen Löwenkopf, was ich bis dahin noch nie an einem Cello gesehen hatte, und was ich natürlich spannend fand. Meine Lehrerin bot mir an, es auszuprobieren, doch ich fand mich darauf überhaupt nicht zurecht, weil es eine übermäßig große Mensur hatte. Später lieh ihr Pergamenschikow auch noch ein anderes Cello aus, ein wunderschön mit Malereien verziertes Amati-Cello, aber leider kam da irgendwie kein Klang heraus. Pergamenschikows Konzertinstrument war ein Montagnana-Cello von 1735.

Stephen De'ak: „David Popper" (Paganiniana Publications, 1980), englisch.

Stephen De'ak (1897–1975) studierte von 1911 bis 1913 bei David Popper. Die Biografie über seinen Lehrer, mit der er ihm sicherlich auch Referenz erweisen wollte, ist die einzige umfangreiche Darstellung des Cellovirtuosen. Sie ist um so wertvoller, als die Etüden und Bravourstücke David Poppers auch heute noch zum Übe-Repertoire eines jeden Cellisten gehören. Das Vorwort schrieb János Starker.

In sein Buch übernahm De'ak einen Ausschnitt aus „History of Violoncello-Art, Vol. 4, Chapter Czech' Cellists" von Lev Ginsburg (Moskau 1978). In diesem Ausschnitt wiederum wird eine Schilderung des Geigers Joseph Szigetis von einem Konzertauftritt Poppers zitiert, die sehr aufschlussreich ist (J. Szigeti, Memoires, „A Violinist's Notebook", Moskau 1969). Szigetis beschreibt sehr anschaulich ein Konzert, das David Popper 1905 anlässlich seines 40-jährigen Bühnenjubiläums gab. Das Jubiläumskonzert sei so außergewöhnlich gewesen, weil es das einzige Mal gewesen sei, wo er einen Virtuosen erlebt habe, der seine Kandenz zum Cellokonzert „wie in jenen entschwundenen heroischen Tagen des Virtuosentums" tatsächlich noch improvisierte. Es folgt eine Beschreibung des „alten Maestros", der mit flammenden Augen und dichten, grauen Strähnen über seinen regelmäßigen Gesichtszügen das Publikum verzauberte: „Der inspirierte Maestro türmte eine chromatische Sequenz von Sext- und Terztremolos nach der anderen aufeinander, dabei die Spannung bis ins Unerträgliche steigernd, bis der auflösende Dominantakkord endlich in das Orchestertutti einmündete. Es war ein unvergesslicher Moment, wie ich ihn in ähnlicher Art nie wieder in

Abb. 45: Der böhmische Cellist und Komponist David Popper (1843–1913). Das Photogramm von E. Bieber (Hof-Photograph in Berlin) aus dem Jahre 1904 wurde in der Ausstellung der Photographischen Gesellschaft im k. k. Österreichischen Museum gezeigt.

irgendeinem Konzertsaal erlebt habe. Legendäre Virtuosen wie Paganini und Liszt müssen die gleiche Ekstase bei ihren Zuhörern hervorgerufen haben, die sie wiederum zu neuen wundervollen Leistungen aufgestachelte."

Es gibt eine sehr schöne Aufnahme von Poppers Cellokonzert e-Moll op. 24 mit dem Cellisten Martin Ostertag, der lange Zeit die Professur in Hannover innehatte. Sie vermittelt etwas von dem mitreißenden Flair von Poppers Musik. Der Celloton Ostertags ist herausragend schön, und der Blechbläsersatz des Orchesters – es ist das Radio-Symphonie-Orchester Berlin, Dirigat Roberto Paternostro – hat einige fulminante Stellen (Koch International 1990).

Der Cellist, Komponist, und Musikpädagoge Leo Smith wurde 1881 in Birmingham geboren. 1910 wanderte er nach Kanada aus, wurde 1932 erster Cellist des Toronto Symphony Orchestra; ab 1938 war er auch erster Cellist des Toronto Philharmonic Orchestra. Ab 1911 unterrichtete er am Toronto Conservatory of Music Musiktheorie, Komposition, Musikgeschichte und Cello, ab 1937 Professur an der Musikfakultät der University of Toronto, Kanadas größter Universität. 1931 veröffentlichte er die Schrift „Music of the 17th and 18th Centuries" (Toronto 1931). Er starb 1952 in Toronto.

Pearl McCarthys Buch „Leo Smith, A Biographical Sketch" (University of Toronto Press 1956) wirft sozusagen nebenher ein interessantes Licht auf die Musikkultur Torontos in der Zeit zwischen den Kriegen, z. B. was die damals noch seltenen Kammermusikdarbietungen betrifft. Leo Smith war während dieser Zeit sehr in das Musikleben der Stadt involviert: Er spielte im Conservatory Trio und von 1929 bis 1942 im Conservatory String Quartet und war Cellist des Toronto String Quartet und des Academy String Quartet. Außerdem war er von 1918 bis 1935 Herausgeber der Conservatory Quarterly Review und schrieb dafür zahlreiche Artikel.

Vielleicht wird sich der ein oder andere Leser fragen, warum ich McCarthys „Leo Smith" überhaupt hier erwähne. Nun, das Buch gibt eine Eindruck von der klassischen Musikkultur vor unserer klassischen Musikkultur, einer Zeit, als die Cellosolisten nicht gleichzeitig Medienstars zu sein hatten. Die Interpreten waren erst die Enkel der Komponisten, die die große Celloliteratur geschaffen hatten, nicht die Urururururenkel. Die Spur war sozusagen noch heiß, und das macht etwas aus. Man war noch näher an der Quelle, auch was die Empfindung betraf. Noch vollkommen analog unterwegs, nix digitales dabei. Wir wissen zwar, was das bedeutet, können auch unsere Vorstellungskraft einsetzen und annähernd ahnen, wie das Leben damals ablief. Aber da hört es auf.

Auf dem Frontispiz des Buches ist eine Skizze abgedruckt, die Leo Smith Cello spielend zeigt. Die ungarisch-kanadische Bildhauerin Dora de Pédery-Hunt (1913–2008) zeichnete sie während Smith's letztem Konzert im Musikzimmer des Hart House, University of Toronto, am 30. Oktober 1949. Am Ende ihrer biografischen

Skizze hat Pearl McCarthy eine Liste der Werke von Leo Smith zusammengestellt. Neben Kammermusik in unterschiedlichen Besetzungen, einigen Orchesterwerken und einer größeren Anzahl von Liedern finden sich hier mehrere Werke, die mit der Viola da gamba besetzt sind. Unter den „Publications" ist z. B. das Buch „Music of the 17th and 18th Centuries (Toronto 1931) aufgeführt.

David Blum: „Paul Tortelier, A Self-Portrait in Conversation with David Blum" (London 1984). In diesem nach dem Frage-Antwort-Prinzip entstandenen Porträt gibt der französische Ausnahmemusiker Paul Tortelier Auskunft über seine Ansichten über Musik, das Cellospiel und seine Unterrichtsphilosophie.

Paul Tortelier ist der Erfinder des nach ihm benannten „Tortelierstachels", des Knickstachels. Der Cellist Klaus Heitz, damals Solocellist des WDR-Orchesters, benutzte den Knickstachel Torteliers ebenfalls, und bei ihm begann ich mein Cellostudium. Gleich in meiner ersten Cellostunde riet er mir, ich solle den geknickten Stachel ebenfalls verwenden, und das machte ich natürlich. Der Stachel in der damaligen Form hatte nur einen Nachteil: Er war aus Aluminium gefertigt. Das führte dazu, dass eines Tages während eines Konzertes der Stachel peu à peu nachgab – wirklich ganz langsam, bis er schließlich nahe der Stachelbirne abbrach. Den Rest des Konzertes musste ich in der Barockcellohaltung spielen. Damit war es aber nicht genug. Das Cello, das ich dann leihweise während der Reparatur meines eigenen Cellos spielte, war mit einem noch altertümlichen Stachelmodell ausgestattet – einem Stachel, dessen holzgefertigtes Oberteil man einfach in ein Loch in der Birne steckte. So begab es sich, dass einige Tage nach meinem vorigen Stachelunglück auf dem Weg von der Künstlergarderobe zum Konzertsaal sich die Stachelspitze im Schuh der vor mir gehenden Geigerin verfing und mit einem leisen „Plopp" einfach abbrach. Wieder musste ich die Barockcellohaltung einnehmen. Zum Glück war dem Fuß der Geigerin nichts passiert, noch nicht mal ihr Seidenstrumpf war beschädigt – sie hatte eigentlich gar nichts von der Tragödie mitbekommen. Das Ganze geschah

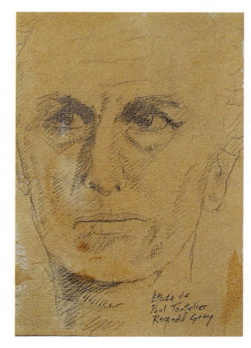

Abb. 46: Paul Tortelier, Zeichnung von Reginald Gray aus den 1980er-Jahren.

während eines Konzertes im Aachener Historischen Rathaus, so etwas kann man nicht vergessen. Etwas später kam der „Stahlhammerstachel", und den ließ ich mir sofort einbauen. Ich spiele noch heute damit, und wie der Name schon vermuten lässt, ist der noch nie abgebrochen.

Der Verlag René Kister, Genf, veröffentlichte in den 1950er-Jahren die Schriftenreihe „Die großen Interpreten". Der Autor der Reihe war der französische Organist und Musikschriftsteller Bernard Gavoty (1908–1981), der unter anderem auch als Musikkritiker für den „Figaro" arbeitete. Für seine Berichte suchte er die jeweils zu porträtierenden Musiker persönlich auf und schilderte dann in sehr lebendiger Weise die Begegnungen. In die Reihe „Die großen Interpreten" wurden auch die Porträts der drei berühmten Cellisten Pablo Casals, Pierre Fournier und Antonio Janigro aufgenommen.

Die Kunst Gavotys bestand in seiner Fähigkeit, in einem Balanceakt von Vertraulichkeit und Distanziertheit lebensnahe Porträts von großen Musikern zu schaffen, denen wir leider nie im Leben begegnen können.

Die Skizze über Pierre Fournier beginnt mit den Worten, die die französische Varietékünstlerin und Schriftstellerin Colette (1873–1954) ihrem Freund gewidmet hat: „Pierre Fournier chante mieux que tout qui chante." Hiervon ausgehend entwickelt sich ein Gespräch, in dem in Stichworten alle möglichen Themen berührt werden:

Abb. 47: Mstislav Rostropowitsch, Kazimir Wilkomirski und Pierre Fournier während des Dritten Tschaikowski Cellowettbewerbes 1966. Foto: Mikhail Ozerskiy.

über verschiedene Schriftsteller geht es über die Bachsuiten zu den impressionistischen Bildern der Orangerie in Paris. Dann spielt Fournier für Gavoty.

Ursprünglich hatte Gavoty den Cellisten bei dem Fotografen Roger Hauert kennen gelernt. Von diesem Fotografen stammen auch alle Fotos dieses Buches und machen es damit zu einem besonders stimmigen Porträt Pierre Fourniers. Obwohl ich das Buch vor etlichen Jahren gelesen habe, denke ich daran immer wieder mit sehr viel Freude zurück. Mir ist es dann so, als sei ich selbst bei der Begegnung von Fournier und Gavoty als stiller Beobachter mit dabei gewesen.

1949, Fournier befand sich gerade auf seiner Tournee durch die USA, wurde bekannt, dass er während der Okkupation Frankreichs mit den Nazis kollaboriert hatte. Es stellte sich heraus, dass er 82-mal in „Radio-Paris", einem deutschen Sender, aufgetreten war und dafür mit 192 400 Francs bezahlt worden war. Er wurde in Frankreich von dem „National Purging Committee's Professional Branch for Dramatic and Lyric Artists and Performing Musicians" der Kollaboration schuldig befunden und mit sechs Monaten Auftrittsverbot belegt.

1956 ließ sich Pierre Fournier in Genf, Schweiz, nieder, legte aber nie seine französische Staatsbürgerschaft ab. Er konzertierte bis zwei Jahre vor seinem Tode im Alter von 79 Jahren.

Pierre Fournier spielte drei besondere Celli: ein Jean-Baptiste Vuillaume von 1863, ein Matteo Goffriller von 1722 und ein Charles Adolphe Maucotel von 1849. Auf dem letztgenannten spielte er die letzten 18 Jahre seiner Karriere und spiele darauf auch seine sämtlichen Aufnahmen ein. Pierre Fournier gilt allgemein als der Cellist mit dem schönsten Ton ever.

Für das Gespräch mit dem italienischen Cellisten, Dirigenten und Hochschuldozenten Antonio Janigro begibt sich Gavoty in ein Hotel in Divonne-les-Bains. In nämlichen Hotel hatte auch Fauré gewohnt, als er 1924 sein Streichquartett beendete. Um ihn „in Stimmung zu versetzen", werden Gavoty von Janigro zunächst einmal die Lebenserinnerungen von dessen Mutter zu lesen gegeben. An diese Lektüre knüpft sich dann das Gespräch an, das hauptsächlich Janigros Werdegang als Cellist und später – parallel dazu – als Komponist beinhaltet.

Ich habe das Buch schon in sehr frühen Jahren gelesen, als ich mitten in der Studienphase war und viele, viele Stunden am Tag mit Cello-Üben beschäftigt war. Damals konnte ich die Haltung Janigros in Bezug auf die Doppelbeschäftigung Cellist – Dirigent überhaupt nicht nachvollziehen und war davon überzeugt, dass für einen Cellisten von seiner Größe und Bedeutung neben dem Cello eigentlich nichts Weiteres existieren dürfe, höchstens vielleicht noch das Unterrichten. Doch diese Einstellung hat sich bei mir inzwischen geändert, frei nach dem bekannten Witz:

Ein berühmter Geiger fragt einen berühmten Cellisten: „Hör mal, demnächst steht bei mir das Dvořák-Konzert auf dem Plan, übernimmst du den Solopart?" „Oh", sagt der andere, „tut mir leid, aber in der nächsten Zeit bin ich voll ausgebucht, ich dirigiere gerade einen Beethoven-Zyklus. Du hättest nicht vielleicht zufällig Zeit für das Violinkonzert?" „Tja..."

Abb. 48: Tobias Kühne: „André Navarra und die Meisterschaft des Bogens. Wiener Gespräche und Erinnerungen seiner Schüler" (Verlag Bibliothek der Provinz, Weitra 1998).

Tobias Kühne: „André Navarra und die Meisterschaft des Bogens. Wiener Gespräche und Erinnerungen seiner Schüler". Hrsg. von Andrea Welker (Verlag Bibliothek der Provinz, Weitra 1998).

Der französische Cellist André Navarra (1911–1988) berichtet selbst aus seinem reichen „Cellistenleben": über seinen Werdegang, die Anfänge seiner Konzerttätigkeit und seine Begegnungen mit Berühmtheiten wie Pablo Casals und Emanuel Feuermann. Das Buch enthält außerdem Berichte seiner Schüler (überwiegend deutsch, teilweise englisch, französisch und italienisch), einen umfangreichen Bildteil und eine Discografie.

André Navarra gehörte mit Pierre Fournier, Paul Tortelier und Maurice Gendron zur großen französische Cellotradition. Durch seine pädagogische Tätigkeit als Professor am Conservatoire National Superieur in Paris (Nachfolger von Pierre Fournier), an der Hochschule für Musik Detmold, an der Hochschule für Musik und darstellende Kunst in Wien und auf mehreren Festivals hat er zahllose Cellisten geprägt. Zu seinen bekanntesten Schülern gehören Christophe Coin, Valentin Erben, Rudolf Gleißner, Johannes Goritzki, Klaus Heitz, Tobias Kühne, Martin Ostertag, Claus Reichardt, Heinrich Schiff und Friedrich Sellheim.

Schon im Titel des Buches wird der Schwerpunkt genannt, auf den Navarra bei seiner Unterrichtsmethode das besondere Augenmerk gelenkt hatte: nämlich die Bogentechnik, die „Meisterschaft des Bogens". Für die Cellisten meiner Generation galt in Bezug auf die Bogentechnik die einfache Gleichung: Navarra = Duport Nr. 7 am Frosch. Das bedeutete, wer als Cellostudent die Navarraschule durchlaufen hatte, d. h. die Etüde Nr. 7 von Duport nach „allen Regeln der Navarra-Kunst" erlernt hatte, hatte sozusagen zwangsläufig eine gute bis fabelhafte Bogentechnik. Trés simple.

Claus Reichardt hat in Paris eine Zeitlang bei André Navarra studiert und erzählte mir, dass Navarra beim Cellospielen und selbst beim Unterrichten gerne geraucht habe. Die Gitanes-Zigarette steckte dann in der Bogenhand des Meisters zwischen Mittel- und Ringfinger. Wenn die Asche an der Zigarettenspitze zu lang geworden war, brach sie natürlich ab, fiel auf die Cellodecke und rutschte auf ihr hinunter. Die Cellostudenten schlossen nun Wetten darüber ab, ob die Asche von dort auf den Boden fallen oder durch das F-Loch im Inneren seines Cellos verschwinden würde. Mehrere Cellokollegen haben mir davon ebenfalls berichtet, und manche, so auch Kai Scheffler, fügten hinzu, dass Navarra ab und zu – quasi als Anerkennung für gutes Üben – Kleingeld durch das F-Loch ihres Cellos geworfen habe. Es habe unheimliche Mühe gekostet, diesen Obolus aus dem Cello wieder herauszubekommen.

In meiner Cellobuch-Sammlung befindet sich das kleine Buch „Das magische Cello – Hochzeitsreise zu dritt um die Welt" (Ogham Verlag, Stuttgart 1991) mit Zeichnungen von Sebastian Kühne und Text von Tobias Kühne. Es wird sich wohl um denselben Autor handeln wie bei dem soeben genannten Navarra-Buch. Die Veröffentlichung halte ich für wenig spektakulär, aber bei meiner auf einem Flohmarkt erstandenen Ausgabe handelt es sich sozusagen um eine Sonderausgabe. Es scheint sich hierbei um ein Hochzeitsgeschenk zu handeln, denn jemand hat unter dem Titel in sehr kunstvoller Handschrift hinzugefügt: „für Dominique und Christoph". Außerdem hat der Betreffende sich die große Mühe gemacht, die Köpfe auf allen 32 (!) Bildern mit passenden Portrait-Fotos des Hochzeitspaares zu überkleben; was für eine Arbeit! Auf diese Weise ist dann doch ein recht lustiges Buch entstanden. Zusätzlich hat der „Fälscher" am Anfang der Reimgeschichte noch zwei Zeilen hinzugedichtet, die sich ganz an dem Stil der originalen Verse von Tobias Kühne orientieren:

„Dominique und Christoph nun, sich das Band der Eh' umtun. („antun"?, schwer lesbar, d. Verf.)
Auch der Pfarrer hat's kapiert, und den Satz ins Buch notiert."

Auf den letzten Seiten haben eine große Anzahl von Gratulanten ihre Signaturen eingetragen, vielleicht die Mitglieder des Orchesters, in dem einer der Brautleute als Cellist spielte?

Der holländische Cellist Auguste van Biene (1849–1913) gehört zweifelsohne zu den originellsten Vertretern seiner Zunft. Über seine Ausbildung ist leider wenig bekannt; es scheint so, als habe er Stunden bei Adrien François Servais in Brüssel erhalten. Im Alter von 15 Jahren spielte er als Tuttist im Rotterdamer Opernorchester. 1867 treffen wir ihn in London, wo er als Solocellist des Covent Garden Orchestra engagiert ist. Ab 1878 wird Auguste van Biene Theaterdirektor und Dirigent kleinerer Opernensembles, mit denen er erfolgreich leichtere Opern und viktorianische Burlesken aufführt. Besonders bekannt wurde er durch den Dreiakter „The Broken Melody" von

Herbert Keen and James T. Tanner (1892), für den er die Musik schrieb und in dem er auch die Hauptrolle, die eines Cellisten, spielte. Das Stück hatte einen immensen Erfolg. Van Biene behauptete später, er habe es mehr als 6000 Mal aufgeführt. Um die Musik immer „frisch" über die Bühne zu bringen, variierte er die Stücke bei jeder Aufführung sehr stark. Die zentrale Komposition, ebenfalls „The Broken Melodie" genannt, war der besondere Hit des Abends und wurde als Notenausgabe in einer Version für Violoncello und Klavier veröffentlicht.

Abb. 49: Auguste van Biene, etwa 1907. Foto: Harold Baker.

Van Biene starb am 23. Januar 1913 während einer Aufführung des Stückes „The Master Musician" Cello spielend auf der Bühne des Brighton Hippodrome, sein Sohn dirigierte an diesem Abend das Orchester. Die Aufschrift auf seinem Grabstein lautet: „The melody is broken, I shall never write again, The Broken Melody, Act 3".

In der kleinen, 16-seitigen Schrift „Auguste van Biene …The Actor Musician" (1901?) ist ein Lebenslauf und eine zeitgenössische Rezension des Bühnenstückes „The Broken Melody" abgedruckt. Die Veröffentlichung ist im Handel nicht zu erwerben, allerdings lassen sich im Internet pdf-Dateien abrufen. Jeder Cellofan sollte sich die Zeit nehmen, sich mit dieser interessanten Schrift zu beschäftigen.

Annette Morreau: „Emanuel Feuermann" (Yale University Press, 2002). Die meteorhafte Karriere des Cellisten Emanuel Feuermann endete 1942 mit seinem tragischen Tod im Alter von nur 39 Jahren. Seinen Sarg trugen Rudolf Serkin, Artur Schnabel, Arturo Toscanini, Eugene Ormandy, Mischa Elman und Bronisław Huberman.

Abb. 50: Emanuel Feuermann in Japan, 1934.

Annette Morreau beschreibt die familiären, beruflichen und politischen Umstände von Feuermanns Leben anhand von Briefen, Erinnerungen seiner Kollegen und zeitgenössischen Zeitungsberichten. Das Buch beinhaltet auch eine CD mit Beispielen von Feuermanns genialer Cellokunst.

Wenn der Name Emanuel Feuermann auftaucht, erinnere ich mich immer an Kai Scheffler, Solocellist des Frankfurter Ensemble Modern, der 1989 ebenfalls sehr jung starb. Kai Scheffler war mein zweiter Lehrer an der Musikhochschule in Aachen, und ich studierte bei ihm natürlich viele moderne Kompositionen. Eines Tages brachte er ein Kopie von Feuermanns handgeschriebener Kadenz für Joseph Haydns Konzert D-Dur in den Unterricht mit, sie ist ein ziemlicher Brocken! Ich habe die Kadenz später mehrmals in Konzerten gespielt, und sie gehört seither zu meinem Überepertoire – seit mehr als 30 Jahren also.

Ich möchte an dieser Stelle auf die Komposition „Kai" hinweisen, die der englische Komponist Mark-Anthony Turnage (geb. 1960) in Andenken an den Cellisten Kai Scheffler geschrieben hat. Es gilt als Schlüsselwerk des Komponisten. „Kai", for cello and ensemble, Entstehungsjahr 1989/1990 (Schott Music Ltd., London). Die

Uraufführung war am 18. Dezember 1990 in Birmingham, Adrian Boult Hall (UK), Birmingham Contemporary Music Group, Ulrich Heinen, Cello, Dirigent: Simon Rattle.

Colin Hampton: „A Cellist's Life" (String Letter Publishing, 2011), englisch. Der englische (Quartett-)Cellist Colin Hampton (1911–1996) erzählt in seiner Autobiografie in lebendiger Weise von seinen Begegnungen mit berühmten Cellisten und anderen Musikern wie Pablo Casals, Ernest Bloch, Igor Stravinsky, Arturo Toscanini, Bela Bartok und Yehudi Menuhin. Das Buch gibt auch Tipps über die Cellotechnik, die für Schüler wie Lehrer gleichermaßen interessant sein dürften. Es ist mit viel Humor geschrieben; es gibt aber auch etliche nachdenklich stimmende Passagen. Viele Schwarz-Weiß-Fotos, 2011 posthum erschienen beim Verlag String Letter Publishing, der auch das berühmten „Strings Magazine" herausgibt.

Colin Hampton sah seine Rolle im Leben als die eines Quartettcellisten. An purer Virtuosität war er nicht interessiert. Seine Auffassung lautete: Wenn man die Musik nicht wirklich liebt, ist es sinnlos, ein Instrument zu spielen.

Wir befinden uns nun in der malerischen, von verwinkelten Gassen durchzogenen Altstadt des staatlich anerkannten Luftkurortes Kronberg im Taunus. Bei einem kleinen Rundgang entdecken wir im Kronberger Schulgarten eine Stele: Sie trägt die Porträt-Büste von Mstislav Rostropowitsch, gestaltet von der Bildhauerin Franziska Schwarzbach. Ohne die charakteristische Brille fällt es uns schwer, seine Züge zu erkennen. Etwas später kommen wir in der Nähe des Bahnhofs an einer großen Baustelle vorüber. Dort entsteht das Casals-Forum, ein Konzertsaal mit angegliedertem Studien- und Verwaltungszentrum. Nachdem wir uns alles genau angesehen haben, machen wir uns wieder auf den Weg und begegnen im Viktoriapark einer weiteren Skulptur, die einem Cellisten gewidmet ist. Es ist die Figur „Hommage à Pablo Casals" (2013). Die Bronzeplastik des Künstlers Walter Schembs steht inmitten einer Rasenfläche oberhalb des Schillerweihers. Dargestellt ist ein Mann, der mit beiden Armen ein Cello umschlingt. Das Gesicht mit den geöffneten Augen ist dem Himmel zugewandt.

1997 erklärte Mstislav Rostropovich Kronberg zur „Welthauptstadt des Cellos". Der Grund: 1993 wurde dort von Raimund Trenkler die Kronberg Academy zur Ausbildung und Förderung junger hochbegabter Musiker der Instrumente Violine, Viola und Violoncello gegründet. Die zahlreichen international bekannten Veranstaltungen der Kronberg Academy verwandeln Kronberg regelmäßig zu einem Mekka, einem Hotspot für Musiker aus aller Welt: das Kronberg Academy Festival (früher unter dem Namen „Cello Festival Kronberg"), Meisterkurse und Konzerte, der Internationale Pablo Casals Cello Wettbewerb, der Grand Prix Emanuel Feuermann Berlin und weitere. Hier präsentiert sich für einige Tage im Jahr die gesamte Cellowelt, und es zeigt sich, dass es auch in dieser Welt nur einige Könige gibt, dann ein paar Junker und Edelleute und schließlich die Schar der vielen sich redlich abmühenden Celloknechte.

Im Zusammenhang mit dem Kronberg-Festival wurden mehrere Buchveröffentlichungen herausgegeben. Da sind zunächst die Jahrbücher der Kronberg Academy von 2008 bis 2019. Außerdem gibt es vier Cellistenbiografien. Es sind dies:
- Laurinel Owen: „Bowed Arts – Gedanken von Bernard Greenhouse über sein Leben und die Musik, Biographie" (Kronberg Academy Stiftung, 2002), deutsch und englisch.
- Janos Starker u. a.: „Von Budapest nach Bloomington – János Starker und die ungarische Cello-Tradition, Biographie" (Kronberg Academy Verlag, 1999), deutsch und englisch.
- Annalisa Lodetti Barzanò/Christian Bellisario: „Signor Piatti – Cellist, Composer, Avantgardist" (Kronberg Academy Verlag, 2001), deutsch und englisch.

In diesem Zusammenhang möchte ich noch eine „historische" Biografie über Piatti nennen: Morton Lathams „Alfredo Piatti – A Sketch" (W. E. Hill & Sons, 1901), englisch.

Das erste der Kronberg-Cellobücher ist die schöne Veröffentlichung von Alexander Ivashkin und Josef Oehrlein: „Rostrospektive – Zum Leben und Werk von Mstislav Rostropovich, Biographie" (Reimund Meier Verlag, Schweinfurt 1997), deutsch und englisch. Anlässlich seines 70. Geburtstages wurde zu Ehren von Mstislav Rostropowitsch unter dem Titel „Rostrospektive" vom 16. bis 19. Oktober während des 3. Cello-Festivals in Kronberg eine Ausstellung von Fotos zu seinem Leben veranstaltet. Ein Großteil des Bildmaterials wurde von Mstislaw Rostropowitsch zur Verfügung gestellt und ist im Bildteil des Buches wiedergegeben. Anhand der Fotos wird das Leben und Wirken Rostropowitschs nachgezeichnet. Die beiden weiteren Beiträge der Veröffentlichung sind die ausführlichen Arbeiten von Alexander Ivashkin („Mstislaw Rostropowitsch, Ein Revolu-

Abb. 51: Alexander Ivashkin und Josef Oehrlein: „Rostrospektive – Zum Leben und Werk von Mstislav Rostropovich, Biographie" (Reimund Meier Verlag, Schweinfurt 1997), Foto: Stephan Cropp.

tionär des 20. Jahrhunderts") und Josef Oehrlein („Slava, Liebling der Journalisten. Mstislaw Rostropowitsch in der Presse").

Der österreichische Cellist, Musikschriftsteller und Dirigent Nikolaus Harnoncourt (1929–2016) war einer der Pioniere der historischen Aufführungspraxis. Im Volksschulalter begann Harnoncourt bei Hans Kortschak mit dem Cellounterricht. Von 1945 bis 1948 unterrichtete ihn Paul Grümmer, der Cellist des Busch-Quartetts. 1948 begann er in Wien bei Emanuel Brabec mit dem Cellostudium.

Von 1952 bis 1969 war Harnoncourt als Cellist Mitglied der Wiener Symphoniker, damals unter dem Dirigat von Herbert von Karajan. Ab 1953 formierte sich ein Musikerkreis um Harnoncourt, der es sich zur Aufgabe gemacht hatte, verlorene Spieltechniken vergangener Jahrhunderte für die stilgerechte Wiedergabe sogenannter „Alter Musik" wieder zurückzugewinnen. 1957 entstand daraus das auf die Aufführung Alter Musik spezialisierten Ensemble Concentus Musicus Wien.

Harnoncourts Buch „Musik als Klangrede. Wege zu einem neuen Musikverständnis. Essays und Vorträge" (Bärenreiter, Kassel 2014) ist die Frucht seiner Forschungen auf diesem Gebiet und gehört zu den „Klassikern".

Abb. 52: Nikolaus Harnoncourt, Gustav Leonhardt und Prinz Bernhard der Niederlande bei der Überreichung des Erasmuspreises 1980 in Amsterdam, Foto: Hans van Dijk.

Ein weiteres Buch von ihm, der schmale Band „Was ist Wahrheit? Zwei Reden" (Residenzverlag, Salzburg und Wien 1995), bringt einige der wichtigsten Überzeugungen Harnoncourts noch einmal auf den Punkt und schließt mit den Worten: „Durch die unselige Konzentration auf das Praktische und die Vergötterung der sogenannten Arbeit hat der abendländische Mensch das Spielen verlernt; ja schlimmer, er verachtet es. Wir müssen unsere Erziehungssysteme neu durchdenken, ..."

Helen Epstein: „Der musikalische Funke, Von Musik, Musikern und vom Musizieren – Begegnungen mit berühmten Interpreten" (Scherz Verlag 1988). In zwölf Abschnitten schreibt Helen Epstein ebenso sehr über die Menschen wie über die Künstler. Es ist ein Blick hinter die Kulissen, den uns die Musikwissenschaftlerin und Publizistin in ihrem Buch gewährt.

Unter der Nummer 9 ist ein Bericht über Yo-Yo Ma abgefasst, in dem zunächst kurz Yo-Yo Mas Werdegang als junges Ausnahmetalent beleuchtet wird. Dann wird es interessanter, denn nun wechselt die Perspektive in die eines Berichterstatters. Yo-Yo Ma und die Icherzählerin verfahren sich auf dem Weg zu einer Probe in der BAM (Brooklyn Academy of Music), „sein Cello, ein Matteo Goffriller, 1727 in Venedig gebaut..., lag auf dem Rücksitz. Es hatte zuvor Pierre Fournier gehört. Daneben lag der Bogen, mit dem Leonard Rose seine Karriere gemacht hatte, ein unersetzliches Geschenk des Lehrers an seinen Schüler. In fünf Minuten sollte die Probe in der BAM beginnen." Und so geht es weiter – mit Erinnerungen aus Yo-Yo Mas Leben und eingestreuten Gesprächsausschnitten, die die Erzählweise lebendig machen.

Weitere Kapitel sind z. B. Vladimir Horowitz, Leonard Bernstein, dem Juilliard-Quartett und James Galway gewidmet. Es gibt außerdem ein Vorwort von Joachim Kaiser und wiederum von Helen Epstein selbst die interessante Einleitung „Musik hören – Musik verstehen". Sie berichtet hier u. a. von ihrem Studium der Musikwissenschaft an der Hebrew University in Jerusalem.

Das Buch „Cellisten/Cellists" von Uta Süße-Krause und Harald Eggebrecht ist ein echter Fotoprachtband. Die Fotografin Uta Süße-Krause zeigt uns darin eine Unmenge von Bildern mit verzückten Gesichtern, Grimassen und großen Gesten, die von einer Unmenge von wirklichen Meistercellisten aus den letzten Jahrzehnten hervorgebracht werden. Die Bilder sind live „on stage" fotografiert und stellen nicht etwa von Süße-Krause arrangierte, gestellte Posen dar. Uta Süße-Krause spielt selbst Cello, und somit erklärt sich wohl, wie sie bei ihren Aufnahmen stets den „richtigen Moment erwischt". Die Fotos sind übrigens alle in dem erstaunlich kurzen Zeitraum von 2005 bis 2009 entstanden.

Begonnen hat das Projekt auf dem periodisch stattfindenden Kronberg-Cellofestival, wo Uta Süße-Krause als Festivalfotografin tätig war. Und tatsächlich wird durch die Fotos etwas von der großartigen Atmosphäre transportiert, die auf dieser größten Cellisten-Party der Welt herrscht. Die Buchveröffentlichung von Süße-Krau-

Abb. 53: Uta Süße-Krause und Harald Eggebrecht bei der Buchpräsentation von „Cellisten/Cellists" am 1. Oktober 2009 in Kronberg, Foto: Annette Wittkopf.

se ist eigentlich eine Fotostudie über das lebendige Cellospiel und meines Wissens nach der einzige Fotoband, der das Cellospiel und seine Meister in einer derartigen Vollständigkeit präsentiert.

Man kann dem Buch, das wohl als Kompendium gedacht ist, meiner Meinung nach nur einen Vorwurf machen: Viele Fotos sind sehr schön und ausdrucksvoll, und die ganze „Cello de la Crème" ist vorhanden. Beim Durchblättern und Betrachten war mein persönlicher Eindruck jedoch spontan der, dass durch die insgesamt so große Menge an Fotos das Bild des Meistercellisten als etwas Besonderem nichts Besonderes mehr ist. Es bekommt etwas Inflationäres, und damit werden die Meistercellisten schlussendlich selbst auch inflationär. Sozusagen Meistercellisten, wo man nur hinsieht. Trotzdem ist es zweifelsfrei ein großes Cellofanbuch. Und ich nehme es auch, obwohl das Gewicht beträchtlichen ist, je öfter je lieber in die Hand. Es ist ein Foto von Boris Pergamenschikow darin, nur eines, auf Seite 169, aber das alleine reicht. Boris Pergamenschikow war schon gestorben, als „Cellisten/Cellists" erschien. Entstanden 1981, stammt es aus der Zeit, als Uta Süße-Krause in Köln Fotografie studierte und Pergamenschikow während mehrerer Kammermusikkonzerte porträtierte. Das Foto zeigt ihn bei einer Probe auf Schloss Wissen, Weeze. Das Wasserschloss ist der Stammsitz der Familie von Loë und einer der bekanntesten Adelssitze am Niederrhein. Es dient heute hauptsächlich dem Hotelbetrieb.

Uta Süße-Krause, die – wie schon gesagt – selbst Cellistin ist, beschäftigt sich nach eigener Aussage besonders gerne mit der sechsten Bach-Suite. Während ihrer Kölner Zeit war übrigens der aus Wuppertal stammende Cellist Thomas Blees (geb. 1938) ihr Lehrer.

Von ihr stammen auch die Kurzbiografien der 63 von ihr porträtierten Cellisten und das kurze Nachwort. Harald Eggebrecht (geb. 1946) schrieb den begleitenden Essay „Cellospieler – oder großes Instrumentaltheater".

Ebenfalls von Harald Eggebrecht ist das Buch „Große Cellisten, mit zwei Exkursen über große Bratschisten (?!) und 69 Abbildungen" (Piper, 2007).

Der Literatur-, Musik- und Kunstwissenschaftler Harald Eggebrecht war von 1981 bis 1987 Kulturredakteur beim NDR und arbeitet heute als freier Autor. Ausgehend von den – wie er sagt – „Heiligen drei Königen des Cellos", Casals, Feuermann und Piatigorski, porträtiert er in seinem Buch die großen Cellisten über Pierre Fournier, Mstislaw Rostropowitsch, Janos Starker, Jacqueline du Pré, Heinrich Schiff, Yo-Yo Ma bis zu den jungen Stars wie Daniel Müller-Schott, Ha Na Chang und Sol Gabetta und zeigt das Besondere ihrer Kunst. Kurz: wieder ein Buch für alle Cello-Freunde, Liebhaber, Enthusiasten und solche, die es werden wollen.

In dem Moment, in dem man das Buch Eggebrechts in die Hand nimmt, erkennt man am Vergleich der beiden Fotos von Casals und Sol Gabetta, die sinnbildlich auf dem Cover abgebildet sind, wie die Cello-Zeiten sich ändern: Pablo Casals sehr ernst und Pfeife rauchend, darüber die 1981 geborene Sol Gabetta, dekorativ und glamourös lächelnd.

Harald Eggebrecht äußert in Hinblick auf die junge Cellisten-Generation eine Feststellung, die mich neugierig machte. So spricht er von der „Trägheit der Jungen gegenüber dem real Erklingenden bei gleichzeitigem Feuereifer im eigenen Studium". Da ich über diesen Aspekt etwas mehr zu erfahren wünschte, rief ich ihn an und erwischte ihn nach vollendeter Mahlzeit in seinem Lieblingsrestaurant, einer Pizzeria. Er ließ mir kaum Zeit, meine Frage zu Ende zu formulieren, da befand er sich schon mitten in seinem Element. Er holte weit aus und erzählte von seinen Intentionen hinsichtlich seiner schriftstellerischen Tätigkeit – und von seiner Kernfrage, die er sich beim Hören von Musik zunächst einmal stellt: „Was spielt wer wie?"

„Was": im Zentrum steht immer das Werk, das zur Aufführung gebracht wird. „Wer" ist natürlich der Cellist. Mit „Wie" ist auch das Publikum gemeint, denn ohne das Publikum findet ja das Konzert gar nicht statt. Es reiche aus, so Eggebrecht, wenn auch nur ein einziger Zuhörer anwesend sei: „Das verändert alles!"

Für Eggebrecht geht es also darum: „Wie sieht das alles in der Realität aus?"

Natürlich kommt er in diesem Zusammenhang auf die fatalen Auswirkungen der Corona-Zeit zu sprechen: „Wie schrecklich ist die durch die Corona-Einschränkungen entstandene Isolation für die Musiker!" Im Prinzip sei in der jetzigen Zeit die lebendige Musik zum Erliegen gekommen, unsere Zeit ist also momentan „musiklos". Denn für Eggebrecht gilt: „Die live-Situation ist die musikalische Situation. Die Musik findet in der Gegenwart statt und wird mit Freunden und Bekannten gemeinsam genossen. Wenn hier in München früher die großen Solisten aufgetreten sind, dann waren alle Musiker von Rang im Publikum anwesend."

Und hier kommt Eggebrechts Vorwurf an die junge Cellistengeneration ins Spiel, und er spricht am Telefon ganz offen darüber. Er habe sich darüber geärgert, dass die jungen Musiker lieber CDs hörten anstatt die Konzerte zu besuchen, und er folgert: „Dadurch geht der individuelle Zugriff verloren."

Harald Eggebrechts tiefe Beziehung zum Cello entstand – so erzählt er mir – durch seinen älteren Bruder Jörg, der jahrelang als Cellist Mitglied der Münchener Philharmoniker war. Jörg Eggebrecht gründete übrigens auch das international erfolgreiche Münchner Baryton-Trio, von dessen Arbeit heute noch einige sehr schöne Einspielungen zeugen.

Das Vorwort von „Große Cellisten" ist von Janos Starker, und er schreibt: „Beim Lesen von Harald Eggebrechts Buch über große Cellisten ist mir wieder deutlich geworden, dass das Cellospiel kein Beruf ist. Es ist eine Liebesgeschichte." Auf der ersten Seite gibt es – ebenfalls von Janos Starker – auch noch ein bemerkenswertes Zitat: „Man darf das Cellospiel nicht auf den menschlichen Schwierigkeiten aufbauen."

Die Kapitel sind jeweils einzelnen oder mehreren Cellisten gewidmet. Die Überschriften dazu lauten etwa: „Gregor Piatigorsky – Larger than Life", oder „Pierre Fournier, Antonio Janigro, Tsuyoshi Tsutsumi – Der feine Gesang", oder „Paul Tortelier, André Navarra, Maurice Gendron – Drei Musketiere".

Eine ganze Anzahl von aussagekräftigen Schwarz-Weiß-Abbildungen lockern den Text auf.

Friedrich Kleinknecht: „Die Solocellisten der Musikalischen Akademie. Zum 200-jährigen Bestehen der Musikalischen Akademie" (Privatdruck, www.siamclassics.com 2011).

Auf dieses seltene Buch wurde ich von dem Cellisten Gerhard Anders, Brühl bei Köln, aufmerksam gemacht. Gerhard Anders schrieb eine Rezension über die Publikation, die in „Das Orchester" 10/2012 erschien.

Das im Privatdruck erschienene Buch wurde von Friedrich Kleinknecht (1944–2017), dem langjährigen ersten Cellisten an der Bayerischen Staatsoper, verfasst. Anlass der Veröffentlichung war das 200-jährige Bestehen der „Musikalischen Akademie". Dieses 1811 gegründete, selbstverwaltete Orchester, setzt sich aus Musikern des Bayerischen Staatsorchesters – früher des Münchner Hofopernorchesters – zusammen.

Friedrich Kleinknecht war bis 2008 Cellist im Bayerischen Staatsorchester. Er war also mit der Geschichte und den Besonderheiten der Akademie, aber auch allgemein mit der Orchestermusik und dem Operndienst bestens vertraut. Das wird bereits in dem knappen Vorwort deutlich, in dem er über den Spannungszustand und seine möglichen Auswirkungen auf den Charakter des Solocellisten spricht.

Ungeachtet einer Fülle von Interpunktionsfehlern ist das Buch von großem Interesse für alle Cellisten, denn in der Schrift zieht eine Reihe bemerkenswerter Gestalten an uns vorüber, so z. B. Anton Schwarz, der die Mannheimer Orchesterkultur beim kurfürstlichen Umzug 1778 mit nach München brachte, dann Philipp Moralt, Joseph Menter, Hippolyt Müller, die Meister des frühen 19. Jahrhunderts. Es folgen Joseph Werner, Hanus Wihan, Carl Ebner und der exzellente Joseph Disclez, schließlich die „Originale" des 20. Jahrhunderts: Oswald Uhl, Adolf Schmidt und der auch als Leh-

Abb. 54: Sol Gabetta, Foto: Julia Wesely, 2017.

rer sehr renommierte Walter Reichardt. Insgesamt sind es 20 Cellisten, deren Lebensdaten und Wirkungszeit in einer tabellarischen Übersicht genau erfasst sind. Der Band ist reich mit Fotos ausgestattet, die zum Teil bemerkenswerte Zeitdokumente darstellen. Eines der Fotos zeigt z. B. den Gambe spielenden Cellisten Oswald Uhl, der auch im Bach-Orchester Karl Richters eine feste Größe und somit zuständig für die Gambenpartien in Johannes- und Matthäuspassion war. Die Gambe wird hier ganz in der Spielmanier für das Cello behandelt: der Bogen – übrigens ein Cellobogen – wird im Obergriff geführt, das Griffbrett weist keine Bünde auf, und das Instrument ruht auf einem massiven, wohl aus Holz gefertigtem Stachel.

Der echte Cello(buch)fan wird sich an den Mängeln, die die offensichtlich etwas zu hurtige Produktionsgeschwindigkeit mitgebracht haben mögen, nicht stören. Er wird sich im Gegenteil freuen, wenn er das rare Buch überhaupt noch irgendwo auftreiben kann.

Das Leben geht manchmal seltsame Wege, und es tun sich bemerkenswerte Verbindungen auf. So hat bei dem oben genannten Solocellisten Walter Reichardt meine erste Lehrerin Edith de Bruyn eine Zeitlang studiert. Bei seinem Sohn Claus Reichardt wiederum habe ich in Düsseldorf einen Großteil meines Studiums absolviert. Mit großer Freude habe ich Kleinknechts Bemerkungen hinsichtlich der klaren, flinken Augen Walter Reichardts gelesen: „An ihnen erkannte man sofort, ob ihm das ihm Dargebotene gefiel oder nicht." Genauso erging es uns, den Studenten seines Sohnes.

Beatrice Harrison (1892–1965): „The Cello and the Nightingales". Autobiografie (London 1985). Wenn man unerwartet auf die englische Cellistin Beatrice Harrison stößt, denkt man unwillkürlich: „Oh, sie ist ja quasi die Vorläuferin von Jacqueline du Pré." Aber wenn man dann mehr von ihr erfährt, denkt man plötzlich genau anders herum: „Oh, sie ist ja in vielen Dingen die Erste." So erging es jedenfalls mir.

Beatrice Harrison hatte übrigens eine zwölf Jahre ältere „Cellisten-Kollegin", May Mukle (1880–1963). Sie gilt als die erste britische Konzertcellistin und schrieb leider keine Autobiografie. Das ist schade, denn es wurde behauptet, sie habe alle Musikgrößen persönlich gekannt, die die Musikwelt während der ersten vier Jahrzehnte des 20. Jahrhunderts aufzuweisen hatte, und auch mit ihnen musiziert.

Beatrice Harrison studierte in Berlin bei Hugo Becker und begann 1910 ihre Solistenkarriere. Sie spielte die Uraufführungen von Frederick Delius' Doppelkonzert (mit ihrer Schwester May) und ebenfalls die seiner Cellosonate, unter Eugene Goossens die britische Uraufführung seines Cellokonzerts, die englischen Uraufführungen von Maurice Ravels Sonate für Violine und Cello und von Zoltán Kodálys Solosonate für Cello sowie die erste Radioaufführung von Edward Elgars Cellokonzert unter Leitung des Komponisten.

Ihre Autobiografie, kurz vor ihrem Tode entstanden, gibt dem Leser lebendige Schilderungen ihrer Erlebnisse, z. B. wie sie in Berlin mit 17 Jahren den begehrten

Mendelssohn-Preis gewann, sehr zum Missfallen des Deutschen Kaisers, und ihrer Begegnungen mit den berühmten Musikerpersönlichkeiten ihrer Zeit, wie Fauré, Popper, Glazunov, Paderewski und Kodaly.

Der Titel von der Autobiografie „The Cello and the Nightingales" ist von Beatrice Harrisons erster, sehr ungewöhnlichen BBC-Radioübertragung inspiriert: Am 19. Mai 1924 wurde von der erst zwei Jahre zuvor gegründeten Radioanstalt eine live-Übertragung aus Harrisons Garten in Oxted, Surrey, gesendet. Es ist ein Duett mit ihr und einer Nachtigall. Sie spielt dem Vogel auf ihrem Cello vor, und der Vogel, von ihrem Spiel angezogen, antwortet zunächst mit seinem eigenen Lied. Als der Vogel merkt, dass das Cello nicht auf seinen Gesang reagiert, tut er ihm einen Gefallen und wiederholt die Töne des Cellos.

Ich habe als Kind Ähnliches erlebt, wenn ich zufälligerweise einmal bei offenem Fenster Cello geübt habe, und auch heute passiert es mir gelegentlich, dass ich den Eindruck habe, dass von draußen ein Vogel mit seinem Gesang sozusagen in mein Cellospiel einstimmen möchte. Ich höre dann jedes Mal mit Spielen auf, denn man kann da einfach nicht mithalten. Mich wundert es, dass Vögel überhaupt auf die im Vergleich so tiefe Stimmlage und mangelnde Virtuosität des Cellospiels reagieren, wahrscheinlich funktioniert die Sinneswahrnehmung bei ihnen ganz anders als beim Menschen.

Abb. 55: Beatrice Harrison und ihre Schwester May Harrison.
Fotografie, ca. 1926.

Es lohnt sich übrigens, sich noch einmal der wunderschönen Gesangskünste der Nachtigall bewusst zu werden. Bei Wikipedia ist ein ausführlicher Eintrag zu diesem König der Singvögel zu finden, mit vielen Hinweisen auf die Bedeutung der Nachtigall in der Literatur, in der Musik, als Symbol, als Liebesbote und sogar als Heilmittel bzw. Sterbehelfer. So galt ihr Gesang in vergangenen Tagen als schmerzlindernd und sollte dem Sterbenden einen sanften Tod bzw. dem Kranken eine rasche Genesung bringen. Interessant ist, dass Nachtigallen nicht von ihrer Geburt an singen können, sondern die Melodien von ihren Eltern ablauschen. Vielleicht könnte man wertvolle Tipps für das Erlernen des Cellospiels erhalten, wenn man über diese Tatsache mehr erführe.

Der Gesang der Nachtigall inspirierte schon seit dem Mittelalter bis in die heutige Zeit hinein Komponisten zu ihren bekanntesten Werken, so z. B.: Pierre Attaignant – „Le rossignol" (Die Nachtigall), Clément Janequin – „Va rossignol, amoureux messagier" (8me Livre, 1540), Claudio Monteverdi – „Dolcissimo uscignolo" (Süßeste Nachtigall, 8. Madrigalbuch,1638), Jacob van Eyck – „Engels Nachtegaeltje" (Englische Nachtigall, für Blockflöte), François Couperin – „Le Rossignol-en-amour" (Die verliebte Nachtigall) und „Le Rossignol-vainqueur" (Die siegreiche Nachtigall), Antonio Vivaldi – Violinkonzert A-dur RV 335a „Il Rosignuolo" (Die Nachtigall), Georg Friedrich Händel – Orgelkonzert Nr. 13 „Der Kuckuck und die Nachtigall" (The Cuckoo and the Nightingale) und Oratorium Solomon (1749, sogenannter „Nachtigallen-Chor") usw., Alessandro Scarlatti – Arie „O sentite quel rossignolo", Joseph Haydn – Die Schöpfung (1797, „Aus jedem Busch und Hain erschallt der Nachtigallen süße Kehle, noch drückte Gram nicht ihre Brust, noch war zur Klage nicht gestimmt ihr reizender Gesang"), Ludwig van Beethoven – 6. Sinfonie (Pastorale, 1808, die Nachtigallen-Imitation), Léo Delibes – „Le Rossignol" (für Sopran, Flöte und Klavier), Igor Strawinsky – Oper „Le Rossignol" (1914) und symphonische Dichtung „Le chant du rossignol" (Der Gesang der Nachtigall", 1917, auch als Ballett mit Choreographie von Leonid Massine und Bühnenbildern von Henri Matisse), Ottorino Respighi – symphonischen Dichtung „Pini di Roma" (1924). Es ist leider kein ausgesprochenes Cellowerk darunter, aber immerhin gibt es ja Pablo Casals „El cant dels ocells" (Der Gesang der Vögel), mit dem er alle seine Exilkonzerte seit 1939 beendete – so z. B. auch das berühmte Konzert vom 13. November 1961 im Weißen Haus vor Jackie und John F. Kennedy und geladenen Gästen.

Es gibt weitere Hinweise, die zeigen, wie stark der Gesang der Nachtigall die Musik seit jeher beeinflusst hat. So haben manche barocke Orgeln ein Nachtigallenregister, das den Vogelgesang imitieren soll. Oder: zum koreanischen Hofzeremoniell gehörte der traditionelle Hoftanz „Chunaengjeon" (Tanz der Frühlings-Nachtigall, 17. Jahrhundert). Man nimmt an, dass dieser Tanz auf einem viel älteren chinesischen Vorbild basiert. Eine alte chinesischen Enzyklopädie erzählt nämlich, dass der Tang-Kaiser Tang Gaozong (gest. 683) eines Abends dem Gesang der Nachtigall gelauscht habe. Stark davon beeindruckt beauftragte er daraufhin seinen Hofmusiker Po Ming Chien, ein Musikstück darüber zu komponieren. Bei der Musikdarbietung traten auch Tänzerinnen auf.

Mehrere Sänger wurden in der Vergangenheit mit der Nachtigall identifiziert, so der Kastrat Matteuccio (Matteo Sassano, 1667–1737), „die Nachtigall von Neapel" (il rosignuolo di Napoli), und Jenny Lind (1820–1887), die „schwedische Nachtigall".

Folgendes Zitat stammt von Athanasius Kircher:

„In der Nachtigall hat die Natur mit Recht gleichsam die Idee der gesamten Musik sichtbar gemacht, so dass die Gesangsmeister bei ihr lernen können, wie man auf vollkommene Weise den Gesang ordnen und die Töne in der Kehle bilden muss. Die Nachtigall verwendet nicht weniger Ehrgeiz darauf, die Köstlichkeit ihres Gesangs den Zuhörern darzubieten, als der Pfau die Schönheit seines Schweifes. Sie ist nicht nur φιλόμουσος (musik- und kunstliebend), sondern auch φιλόδοξος (liebt Brillanz, Pracht, auch das Merkwürdige, Komische)."

(Athanasius Kircher: Musurgia universalis, Rom 1650)

„Guilhermina Suggia: Cellist", von Anita Mercier (Ashgate Publishing, 2008), englisch. Die portugiesische Cellistin Guilhermina Suggia (1885–1950) – ihr vollständiger Name war Guilhermina Augusta Xavier de Medim Suggia Carteado Mena – begann im Alter von fünf Jahren mit dem Cellospiel. Bereits 1898 lernte sie Pablo Casals kennen, bei dem ihr Vater sie vorspielen ließ und der sie mehrere Monate unterrichtete. Ihr Studium absolvierte sie bei Julius Klengel in Leipzig und spielte dort als 18-Jährige mit dem Gewandhausorchester. Von 1907 bis 1913 lebte sie mit Pablo Casals in der Villa Molitor in Paris. In dieser Zeit empfing das Paar viele Gäste im ihren Haus: Fritz Kreisler, George Enescu und Eugène Ysaÿe waren regelmäßige Besucher. Über die stürmische und unkonventionelle Beziehung von Guilhermina Suggia und Casals ist in der Vergangenheit viel spekuliert worden. Tatsache ist, dass sich das Paar trennte. Grund war vermutlich die künstlerische Rivalität zwischen den beiden temperamentvollen Musikern. Es wundert mich, dass über diese gemeinsame Zeit von Suggia und Casals in der Villa Molitor in Paris bisher niemand eine romantisierende Novelle geschrieben hat. Wie dem auch sei: 1917 zog Guilhermina Suggia nach London. In der Folgezeit wurde sie als Konzertcellistin und durch ihre Interpretationen der Bachsuiten berühmt.

Allgemein bekannt ist das prächtige Porträt „Madame Suggia", das Sir August John (1878–1961) von Guilhermina Suggia malte. Es stellt als Bild so etwas wie einen Archetypus eines Cellistinnen-Porträts dar. Über den Entstehungsprozess sind wir ziemlich gut informiert: Sir August John arbeitete drei Jahre, von 1920 bis 1923, an der Fertigstellung; in über achtzig mehrstündigen Sitzungen saß ihm Guilhermina Suggia Modell. Er begann das Bild zweimal neu, jedes Mal mit einem Kleid in einer

Abb. 56: Guilhermina Suggia (Arte Musical Nr. 104 vom 1. Mai 1903), Autor unbekannt.

anderen Farbe, einer größeren Leinwand und zuletzt in einer Pose, die ihr Profil zeigt. Das Gemälde zeigt die Cellistin in großartiger Solistenpose in einem tiefroten Kleid und mit dem nach ihr benannten Stradivari-Cello „Bonamy Dobree-Suggia" aus dem Jahr 1717. Nachdem das Bild ursprünglich nach Amerika verkauft wurde befindet es sich heute in der Tate Gallery. Wiederum ist es erstaunlich, dass auch die Beziehung zwischen Suggia und ihrem Porträtisten keinen Romancier angeregt hat, aus dem Stoff eine Liebesgeschichte zu verfassen.

Anita Merciers Studie stellt uns Guilhermina Suggia als eine der ersten Frauen vor, die Karriere als Cellistin machten – und das zu einer Zeit, als es noch starke Vorurteile gegen Frauen gab, die dieses „männliche" Instrument spielten. Wertvoll ist auch der Anhang, der unter anderem von Guilhermina Suggia verfasste, sehr lesenswerte Texte enthält.

„Charlotte Moorman, Fluxus und die sexuelle Revolution der Kunstmusik" – so lautete der Titel eines Features des Deutschlandfunks über die Cellistin Charlotte Morman (gesendet am 4. März 2017).

Im Museum Ludwig Köln wird immer mal wieder der Film „Global Groove" (1973) von Nam June Paik (1932–2006), dem Vater der Video-Kunst, gezeigt. Es wirkt wie beabsichtigt, wenn hier zwei amerikanische Cellisten gegenübergestellt werden, nämlich Alan Shulman und Charlotte Moorman. Während Shulman auf einem „normalen" Cello spielt, benutzt Mooman das „Nam June Paik TV-Cello": der „Chevalier du Violoncelle" (der Titel wurde Alan Shulman 1997 von der Indiana University verliehen) trifft auf „The Topless Cellist" – hier begegnen sich zwei sehr unterschiedliche Cellowelten.

Die amerikanische Cellistin Charlotte Moorman (1933–1991) begann zunächst eine herkömmliche Konzertkarriere, wurde dann aber eine prominente Vertreterin der Fluxusbewegung und der Performancekunst. Schon lange hatte ich auf eine Biografie von ihr gewartet, denn natürlich hatte ich schon Videos mit ihr von Nam June Paik gesehen; mehrmals hatte ich Fotos von ihren Performances im Zusammenhang mit Josef Beuys wahrgenommen, und nun, 2017, war es endlich soweit: „Topless Cellist" von Joan Rothfuss erschien. Die ausführliche Biografie gibt detailliert Auskunft über Charlotte Moormans Arbeit mit Künstlern wie Nam June Paik, John Cage, Joseph Beuys, Wolf Vostell und Yoko Ono. Bei ihren Auftritten verwendete sie nicht nur ein „normales" Cello, sondern sie spielte auf einem Cello aus Eis, einem in Filz eingenähten Cello, auf Nam June Paiks TV-Cello (einem Cello aus drei Fernsehmonitoren), einem „Human Cello" (auf Nam June Paiks Rücken) und einer großen Bombe. Ihre Auftrittsorte verlagerte sie aus den Konzertsälen hinaus in ungewöhnlichere Umgebungen wie z. B. ein Aquarium (unter Wasser spielend), in eine venezianische Gondel, auf ein Hausdach (sie setzte sich an den Rand des Daches, das Cello an eine Angel gehängt), in die freie Natur (in einen Wald, an den Meeresstrand oder in den New

York Central Park), auf ein wackeliges, lose zusammengezimmertes, mehrere Meter hohes Baugerüst, oder gänzlich in den Luftraum (mit ihrem Cello an Ballons angeseilt durch die Luft schwebend) und in eine schwarzen Kiste (Nam June Paiks „TV Bed", auf Fernsehmonitoren liegend). Ihre Konzertgarderobe vertauschte sie nun immer öfter mit einer durchsichtigen Plastikfolie, einem Fußballtrikot (und einem Motorradhelm), oder sie trat mehr oder weniger nackt auf. Sie trug dann z. B. nur einen einfachen Blumenkranz um den Hals, oder den „TV Bra for Living Sculpture" von Nam June Paik, einen Büstenhalter aus kleinen Fernsehmonitoren, oder kleine Plastikpropeller, die an ihren Brüsten befestigt waren (ebenfalls von Nam June Paik). Für die Nacktauftritte, die sie bei der breiteren Öffentlichkeit unter dem Namen „Die oben ohne Cellistin" (Topless Cellist) bekannt werden ließen, hatte Charlotte Moorman eigens eine Lizenz beantragt, die es ihr erlaubte, als Kabarettkünstlerin aufzutreten.

Abb. 57: Charlotte Moorman – Topless Cellist. Karikatur

Die Videoaufnahmen ihrer Performance Auftritte und manche ihrer Interviews haben auf den Betrachter eine sehr intensive Wirkung und ähneln darin den fast magischen Auftritten von Joseph Beuys. Die sehr sorgfältig verfasste Biografie von Joan Rothfuss reiht nicht nur genau recherchierte Fakten hintereinander, sondern es wird deutlich, wie aus der Fluxusbewegung der 1960er-Jahre mit ihrer Radikalität, ihrer Agilität und durch das Zusammenwirken befreundeter Künstler Moormans völlig neuartige Kunst entstehen konnte. Aus cellistischer Sicht hat sie die Spielpraxis des Cellos bedeutend erweitert und damit Impulse für vieles gegeben, was heute – 50 bis 60 Jahre später – auf den Musik- bzw Kunstevents geboten wird.

Besonders der Aspekt, dass Charlotte Moorman bisweilen fast nackt auftrat, wurde – in „domestizierter" Form, und eigentlich auch missverstanden – für die Entwicklung der Cellopräsentation und des Bildes des modernen Cellisten bzw. der modernen Cellistin in der heutigen Musikwelt wegweisend. Das möchte ich erläutern. Die Entwicklung des Cellospiels könnte man an den drei Stationen 1. Musik/Komposition, 2. Musiker/Interpret und 3. Künstler/Persönlichkeit festmachen. Bis ins 19. Jahrhundert hinein war die Musik, d. h. die Kompositionen, der Kern der musikalischen Darbietung – sei es im Konzert oder sonst wo. Als Folge des Virtuosentums trat dann die Komposition als Hauptbestandteil des Konzertes etwas zurück und der Musiker, der Interpret rückte in den Fokus. Wir sind mit Charlotte Moorman nun an einem Punkt angelangt, wo bei einem Konzert bzw. Auftritt die Musik eigentlich unbedeutend geworden ist und die Persönlichkeit des Künstlers von alleinigem Interesse ist. Dazu passt es, dass der Künstler sich in der letzten Konsequenz nackt präsentiert.

Betreffend ihrer Fluxusauftritte beantwortete Charlotte Morman die Frage: „How can this be music?" mit der Feststellung: „And people constantly ask me if I consider it music. Well, I don't call it music. The only explanation I like is that it is mixed media."

In harmloser Form ist es das, was der Veranstalter und eventuell das Publikum heute auch vom klassischen Musiker erwarten und was der Musiker dann eben anbietet. So erzählen die Interpreten auf ihren Websites, welche seelischen Nöte sie bei der Aufnahme ihres letzten CD-Projektes durchlaufen haben und teilen auf ihrer Facebookseite ihrem Publikum mit, dass sie finden, dass der Himmel vielleicht nur ein bisschen weniger mehr blau ist als eben, dass sie gut geschlafen und gefrühstückt haben und dass sie doch nicht schwanger sind.

Der Grund für diesen Exhibitionismus ist klar. Das Publikum soll den Eindruck gewinnen, dass es ganz unmittelbar an dem musikalischen Wesen – und am Besten am ganzen Wesen, das seinen Stars innewohnt – teilhat. Das Cello passt gut in dieses Bild von diesem „Musikwesen", das in dem Musiker herumgeistert: Es ist quasi die greifbare Visualisierung der Musikerseele.

Es ist nicht allgemein bekannt, dass der große deutsche Künstler-Schamane Josef Beuys während seiner Schulzeit Klavier und Cello lernte. Beuys besuchte das Staatliche Gymnasium in Kleve (heute Freiherr-vom-Stein-Gymnasium); immerhin soll er bei der Aufführung einer Beethoven-Sinfonie an dieser Schule als Cellist mitgewirkt haben. Aus seinem späteren Schaffen ist das Werk „Infiltration-homogen für Cello" aus dem Jahre 1967 für mich so etwas wie eine Reminiszenz an seine Jugendzeit. Es entstand im Zusammenhang mit Beuys' Beteiligung an den Fluxus-Events der 1960er-Jahre und steht speziell für die Zusammenarbeit mit Charlotte Moorman. Die Arbeit „Infiltration-homogen für Cello" besteht aus einem Celloetui, hergestellt aus dem von Beuys so häufig verwendeten Werkstoff Filz. Auf den Filz ist ein leuchtend rotes Kreuz aufgenäht. Durch das formgebende Cello im Inneren der Filzhülle erinnert das Werk an einen weiblichen Torso; in Verbindung mit dem signalhaften roten Kreuz wird die Skulptur ein Aufruf zur Nächstenliebe.

Das wie in einen Schutzmantel eingehüllte, schutzbedürftige Cello nimmt hier symbolisch die Stelle einer humanitären Idee ein, die für Versöhnung und gegenseitiges Verständnis unter den Menschen wirbt.

Zur künstlerischen Beziehung Moorman-Beuys siehe auch „Klang & Skulptur. – Der musikalische Aspekt im Werk von Joseph Beuys" von Mario Kramer (Verlag Jürgen Häuser, Darmstadt 1995), mit umfangreichem Bildteil.

Ausnahmsweise möchte ich auf einen Artikel zu Charlotte Moorman in einer Musikzeitschrift hinweisen. In der Nummer 43 von „MusikTexte" wurde der Aufsatz „Ernst und Hingabe, Die amerikanische Avantgarde-Cellistin Charlotte Moorman" von Gisela Gronemeyer veröffentlicht.

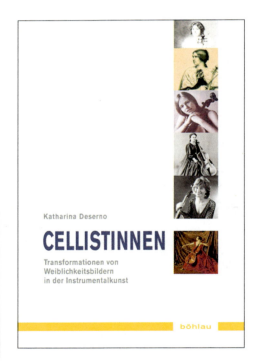

Abb. 58: Katharina Deserno: „Cellistinnen, Transformationen von Weiblichkeit in der Instrumentalkunst" (Böhlau Verlag, Köln/Weimar 2018).

Katharina Deserno: „Cellistinnen, Transformationen von Weiblichkeit in der Instrumentalkunst" (Böhlau Verlag, Köln 2018). Das einst als männlich verstandene und nur von Männern gespielte Violoncello hat wie kaum ein anderes Instrument eine interessante Wandlung durchlaufen. Anhand von Lebensgeschichten erfolgreicher Cellistinnen wie Jacqueline du Pré, Maria Kliegel und Sol Gabetta und weiterer Cellistinnen der Vergangenheit wie Lise Cristiani (1827–1853) und Guilhermina Suggia (1885–1950) analysiert Katharina Deserno einen Transformationsprozess, der das Cello inzwischen zu einem gleichermaßen von Männern und Frauen gespielten Instrument werden ließ. In ihrer Studie stehen also die Biographien von Cristiani, Suggia, du Pré und Sol Gabetta hauptsächlich insofern im Zentrum der Betrachtung, als durch sie die Bedingungen, Zeitumstände und

Möglichkeiten, die für die Karriere dieser Cellistinnen von Bedeutung waren, beleuchtet werden können. Dazu gehörten zum Beispiel die Ausbildungsmöglichkeiten für Musikerinnen, die Rolle der Väter oder die Korrelation zur Frauenbewegung. Als z. B. im Jahre 1844 die französische Cellistin Lise Cristiani es als erste Frau wagte, als Solistin mit dem Violoncello öffentlich aufzutreten, berichtete die Allgemeine Wiener Musikzeitung von dieser Sensation:

„Eine Violoncellistin!!! soll sich in einem Pariser Salon produciren mit Namen Christiani-Barbier und zwar mit großem Beifall – Das sind die Früchte der Frauen-Emanzipation!"

Allein das Spiel der Harfe und des Klaviers galt eben für Frauen als einigermaßen „schicklich". Dessen ungeachtet waren die Konzerte Lise Cristianis Kassenschlager – wobei vielfach nicht die Musik im Zentrum des Interesses lag, sondern Voyeurismus, wie ein Bericht der Berliner Allgemeine musikalische Zeitung zeigt:

„Als sie heraustrat, da richteten sich alle Operngläser und Lorgnons auf die Virtuosin und viele im Hintergrunde des Saales Entfernte stiegen auf die Stühle, um zu sehen, wie eine Dame einen Bass halten könne."

Über das Leben Cristianis gibt es eine Biografie von René de Vries: „Met een cello door Siberie: het avontuurlijke leven van Lise Christiani (1827–1853) en haar Stradivariuscello (1700–heden) („Mit einem Cello durch Sibirien: das abenteuerliche Leben der Lise Christiani (1827–1853) und ihrem Stradivariuscello (1700–heute)"), erschienen im Verlag Elmar BV, Delft 2014, niederländisch.

Es ist auffällig, dass heute selten über die unterschiedlichen künstlerischen Ambitionen – und daraus resultierend die unterschiedlichen Musizierweisen – von Frauen auf der einen und Männern auf der anderen Seite gesprochen wird. Dabei sind die Unterschiede eminent. Ich meine damit nicht den Allgemeinplatz vom „männlichen, kraftvollen Spiel" und dem „weiblichen, gesanglichen, sanften und eher leisen Spiel", sondern das unterschiedliche „Musikwollen". Diese originelle Wortschöpfung vom „Musikwollen" habe ich vor Jahren einmal bei einem Vortrag über moderne Kompositionstechniken gehört. Ich finde, dass es die Sache, um die es mir hier geht, gut beschreibt. Ich kann aber verstehen, dass dieses brisante Thema gemieden wird, denn das ist ein sehr gefährliches Terrain, sozusagen „heißes Eisen". Man würde es sich jedoch zu einfach machen, wenn man diese Unterschiede ignorierte, denn sie haben einen direkten Effekt auf die Musikkultur von heute.

Katharina Deserno streift in ihrem Buch die Thematik nur und kommt auch nicht direkt auf ihre Bedeutung für die gegenwärtige, vielfach im U-Musikbereich angesiedelte Cellomusik zu sprechen. In einem längeren Telefongespräch unterhielten wir uns unter anderem über diese Problematik, und sie schilderte mir ihren Ansatzpunkt:

„Ich habe mich in meiner Arbeit auf Solocellistinnen der ersten und zweiten Generation und ihrer Nachfolgerinnen konzentriert. Die Biografie von Lise Cristiani steht dabei am Anfang. Sie war – soweit wir wissen – die erste Frau, die öffentlich als Konzertcellistin auftrat, ich nehme jetzt mal die Barockzeit heraus. Danach folgte Guilhermina Suggia, die ja eine Zeit lang mit Casals zusammenlebte. Bei Jacqueline du Pré sah das alles schon ganz anders aus. Sie hatte nicht mehr mit den Problemen zu kämpfen wie ihre Vorgängerinnen. Die Fragestellung, ‚Wie sieht es heute aus?', wird durch mein Buch nur angeregt und zur Diskussion gestellt. Der Leser wird dadurch zu eigener Forschung aufgefordert."

Musikerinnen wie Lise Cristiani und Guilhermina Suggia haben den Weg für spätere Cellistinnen-Generationen geebnet, und man darf gespannt sein, wie es weitergeht. Denn fast jährlich tauchen neue begabte Cellistinnen auf den Konzertpodien auf. Und eine Fortsetzung der sich wandelnden Instrumentalkunst auf dem Cello ist ja z. B. auch die chinesisch-amerikanische E-Cellistin Tina Guo (geb. 1985), hinter der inzwischen eine ganze Industrie steht (Guo Industries Limited) und „White Cello", hinter dem sich die Schweizer Cellistin Liz Schneider verbirgt.

Abb. 59: Hinter dem Namen „White Cello" verbirgt sich die Schweizer Cellistin Liz Schneider. Foto: Gerhard Merzeder.

Katharina Deserno studierte Violoncello bei Maria Kliegel, Gerhard Mantel und Philipp Muller. Ab 2008 unterrichtete sie an der Hochschule für Musik und Tanz Köln, seit 2015 ist sie Professorin an der Hochschule für Musik und Darstellende Kunst Frankfurt. Ihr Instrument ist ein italienisches Violoncello von Carlo Antonio Testore aus dem Jahr 1712, das ihr von einem Mäzen als Leihgabe zur Verfügung gestellt wird.

Die nächsten Buchveröffentlichungen stammen von zwei „Cello-Kabarettisten". Oben war schon die Rede von dem französischen Filmschauspieler und Kabarettisten Maurice Baquet und seinem Buch „Ballade pour violoncelle et chambre noire", einem Gemeinschaftswerk mit dem Fotografen Robert Doisneau. Die beiden deutschsprachigen Autoren Franz Hohler und Matthias Deutschmann verwenden ebenfalls für ihre Kabarettprogramme das Cello, um sich bei ihren Auftritten selber zu begleiten.

Der Schweizer Schriftsteller, Kabarettist und Liedermacher Franz Hohler wurde 1943 in Biel geboren. Franz Hohler ist ein sehr produktiver Autor: Neben 44 Buchveröffentlichungen, darunter Geschichten, Erzählungen, Gedichte und Interviews, schrieb er 25 Kinderbücher, zahlreiche Kabarettprogramme und Theaterstücke. Außerdem verfasste er Film- und TV-Scripts, veröffentlichte 25 Langspielplatten und CDs sowie 15 Hörbücher, neun davon für Kinder. Die CD-Produktionen „Bedingungen für die Nahrungsaufnahme" (Verlag Wagenbach, 2001) und „52 Wanderungen" (Label Zytglogge, 2005) sind jeweils „gelesen und mit Cello begleitet vom Autor". 1970 erschien die Langspielplatte „Celloballaden" bei CBS mit acht Tracks (darunter „Die Ballade vom Computer PX" und „Die Macht der Musik").

Die Texte seiner Kabarettprogramme mit dem Cello sind in den beiden Büchern „Das Kabarettbuch" und „Drachenjagen – Das neue Kabarettbuch" zusammengefasst. Sie erschienen 1987 und 1996 beide bei Luchterhand, München. Für Hohlers „Celloballaden" ist der Wechsel zwischen politischem Engagement und reiner Fabulierlust charakteristisch. Ausgehend von genauen Alltagsbeobachtungen kippt die Darstellung unversehens ins Absurde. In „Das Kabarettbuch" sind die handschriftlichen Notenpartituren (Text und Cellostimme) von mehreren Celloballaden als Faksimile abgedruckt (z. B. „Die Macht der Musik").

In einigen seiner Programme spielt Franz Hohler übrigens ein celloähnliches Instrument, das er auf einfachste Art aus Verpackungskisten selber zusammengebaut hat, wie der Film „Ich hab es selber gemacht" von 1976 zeigt (siehe YouTube).

In mehreren Texten erzählt Franz Hohler von seinem Cello oder Dingen, die mit dem Cellospiel zusammenhängen. Da ist z. B. die kurze Erzählung „Der Vater meiner Mutter" (aus: „Das Ende eines ganz normalen Tages", Luchterhand Verlag). Hohler beschreibt darin, wie das Cello, auf dem er seit jeher spielt, entstanden ist.

Der zweite Text stammt aus der Gedichtsammlung „Alt?" (Luchterhand Verlag, 2017). Es ist das Gedicht „Mein Dank geht an…" und ist an Anna Magdalena Bach gerichtet. Sie fragen sich, wofür sich Franz Hohler bei ihr bedankt? Nun…

Abb. 60: Der Schweizer Schriftsteller, Kabarettist und Liedermacher Franz Hohler bei einem Auftritt im Rahmen eines Festivals an der Zürcher Bahnhofstrasse (Anfang 1970er-Jahre).

Franz Hohler lebt heute in Zürich und gilt als einer der bedeutendsten Erzähler der Schweiz. Während der Entstehung dieses Buches haben wir eine Reihe von E-Mails ausgetauscht. Das führte schließlich dazu, dass Franz Hohler mir die Erlaubnis dazu erteilte, seine Erzählung „Der Vater meiner Mutter" hier wiederzugeben. Ich bin ihm dafür sehr dankbar! Sie finden sie im Anhang.

Matthias Deutschmann: „Noch nicht reif und schon faul" (Verlag Orell Füssli, 2014). Der Cellist und Kabarettist Matthias Deutschmann, geboren 1958, zählt zu den renommiertesten Vertretern des politischen Kabaretts. Seine diversen Soloprogramme wurden von verschiedenen Fernsehsendern aufgezeichnet, seit 1993 ist er regelmäßiger Gast in den „Kölner Mitternachtsspitzen" des WDR. Das, was für Hans Dieter Hüsch seine Orgel war, ist für Matthias Deutschmann das Cello. Mit ihm als Erkennungszeichen kombiniert er seit 30 Jahren seine bissigen Bemerkungen zur deutschen Politik mit Musik. Es entstehen kabarettistische Kabinettstückchen, die uns die bizarre Welt von uns Deutschen vor Augen halten soll.

In seinem Buch „Noch nicht reif und schon faul" geht es dementsprechend um „Einigkeit und recht viel Freizeit, faschistoide Einbauküchen, das Rentengewölbe und was sonst noch in Deutschland „alles faul ist".

Schon im Jahre 1986 erschien Deutschmanns Buch „Hitler on the rocks: Vierzehn deutsche Etüden" im ça-ira-Verlag, und von 2019 ist „Hitler hilft immer, 33 Schüsse aufs Brandenburger Tor" (Edition Tiamat).

Die britischen Kabarettistin Rebecca Carrington, geboren 1971, begann im Alter von sechs Jahren mit dem Cellospiel und studierte dann am Royal Northern College of Music, Manchester und an der Rice University in Houston, Texas. Sie spielte zunächst als rein klassische Cellistin in Orchestern wie dem London Symphony Orchestra, dem London Philharmonic Orchestra, dem Royal Philharmonic Orchestra, dem Philharmonia Orchestra und dem BBC Symphony Orchestra. Peu à peu begann sie mit ersten Auftritten als Musik-Komikerin, mit denen sie inzwischen auf der ganzen Welt die größten Erfolge feiert. In ihren Shows tritt sie sowohl solo, d. h. natürlich zusammen mit „Joe", ihrem Cello auf, als auch mit ihrem Lebensgefährten und Bühnenpartner Colin Brown. Von ihren Programmen gibt es inzwischen eine riesige Menge an YouTube-Clips, aber auch CDs und die DVDs „Carrington – Brown – Me & My

Abb. 61: Der Cellist und Kabarettist Matthias Deutschmann, 2013.
Foto: Anja Limbrunner.

Cello" (2009) und „Lumberjack Big Band featuring Carrington-Brown", Big Band meets Comedy – live (2010).

Rebecca Carrington spielt während ihrer Auftritte nicht nur auf dem Cello, sondern spricht und singt mit ihrer sehr wandlungsfähigen Stimme auf pointierte Art über die Sprache und die Besonderheiten anderer Kulturen und interpretiert Lieder und Songs der verschiedensten Musikstile. Sie spricht außer englisch auch die Sprachen Deutsch, Französisch und Italienisch, was ihr einen unmittelbaren Zugang zum Publikum erlaubt. Ihr Programm lebt von ihrer temperamentvollen, einnehmenden Persönlichkeit und ihrer überschäumenden Energie.

Abb. 62: Die britische Cello-Kabarettistin Rebecca Carrington.

Ich möchte hier noch einen Cellisten nennen, der sich bei manchen seiner Auftritte Cello spielend und dabei Texte deklamierend auf der Bühne sehr frei bewegt. Es handelt sich um den US-amerikanischen Cellisten Rushad Eggleston (geb. 1979), der sich selbst als als „Cello Goblin" bezeichnet, als Raumkapitän, „using his cello as a spacecraft". Das deutsche Publikum hatte 2018 Gelegenheit, die außergewöhnliche Kunst Rushad Egglestons während des 24th Annual New Directions Cello Festivals kennenzulernen, das man zum ersten Mal in seiner Festivalgeschichte von New York nach Köln verlegt hatte. Angetan mit einer Kleidung, die entfernt an einen mittelalterlichen Spielmann erinnerte, konnten die Besucher des Festivals Eggleston bei einem energiegeladenen Soloauftritt im großen Sendesaal des WDR erleben, wie er sich selbst auf dem Cello begleitend und dabei Texte in seiner selbst erfundenen Sprache rezitierend über die Stuhlreihen sprang.

Leider gibt es bisher nur wenige schriftliche Aufzeichnungen seiner Texte, jedoch findet sich eine Transkription auf seiner YouTube-Seite begleitend zu einem Video, das auch seine stark perkussive und hauptsächlich durch wenige Akkorde geprägte Art der Begleitung zeigt. Einen weiteren Eindruck kann man von dem folgenden Text erhalten, der als Ankündigung des Auftritts Egglestons beim New Directions Cello Festival gedacht war und der in Egglestons Sprache „Sneth" verfasst ist: „Binsnithio blynnegax thuberon … manskiolotas fwyoblanginate trummux, insnarthio vuuluévitch m'skolkiagandros dwezzomine", was wiederum ungefähr so übersetzt werden kann: „gransurisiness volointinusuras brindzle."

„Photobook – Apocalyptica", englisch, 184 Seiten. Die finnische Band Apocalyptica bestand zur Zeit ihrer Gründung aus vier Cellisten, die Metalmusik auf dem Violoncello spielten. Mit den Interpretationen von Stücken ihrer Lieblingsband Metallica wurden sie schnell bekannt, und so entstand 1996 das Album „Apocalyptica Plays Metallica By Four Cellos". Seitdem hat Apokalyptica verschiedene neue Wege beschritten, eine große Anzahl von Eigenkompositionen geschaffen und für manche CD- und DVD-Produktionen Gastmusiker eingeladen. Doch es bleibt zum Glück noch immer die Cellorock-Band mit dem honorigen Anspruch: „Sind wir zu laut genug?"

In der Welt der Streichinstrumente ist es üblich, die berühmtesten Instrumente nach dem bekanntesten Vorbesitzer zu benennen. So gibt es das „Romberg"-Cello, das „Mara", das „Baron Rothschild" usw. Diesem Beispiel folgend haben die Mitglieder von Apocalyptica ihre Instrumente ebenfalls mit sprechenden Namen belegt. So lesen wir im Booklet der zweiten Album-Veröffentlichung „Inquisition Symphony" von 1998 unter den Namen der Musiker auch die Kosenamen für ihre Celli:
- Eicca Toppinen: Cello Terzi Antivarius „Sleeping Death" und Benedikt Lang „Killer Bass"
- Antero Manninen: Cello Giuseppe Pedrazzini „Il Duce"

Abb. 63: „Pretty Jester" Rushad Eggleston.

- Paavo Lötjönen: Cello Gulbrandt Enger „My Belle"
- Max Lilja: Cello Luis Guerzan „Black Rose" und Roderich Paesold „Black Birdie"

2011 wurde von der Band in Eigenregie das Buch „Photobook – Apocalyptica" herausgebracht. Der Fotograf für das Projekt ist Ville Akseli Juurikkala (geb. 1980), der auch mit Bands wie HIM und Nightwish gearbeitet hat. Das Buch zeigt Bilder, die während der live-Performances entstanden sind. Des Weiteren dokumentieren Momentaufnahmen aus dem Backstagebereich und Fotos, die während der Tour entstanden sind, die Arbeit der vier Cellisten. Ville Akseli Juurikkala stellte die Aufnahmen in einer Reihenfolge zusammen, die auf ungezwungene Art den Ablauf einer „typischen" Apocalyptica-Tournee bildhaft erzählen soll. Die Fotos seien in keiner Weise gestellt, das betonen sowohl die Mitglieder der Band Apocalyptica wie auch Ville Juurikkala. Juurikkalas Erläuterungen zu seiner Arbeitsweise hört sich ungefähr so an:

> „Wenn ich mit anderen Bands arbeite, gebe ich ständig Anweisungen wie: ‚Geh du mal dahin, und du dorthin. Mach jetzt mal das, mach mal dies'. Aber bei den Jungs von Apocalyptica ist das hopeless und auch unnötig. Ich denke sowieso jeden Augenblick: ‚Warum hast du schon wieder die Kamera nicht dabei.' Denn bei ihnen passiert ständig etwas Verrücktes."

Apocalyptica ist nicht die erste Band, bei der das Cello eine wesentliche Rolle spielt. In den 1970er-Jahren wurde die britische Rockband Electric Light Orchestra (ELO)

Abb. 64: Die finnische Band „Apocalyptica", Fotograf: Ville Juurikkala.

gegründet, in der der Einsatz klassischer Instrumente, besonders des Cellos, maßgeblich die musikalische Arbeit bestimmte. Nacheinander spielten bei ELO die Cellisten Roy Wood (bis 1972, auch Gesang, Gitarre und E-Bass), Andy Craig (1972), Hugh McDowell (1972, 1973–1980), der inzwischen verstorbene Michael Edwards (1972–1975), Colin Walker (1972–1973), Melvyn Gale (1975–1980), Peggy Baldwin (2001), Sarah O'Brien (2001), Amy Langley (seit 2016), Jess Cox (seit 2016).

Über ELO und einzelne Mitglieder gibt es eine ganze Anzahl interessanter Bücher, zwei davon sind „The Electric Light Orchestra Story" (Mushroom Publishing, 1980) von Bev Bewan, und „Unexpected Messages – The Story Of The Electric Light Orchestra" (Verlag Face The Music Germany, Villingen 1996) des Autorenteams Patrik Guttenbacher, Marc Haines und Alexander von Petersdorff.

Luigi Boccherini und Jacques Offenbach

Es gibt nur wenige Musiker, die zunächst echte Cellovirtuosen waren und die dann später als Komponisten berühmt wurden. Die bekanntesten sind Luigi Boccherini und Jacques Offenbach. Beide hielt es nicht in ihrer Heimat: Boccherini wurde im italienischen Lucca geboren und verbrachte den größten Teil seines Lebens in Madrid. Der in Köln geborene Offenbach wählte als neue Heimat die Metropole Paris aus. Es gibt noch eine Ähnlichkeit zwischen den beiden Komponisten: Es wurde ihnen nachgesagt, ihre Musik sei dem Wesen nach Mozarts Musik ähnlich. Casals sprach vom „mozartischen Gemüt" Boccherinis, und Offenbach wurde als der „Mozart der Champs-Élysées" bezeichnet.

Ich möchte hier noch einen dritten Cellisten-Komponisten nennen, dessen Werk in den letzten Jahren immer mehr erforscht wird, und zwar ist das der aus Venedig stammende Antonio Caldara (1670–1736). Caldara wirkte als Kapellmeister in Venedig, Mantua, Rom und Wien. Er hat ein 3 400 Kompositionen umfassendes Werk hinterlassen, vor allem im Bereich der Vokalmusik, darunter sind aber auch mehr als 80 Opern, 43 Oratorien, etwa 150 Messen, Serenaden, Kantaten und Sinfonien sowie Kammermusik. Für das Cello schrieb er 17 Cellosonaten und ein Cellokonzert, das dem Grafen Rudolf Franz Erwein von Schönborn zu Wiesentheid gewidmet ist (1735).

Über Antonio Caldara gibt es eine ganze Reihe von Einträgen und Notizen in biografischen Lexika und das Buch „Antonio Caldara: sein Leben und seine venezianisch-römischen Oratorien" von Ursula Kirkendale (Böhlau, Graz, Köln 1966), Inhalt: I. Das Leben, II. Bibliographie der Oratorien, III. Die venizianisch-römischen Oratorien – also leider nicht sehr viel über ihn als Cellisten.

Nun aber zu Babette Kaiserkerns Buch: „Luigi Boccherini: Musica Facet Amorem. Leben und Werk des Luigi Boccherini" (Weimarer Verlagsgesellschaft, 2014).

1768 ließ sich Luigi Boccherini nach mehreren Konzertreisen in Madrid nieder, wo er zunächst für den spanischen Hof tätig war. Ab 1787 war er zugleich Preußischer Hofcompositeur – für Babette Kaiserkern ein Anlass, ein lebendiges Bild von der elfjährigen Regentschaft Friedrich Wilhelms zu zeichnen. Eine persönliche Begegnung Boccherinis mit dem Preußenkönig Friedrich Wilhelm II. ist nicht bezeugt, doch die Beiden teilten immerhin die Leidenschaft für das Violoncello. So schickte der Komponist seine Kammermusik regelmäßig per Pferdepost nach Potsdam, wo sie dann bei

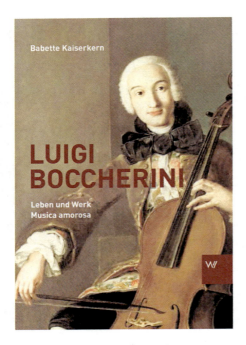

Abb. 65: Babette Kaiserkern: „Luigi Boccherini: Musica Facet Amorem. Leben und Werk des Luigi Boccherini" (Weimarer Verlagsgesellschaft, 2014).

den allabendlichen Konzerten im holzgetäfelten Palmensaal der Orangerie bei exzellenter Akustik aufgeführt wurde – unter Mitwirkung des Königs als Cellist.

In Kaiserkerns Buch wechseln sich Kapitel mit biografischen Informationen mit Abschnitten ab, die sich mit Boccherinis Werk beschäftigen. Im Mittelpunkt seines Schaffens steht ohne Zweifel die Kammermusik für Streicher: 42 Streichtrios, 91 Streichquartette, 110 Streichquintette mit zwei Celli, fünfzehn Streichquintette, sechs Streichsextette sprechen für sich. Außerdem gibt es von ihm 27 Sinfonien, Notturni, ein Stabat mater, 15 Konzertarien und weitere Werke. Für sein Instrument, das Cello, schrieb er zwölf Cellokonzerte und ca. 40 Cellosonaten für seine eigene Konzerttätigkeit als Cellovirtuose. Er gilt als ein Pionier des modernen Cellospiels; besonders in Bezug auf die Technik hat er die Ausdrucksmöglichkeiten seines Instruments beträchtlich erweitert.

Am Ende ihres Buches geht Kaiserkern der Frage nach, warum der zu seiner Zeit so bekannte Komponist nach seinem Tode so schnell in Vergessenheit geraten konnte und zählt dafür mögliche Gründe auf. Zum einen sei Boccherinis liebliche, subtile Musik für die immer größer werdenden Konzertsäle zu empfindlich und käme somit kaum noch zur Geltung. Zum anderen passe ein an der Wiener Klassik ausgerichteter Maßstab nicht auf einen Komponisten, dem es kaum um strenge thematische Arbeit, sondern um das Auskosten von Stimmungen ging.

In einem Brief an Marie-Joseph Chénier vom 8. Juli 1799 schreibt Boccherini: „So bene che la Musica è fatta per parlare al cuore dell'huomo, ed a questo m'ingegno di arrivare se posso: la Musica senza affetti, e Passioni, è insignificante."

(„Ich weiß gut, dass die Musik dazu dient, zum Herzen des Menschen zu sprechen, und das versuche ich zu erreichen, wenn ich kann. Die Musik ohne Affekte und Leidenschaften ist bedeutungslos." Zitiert nach Remigio Coli: Luigi Boccherini. La vita e le opere. Maria Pacini Fazzi Editore, Lucca 2005)

Seltsamerweise kam es in Bezug auf Boccherinis Werk erst in den letzten Jahren wieder zu einer verstärkten wissenschaftlichen Aufmerksamkeit, und auch im Konzertsaal stehen seine Werke öfter wieder auf den Programmen. Tatsächlich ist Babette Kaiserkerns Biografie jedoch die erste große Veröffentlichung über Luigi Boccherini in deutscher Sprache. Sie nimmt darin die Ergebnisse der neuesten Forschung von zahlreichen Kongressen aus Europa und den USA (Stanford University) auf.

Das Cover des Buchs ist mit einem Ausschnitt aus dem sehr lebendigen Porträt Boccherinis gestaltet worden, das von einem anonymen Maler stammt. Die frühere Vermutung, dass es von Pompeo Batoni stammen könnte, hat sich als vermutlich falsch herausgestellt. Das Gemälde befindet sich heute in der National Gallery of Victoria, Melbourne. Im Internet kann man mehrere wirklich interessante Untersuchungen über das Bild lesen, die sehr lohnenswert sind. Besonders möchte ich auf die sehr ausführliche Schrift von Mark D. Shepheard „'Will the Real Boccherini Please Stand Up' – New Light on an Eighteenth-Century Portrait in the National Gallery of Victoria" hinweisen. Natürlich geht es zunächst um die physische Ähnlichkeit der Gesichtes des Dargestellten mit verbürgten Abbildungen Boccherinis. Aber außerdem untersucht Shepheard das Gemälde auf weitere Hinweise hin, die Auskunft auf den Maler, die Herkunft des Gemäldes usw geben können. Wie gesagt, es lohnt sich wirklich, sich mit dem Artikel zu befassen. Auf der Seite gibt es zusätzlich unzählige Querverweise auf weitere Artikel zu dem Gemälde und Boccherini.

Natürlich sind auch schon in der Vergangenheit immer wieder Vorstöße unternommen worden, der Musik Boccherinis wieder einen dauerhafteren Platz im Konzertleben einzuräumen und damit einem breiteren Publikum zugänglich zu machen. Der ukrainische Cellist Dimitry Markevitch (1923–2002) berichtet z. B., schon seinem Lehrer Gregor Piatigorski sei es unangenehm aufgefallen, dass die einzigen populären Werke Boccherinis das bekannte Minuet und das Cellokonzert B-Dur, noch dazu in der romantischen Bearbeitung Grützmacher, seien. Um diesen Umstand zu ändern, ließ Piatigorski auf eigene Kosten von dem französischen Musikwissenschaftler Yves Gerard ein Verzeichnis mit den Werken Boccherinis zusammenstellen. Dieser 700 Seiten umfassende Katalog ist gewissermaßen das „Koechelverzeichnis Boccherinis" und nennt 600 Kompositionen. Doch nicht genug damit, Piatigorski überredete auch noch seine Schwiegermutter, die Baroness Germaine de Rothschild, eine Biografie über Boccherini zu schreiben. Diese Biografie erschien unter dem Titel „Sa vie, son œuvre" 1962 in Paris.

* * *

2019 war das Offenbach-Jahr, und man hat hier in Köln viel getan, um den 200. Geburtstag des Sohnes der Stadt würdig und ausgiebig zu feiern. Unter dem Motto „YES WE CANCAN" ehrte seine Heimatstadt den Komponisten und Erfinder der

Abb. 66: Künstlerisch gestaltete „Offenbach-Bahn" der Kölner Verkehrs-Betriebe (KVB) zum Offenbach-Jahr, Köln 2019.

modernen Operette mit etlichen Veranstaltungen. Der Medienrummel war beträchtlich; es gab sogar eine U-Bahn, die mit seinem Konterfei beklebt war. Hauptinitiator der mit Konzerten und Podiumsdiskussionen angefüllten Festlichkeiten war wohl die Offenbach-Gesellschaft (gegründet 2015). Ein Wermutstropfen war, dass es in der Stadt Köln seit einiger Zeit kein echtes Opernhaus mehr gibt; eine Wiedereröffnung nach der Sanierung wird wohl noch auf sich warten lassen. Es wird schon darüber spekuliert, ob die Oper Köln die Milliarden-Marke knackt – unglaublich. Die Ausweichquartiere – Hauptspielort ist das Staatenhaus im Rheinpark – bieten zum Teil interessante Möglichkeiten, jedoch ist wohl klar, dass das Lösungen sind, die aus der Not geboren sind.

Naturgemäß gab es schon vorher immer wieder unterschiedliche Gelegenheiten, das Andenken an Jacques Offenbach zu pflegen. So gab das Nachrichtenamt der Stadt Köln 1969 das Heft „Jacques Offenbach, Genie der Heiterkeit" mit folgender Widmung heraus:

„1969 jährte sich zum 150. Mal der Geburtstag von Jacques Offenbach. 1970 ist sein 90. Todestag. Diese Daten sind der Stadt Köln Anlass, ihres großen Sohnes mit dieser Schrift zu gedenken."

Der Text mit einem biographischen Essay wurde von Sonja Luyken verfasst. Bei der gleichen Gelegenheit veranstaltete das Historische Archiv der Stadt Köln im Opernhaus eine Ausstellung, zu der ein kleines Katalogheft erschien. Es wurden vor allem die deutschsprachigen Briefe Offenbachs vorgestellt, die auch in dem Katalog abgedruckt sind und die Zeugnis von seiner Liebe zu seinen Eltern ablegen und ihn in seiner Rolle als Vater einer siebenköpfigen Familie zeigen. Leider gibt es darin keine Abbildungen (Zusammenstellung der Ausstellung und Bearbeitung des Kataloges: Anna-Dorothee van den Brincken). Übrigens gab es 1980, zum 100. Todestag, wieder eine Ausstellung des Historischen Archivs der Stadt Köln zu Offenbach, die in Köln und im Kursaalgebäude von Bad Ems zu sehen war, und wieder gab es einen Katalog: „Jacques Offenbach, Schauplätze eines Musikerlebens" (Ausstellungsplanung und Katalog von Dr. Gertrud Wegener). Das Historische Archiv in der Severinstraße stürzte ja bekanntlich am 3. März 2009 ein. Ich weiß leider nicht, ob die Archivalien zu Offenbach – oder Teile davon – betroffen sind.

Bisher gibt es kein Buch, das Jacques Offenbach in der Hauptsache als Cellisten vorstellt. Das ist schade, doch bis zu einem gewissen Grade bietet sich Peter Hawigs Buch „Offenbach. Facetten zu Leben und Werk" (Verlag Dohr, Köln 1999) als Ersatz an. In Kapitel 2 „Das Werk" wird in den beiden Abschnitten „Der ‚Liszt des Violoncellos'" und „Verkleidete Klassik, Offenbachs Militärkonzert für Violoncello und Orchester" Offenbachs Cellistenkarriere nachgegangen, und seine wichtigsten Werke für Violoncello werden besprochen: die Celloduos op. 52, „Die Tränen der Jacqueline", die bekannte Musette und das Grand Concerto G-Dur für Cello und Orchester.

Zumindest erwähnen möchte ich hier die unveröffentlichte Arbeit zu Jacques Offenbach als Cellist: Fabienne Ringenbach: „Offenbach violoncelliste. Mémoire de maîtrise" (Université de Paris IV – Sorbonne, Novembre 1982, masch., 130 Seiten, französisch), die ich selbst bisher noch nicht einsehen konnte.

Es würde sich jedoch lohnen, seine Celloschule, besser gesagt den Cellolehrgang für Celloduo, einmal richtig auszuwerten: Zwischen 1839 und 1855 wurde der „Cours méthodique de duos pour deux violoncelles, divisé en 6 volumes" (op. 49 bis op. 54) veröffentlicht, mit stark ansteigendem Schwierigkeitsgrad von „Lettre A" bis „Lettre F". Eine für den Cellounterricht edierte Ausgabe mit Spielanweisungen, Kommentaren, vielleicht sogar speziellen vorbereitenden Übungen usw. gibt es bisher noch nicht.

Dem virtuosen Anspruch der meisten seiner Cellokompositionen und Berichten von Zeitgenossen kann man entnehmen, dass Offenbach in der Tat ein wahrer „Liszt des Violoncellos" gewesen ist. Vielsagend ist, dass der 14-jährige Jacques Offenbach 1833 die Aufnahmeprüfung des Conservatoire national de musique et de déclamation, Paris, bestand, obwohl diese Einrichtung Ausländern damals nicht offenstand.

Selbst Franz Liszt wurde wegen dieser Klausel vom damaligen Direktor Luigi Cherubini abgelehnt.

Friedrich von Flotow, aus einer mecklenburgischen Adelsfamilie entstammend, studierte zur gleichen Zeit in Paris. Er nahm sich des jungen Jacques an und führte ihn in die gehobenen Kreise ein. Gemeinsam komponierten sie einige Romanzen und trugen sie mit Erfolg in den einflussreichen Salons vor.

Abb. 67: Jacques Offenbach (1819–1880) als junger Cellovirtuose, ca. 1840. Zeichnung von Alexandre Laemlein.

Obwohl also wie gesagt bisher kein Buch mit dem Titel „Der Cellist Jacques Offenbach" geschrieben wurde, gibt es aber natürlich trotzdem eine riesige Menge Bücher über ihn. Einige wenige möchte ich nennen. Da sind zunächst die „Beiträge zur Offenbachforschung", die ebenfalls im Verlag Dohr erschienen sind. Außerdem die Klassiker:

Siegfried Kracauers „Jacques Offenbach und das Paris seiner Zeit". Das Buch erschien erstmalig 1937 in Amsterdam. Seither hat es eine Vielzahl von Neuausgaben gegeben, wobei die verschiedenen Herausgeber es sich nicht nehmen ließen, das Buch mit zum Teil sehr materialreichen Anhängen zu versehen. Der interessierte Leser sollte sich vor dem Kauf des Buches wirklich die Mühe machen, die sich erheblich voneinander unterscheidenden Ausgaben miteinander zu vergleichen.

Kracauer verbindet die Biografie Offenbachs sehr geschickt mit der Schilderung des Durchbruchs der Moderne unter Louis Philippe (1830–1848) und dann der Gesellschaft des Zweiten Kaiserreichs (1852–1870). Es ist auch eine Huldigung an die Weltstadt Paris mit ihren musikalischen Salons, Cafes, Theatern und Boulevards, ihren Malern, Schriftstellern und eben ihren Komponisten und Musikern. Es ist auch die Zeit der technischen Erfindungen und des Aufstiegs des Finanzkapitals. In diesem dynamischen Umfeld wird schließlich die Operette geboren, und es wirkt seltsam anachronistisch, wenn man liest, dass Rossini der Eröffnung der Bouffes-Parisiens als Ehrengast beiwohnte. Er soll sich übrigens prächtig unterhalten haben.

Otto Schneidereit: Die zwei zusammengehörenden Offenbach-Romane „Der Orpheus von Paris" und „Tödlicher Cancan". Der Regisseur und Musikschriftsteller

Otto Schneidereit (1915–1978) war der führende Spezialist für gehobene Unterhaltungsmusik und Operette der DDR. Als Chefdramaturg des Metropoltheaters Berlin beeinflusste er die Entwicklung des heiteren Musiktheaters sozialistischer Prägung.

Des Weiteren:
- Jacques Brindejont-Offenbach: „Mein Großvater Offenbach" (Henschelverlag, Berlin 1967).
- „Jacques Offenbach – Komponist und Weltbürger, Ein Symposion in Offenbach am Main", aus der Reihe „Beiträge zur Mittelrheinischen Musikgeschichte", Nr. 26, herausgegeben von Winfried Kirsch und Ronny Dietrich (Schott, 1980).
- rororo bildmonographie „Offenbach" von P. Walter Jacob (Rowohlt Taschenbuch Verlag, Reinbek bei Hamburg 1969).

Auf eine neue Buchveröffentlichung von 2018 möchte ich besonders zu sprechen kommen. Es ist das Buch „Jacques Offenbach: Meister des Vergnügens" von Heiko Schon (Regionalia Verlag, Rheinbach 2018). Das Buch ist nicht wie eine klassische Biografie aufgebaut, sondern in 16 Kapitel gegliedert, die den einzelnen Karrierestationen Offenbachs als Cellist, Salonmusiker, Theatergründer, Komponist und Schöpfer der sog. Offenbachiaden folgen. Die Kapitel heißen z. B. „Entdeckung des Cellos", „Spuren am Rhein", „Offenbach, der Salonlöwe", „Offenbach und die Frauen", „Jacques Offenbach und der Schwips", „Jacques Offenbach und die Travestie", „Jacques Offenbach und der Wahnsinn der Beine", „Jacques Offenbach à la carte" und „Offenbach und das offene Ende". In dem wichtigen Kapitel „Jacques Offenbach und die singende, klingende Synagoge" untersucht Heiko Schon die Chinoiserie musicale „Ba-ta-clan". „Ba-ta-clan" war auch die Namensgeberin für das Pariser Vergnügungsetablissement mit einem Tanzsaal im Obergeschoss, in dem Vaudeville-Komödien und Konzerte aufgeführt wurden. Am 13. November 2015 erlangte der Veran-

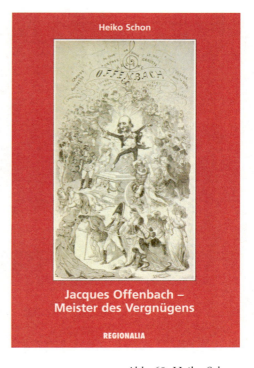

Abb. 68: Heiko Schon: „Jacques Offenbach: Meister des Vergnügens" (Regionalia Verlag, Rheinbach 2018).

staltungsort durch einen Terroranschlag der Dschihadistenorganisation „Islamischer Staat" weltweit traurige Berühmtheit. Der Anschlag fand während eines Konzertes statt, und allein im Konzertsaal des Bataclan wurden von den Terroristen 89 Menschen ermordet, 39 Menschen wurden in den Cafés und Restaurants in der Nachbarschaft umgebracht. Am 12. November 2016, also ein Jahr später, wurde das Bataclan mit einem Konzert von Sting wiedereröffnet. Zu Beginn des Konzertes wandte sich Sting mit einer kurzen Ansprache an das Publikum: „Heute Abend haben wir zwei Aufgaben in Einklang zu bringen: Zunächst jener zu gedenken, die ihr Leben bei dem Anschlag verloren haben, und dann, das Leben und die Musik an diesem historischen Ort zu feiern."

In Heiko Schons Buch über Offenbach besticht die beschwingte und leichte, mitunter witzige Erzählweise des Autors. Sie entspricht damit in vorzüglicher Weise einem Buch über Jacques Offenbach, den „Meister des Vergnügens". Doch Heiko Schon verschweigt nicht die zweite, politische Komponente von Offenbachs Werken, mit denen er dem Paris des Zweiten Kaiserreichs mit Spott und Parodie einen Spiegel vorhielt.

Abb. 69: Jacques Offenbach, Karikatur von einem anonymen Zeichner.

Es gibt übrigens eine interessante Anekdote über Offenbach, die Max Bruch in seinen „Jugenderinnerungen" erzählt:

„Eines Tages erschien auch ein kleiner beweglicher Geschäftsmann (!) mit einem lang aufgeschossenen Knaben in der Amtsstube des Vaters und sagte: ‚Erlauben Sie mir, verehrtester Herr Rat, Ihnen meinen Sohn vorzustellen, er spielt sehr schön Cello – ein großes Talent – jetzt soll er nach Paris!' Dieser Junge war Jacques

Offenbach, der später durch einige niedliche und verschiedene weniger schöne Operetten eine Berühmtheit besonderer Art errungen hatte."

Max Bruch (1838–1920) wurde in Köln geboren und sein Elternhaus, das sogenannte Richmodis-Haus, steht heute noch. Es befindet sich in unmittelbarer Nähe des Neumarktes und ist gegenüber damals natürlich stark verändert. Auf der anderen Seite des Neumarktes, ein bisschen die Straße hinunter, im Großen Griechenmarkt 1, wurde Jacques Offenbach geboren. An die Geburtshäuser beider Komponisten wurden später bronzene Gedenktafeln angebracht.

Max Bruchs außergewöhnlich ausgeprägter Klangsinn war in besonderem Maße auf das Timbre des Cellos ausgerichtet, und er kennt auch genau die „Sahne- und Saftlagen" des Cellos. Nur so lässt sich eine Komposition wie „Kol Nidrei" erklären, die ein einziger großer Klang und eine der „cellomäßigsten" Stücke überhaupt ist. Ein Vergleich mit anderen Vertonungen dieser religiösen Musik – etwa mit den Versionen von Lewandowski, van Biene, Rosenfeld und auch Joachim – reicht da aus, um das Herausragende von Bruch zu erkennen. Aus diesem Grunde hat mich die Biografie von Christopher Fifield: „Biographie eines Komponisten" (Zürich 1990) sehr interessiert. Zwar konnte sie das Wunderbare von Bruchs „Kol Nidrei" nicht erklären, doch ich habe mich Max Bruch genähert und das Schwelgen in dem Buch sehr genossen.

Von Max Bruchs Zeitgenossen Johannes Brahms stammen die beiden legendären Sonaten e-Moll und F-Dur. Die Biografie von Karla Höcker: „Johannes Brahms. Begegnung mit dem Menschen" (Erika Klopp Verlag, Berlin 1983) hat mir …

„Halt!", höre ich Sie rufen. „Brahms, Bruch – das sind doch gar keine Cellisten. Jetzt sind wir wohl unmerklich zu zwei Komponistenbiografien hinübergerutscht. Sind das denn überhaupt noch Cellobücher?"

„Upps, da haben Sie ja Recht", würde ich dann sagen, „das ist mir gar nicht aufgefallen. „Und das wahrscheinlich deshalb, weil ich gerade so sehr in ihre Musik vertieft war, in diese wunderbaren Kompositionen, die sie für Cello geschrieben haben. Eigentlich ist es schade, dass Sie mich eben unterbrochen haben – ich kann Ihnen sagen, das Beste wäre erst jetzt gekommen." Durch die rosarote Cellistenbrille gesehen, werden quasi alle Biografien über Bach, Haydn, Beethoven, Tschaikowsky, Elgar, Schostakowitsch, Prokofjew, Lutosławski, Bernd Alois Zimmermann usw. zu Cellofanbüchern.

Intermission 2

Seitdem die „Coronakrise" anhält, mache ich öfter als vorher meine Radtouren. Es ist so etwas wie ein Bedürfnis, einmal ins Freie zu kommen. Anfangs habe ich neue Radrouten in Gegenden ausprobiert, die ich noch nicht gut kenne. Ich habe aber festgestellt, dass mich das Suchen nach der richtigen Strecke und das Zurechtfinden auf unbekannten Terrain sehr von meinen Gedanken ablenken. Außerdem liebe ich den Rhein sehr, und da gibt es ja nur zwei Richtungen: den Rhein hinauf oder herunter. Fast immer entscheide ich mich für den Weg nach Bonn und zurück, denn mich lockt der Süden, und man kann die Strecken auf vielfältigere Weisen variieren.

Es ist erstaunlich, was einem auf diesem Weg alles passieren kann, welche eigenartige Dinge man erleben kann. Heute bin ich z. B. wieder durch das rechtsrheinische Zündorf gefahren, einem kleinen Ort direkt am Rhein. Dort hatten Kinder und Erwachsene längs des Weges eine bunte Kieselsteinschlange ausgelegt. Jeder Stein war auf eigene phantasievolle Weise gestaltet, meist in sehr leuchtenden Farben, und zusammengenommen wirkte die Schlange sehr fröhlich. Ein Zettel am Ende der Schlange forderte dazu auf, sich an der Aktion zu beteiligen, um etwas Buntes in die niederdrückende „Coronazeit" hineinzubringen.

Vor ca. einer Woche bin ich bei einer anderen Tour durch den Ort Schlebusch bei Leverkusen gekommen und habe auch dort eine beeindruckende Aktion gesehen. In der kath. Kirche St. Andreas im Zentrum des Ortes waren auf den Kirchenbänken von den Gemeindemitgliedern Kartons mit ihren Fotoporträts aufgestellt worden. Die Kartons waren in Lebensgröße, die Kopfform ausgeschnitten, und als ich nun durch die Glastür ins Innere der Kirche blickte, hatte ich den Eindruck, dass die Kirche voller Menschen sei. Da ja zurzeit die Kirchen geschlossen sind, sollen Attrappen nun die Stellvertreterfunktion beim Beten übernehmen, in etwa vergleichbar mit den Gebetsmühlen des Buddhismus. Mir kam allerdings auch der Gedanke, dass sich Gott in seinem Haus mit diesen stummen Fotos bestimmt nicht wohl fühlt.

Geigenbauer

Als echter Cellofan interessiert man sich besonders für die Instrumente an sich, als Kunstwerke. Viele der schönsten Instrumente, die heute einen legendären Ruf besitzen und einen ebenso legendären Preis haben, wurden von Künstlern erschaffen, über deren Leben unerwartet wenig bekannt ist. Mithin sind diese Geigenbauer inzwischen selbst auch zu Legenden geworden.

Ungeachtet dieser Tatsache gibt es über den berühmtesten Geigenbauer Antonio Stradivari einen ganzen Berg von Büchern. Es gibt mehr oder weniger phantasievolle Romane über sein Leben; es gibt Berichte über neueste wissenschaftliche Methoden, die nun endlich sämtliche Geheimnisse seiner Geigenbaukunst erforscht haben, und es gibt sogar Lebensläufe einiger besonders herausragender Instrumente (siehe z. B. „Mara" von Wondraschek usw). Denn bekanntlich werden Celli viele hunderte von Jahren alt, und die guten werden mit zunehmendem Alter immer noch besser – ganz im Unterschied zu vielen andern Instrumenten. Es versteht sich von selbst, dass sie viel erlebt haben und also auch viel zu erzählen haben.

Es gibt aber auch die Betrachtungen von Kennern, deren Beruf es ist, Gutachten von Streichinstrumenten zu erstellen und deren Urteil auf der ganzen Welt beachtet wird. Ich spreche hier im Speziellen von der seit Generationen existierende Firma W. E. Hill & Sons, gegründet in London 1880. Die Mitglieder dieser Familie haben als Ergebnis ihrer generationenübergreifenden Tätigkeit Monografien über mehrere Geigenbauer verfasst. Es ist ein pures Vergnügen, diese in Gemeinschaftsarbeit geschriebenen Bücher zu lesen, fällt es auch schwer, den Beschreibungen von zum Teil mikroskopisch kleinen Unterschieden in der Machart der Decken- oder Bodenwölbung, der Einlagen, der Grundform, der Schnecken der Instrumente zu folgen, die für die Verfasser anscheinend vollkommen offensichtlich sind und aus denen sie die unglaublichsten Schlüsse ziehen. Es ist sehr interessant, dass die Mitglieder der Familie Hill in ihrem Buch über Stradivari feststellen, dass sich der Geschmack in Bezug auf die Frage, was denn nun ein gut klingendes Cello sei, bedauerlicherweise sehr geändert habe. Von einem Cello werde heute erwartet, dass es eine laute a-Saite habe und eine C-Saite mit viel Bass. Den Eigenschaften der mittleren Saiten d und g werde leider keine Beachtung bei der Bewertung geschenkt, sie seien geradezu unwichtig. Ebenso komme der eigentlichen Klangfarbe kaum noch Bedeutung zu. Das Buch über Stradivari erschien 1902! Dieses Klangideal mit der lauten a-Saite, der „bassigen" C-Saite, den eher unterbelichteten mittleren Saiten und der relativ beliebigen Klangfarbe ist heute weit verbreitet.

Hier sind einige der wichtigsten Buchtitel der Hills:
- W. Henry Hill, Arthur F. Hill & Alfred E. Hill: „Antonio Stradivari, His Live & Work".
- William Henry Hill: „The Violin Makers of Guarneri Family".
- W. E. Hill & Sons: „The Tuscan and the Messie".
- Margaret L. Huggins: „Giovanni Paolo Maggini, His Life and Work, compiled and edited from material collected and contributed by William Ebsworth Hill and his sons William, Arthur & Alfred Hill" (W. E. Hill & Sons, London, Reprinted from the originals published before 1900).

Meine Ausgabe des Buches über Maggini von Margaret Huggins ist „NO. 1405 of a limited edition of 2000". Dieses Buch gehört eigentlich in die Liste meiner Lieblingsbücher, denn 1. habe ich es von meiner Freundin zu Weihnachten geschenkt bekommen; 2. ist es wirklich ein sehr schönes Buch, sowohl was Inhalt als auch Bindung, Druck und Papier betrifft; und 3. spiele ich selbst ein Maggini-Cello. Zumindest Decke und Boden sind von ihm, die Zargen wurden irgendwann im Laufe der Jahrhunderte neu drumherum gebaut. Es ist wirklich ein wundervolles Cello, und ich denke oft darüber nach, wer in den 400 Jahren seiner Existenz auf ihm schon gespielt hat.

Aus all diesen Büchern der Familie Hill spürt man die große Erfahrung bei der Beurteilung von Streichinstrumenten. Sie sind aber außerdem mit viel Herz und Begeisterung geschrieben worden, das spürt man deutlich in jeder Zeile, die man liest. Mehr „Gefühl" in dieser Hinsicht können eben dann nur Romane vermitteln, und hier wären nun zwei Bücher zu nennen, die man schon fast als Sittengemälde bezeichnen könnte.

Da ist zunächst Toby Fabers „Stradivari's Genius: Five Violins, One Cello, and Three Centuries of Enduring Perfection" (englisch). Im Mittelpunkt stehen fünf Violinen und ein Cello von Antonio Stradivari. Von diesen Wunderinstrumenten wird jeweils der Werdegang durch die Jahrhunderte beleuchtet, was für den Autor akribische Detektivarbeit erforderte. Eines ist klar: Die Erzählung erwirkt in uns einmal mehr die Bewunderung für einige der schönsten Kunstwerke, die von Menschenhand geschaffen wurden.

Mit dem eben genannten Buch ist das folgende verwandt: Auch in Wolfgang Staechelins Erzählung „Das Cello" wird die Geschichte eines Cellos erzählt. Genau genommen ist es aber auch die tragische Geschichte des französischen Geigenbauers Leopold Renaudin, der dieses Cello 1790 baute.

Leopold Renaudin (1749–1795) kämpfte während der französischen Revolution als aktiver Revolutionär und Jakobiner für die Werte liberté, égalité, fraternité.

Am 15. Mai 1795 wurde er durch die Guillotine hingerichtet. Besonders seine Celli sind heute gesuchte Konzertinstrumente.

Einige Leser, mit denen ich über das Buch gesprochen habe, tun es als „Kitsch" ab. Das hilft zur Beurteilung allerdings nicht bedeutend weiter, denn ich mag manchen „Kitsch" ganz gerne. Der bekannte Gitarrist Hubert Käppel, mit dem ich eine Zeitlang Kammermusik gespielt habe, antwortete auf meine Frage, ob er nicht auch meine, dass viele Gitarrenkompositionen eigentlich ziemlich kitschig seien, mit der Bemerkung: „Bei uns Gitarristen gibt es diesen Begriff nicht. Entweder gefällt uns das Stück, oder es gefällt uns nicht."

Wolfgang Staechelin wurde 1947 in Zürich geboren. Seine schriftstellerische Tätigkeit beschränkte sich zunächst hauptsächlich auf Fachtexte wie Berichte, Standortanalysen und Strategiepapiere, die im Zusammenhang mit seiner beruflichen Laufbahn im Human Recources Management standen. Mit „Das Cello" entstand 2017 sein erster Roman. Wolfgang Staechelin lebt heute in Rafz bei Zürich.

Das nächste Buch, „Das Geheimnis des Stradivari" (Wilhelm Limpert Verlag, Berlin 1944), ist von Margot Boger.

Abb. 70: Violoncello von Giovanni Paolo Maggini, Brescia ca. 1630.

Margot Boger wurde 1888 in Mühlhausen geboren. Sie studierte Kunstgeschichte, 1908 Examen als Kunstschullehrerin. Sie lebte von 1914 bis 1932 in Weimar, dann ab 1933 in Berlin. Sie wurde Mitglied der NSDAP, und ihre Romane, die zumeist ganz im Sinne des Zeitgeistes in der Epoche der alten Germanen spielten, feierten große Erfolge. Ihre Novelle „Rapp und der Wilderer" (1944) wurde zum Beispiel mit einer Auflage von 500 000 Stück als Wehrmachtsheft herausgegeben. Nach 1945 kamen zumindest zwei ihrer Werke auf die Liste der auszusondernden Literatur der sowjetischen Militäradministration, nämlich „Ehe in Gefahr" (Limpert, Berlin) und „Christina Mortens Ehe" (ebenfalls Limpert, Berlin). Margot Boger lebte bis 1951 in Weimar; sie siedelte dann in die Bundesrepublik über, 1968 starb sie in Stuttgart.

In „Das Geheimnis des Stradivari" zeichnet Boger das Bild des schon alt gewordenen Meisters, der sorgfältig sein geheimes Lackrezept hütet. Aber trotz seines ständig wachen Misstrauens gelingt es ruchlosen Verbrechern fast, ihn zu hintergehen. Also eine Art Krimi um Stradivari mit viel Kolorit.

Unter den heutigen Geigenbauern nimmt Martin Schleske, ein überzeugter Christ, eine besondere Stellung ein. Er hat über sein Leben als Geigenbauer, das er als einen spirituellen Weg sieht, mehrere Bücher veröffentlicht. Auf seiner Internetseite schleske.de gibt es außerdem unter der Rubrik „Referenzen – Fernsehbeiträge" eine lange Liste von Filmen, Fernseh- und Rundfunkbeitägen, die das weitreichende öffentliche Interesse, das seine Arbeit inzwischen hervorgerufen hat, dokumentiert. In allen Interviews und in seinen Büchern spricht Martin Schleske zwar stets nur von seinen Violinen, doch natürlich baut er auch Celli.

In seinem Haus in Landsberg am Lech in der Nähe von München hat sich Martin Schleske unter dem Dachstuhl seine Schreibklause eingerichtet, in der schon einige Bücher und eine große Anzahl von Aufsätzen zur Geigenbaukunst und Geigenakustik entstanden sind. Das erste Buch in dieser Reihe war „Der Klang. Vom unerhörten Sinn des Lebens" (München 2010); danach kam der Spiegel-Bestseller „Herztöne. Lauschen auf den Klang des Lebens" (Asslar 2016).

Wenn man heutzutage eine Geigenbauerwerkstatt betritt, kann es passieren, dass man dort auf eines jener Bücher stößt, die das Herz eines jeden Cellofans auf Anhieb schneller schlagen lassen. Ich meine damit die großformatigen Fotobände über Violinen, Celli und Geigenbauer, die zumeist aus Anlass der verschiedensten großen Instrumentenausstellungen in Italien, den USA und anderswo entstanden sind. In diese voluminösen Bände, ausgestattet mit den brillantesten Fotos der berühmtesten Instrumente, kann man sich Hals über Kopf verlieren.

Vor einigen Tagen suchte ich zwecks einiger Recherchen zu dem vorliegendem Buch einen befreundeten Geigenbauer auf. Allerdings machte er mich darauf aufmerksam, dass seine Sammlung von Geigen(bauer)-Büchern im Vergleich mit anderen ein Klacks sei. Er empfahl mir, doch mal bei Claus Derenbach vorbeizuschauen. Da ich Claus schon lange kenne, rief ich ihn sofort an und erzählte ihm von meinem Anliegen. Claus verstand auf Anhieb, worum es mir ging, und meinte, er habe das passende Buch für mich da. Er wolle es mir gerne ausleihen, ich solle aber einen Tragebeutel mitbringen, denn es sei groß. Wir verabredeten einen Termin für kurz nach 18.00 Uhr in seiner Werkstatt.

So mache ich mich also am späten Nachmittag in bester Laune auf den Weg. Es ist angenehm warm, und die Sonne scheint. In seiner schönen und geräumigen Werkstatt, eingerichtet in der Beletage eines Hauses aus der Gründerzeit, hat Claus das betreffende Buch schon bereit gelegt, und zwar – auf dem Fußboden! Es ist in der Tat sehr groß, und mir fällt wieder ein, dass wir vor einigen Jahren schon einmal ein ähnlich großes Buch auf die gleiche Weise ausgiebig betrachtet haben. Jedenfalls ist klar, dass mein extra mitgebrachter Beutel viel zu klein ist. Wir lassen uns jeder in einen Sessel sinken, und dann schlage ich das prachtvolle Buch auf.

(Titelseite)
Antonio Stradivari
Violoncello
Stauffer ex Christiani
1700
Consorzio Liutai Antonio Stradivari Cremona
Fondazione Antonio Stradivari Cremona – La Triennale

Ich beuge mich in meinem Sessel vor und blättere vorsichtig um. Dabei habe ich das Gefühl, als würde ich die Pergamentseite einer mittelalterlichen Handschrift – sagen wir mal, eines Periskopenbuches – umwenden. Auf der nächsten Seite das Vorwort:

Gian Domenico Auricchio, President des Consorzio Liutai Antonio Stradivari Cremona, dankt in angemessenen Worten der Fondazione Stauffer, Cremona, für ihre neueste Schenkung, das wertvolle Violoncello Stauffer ex Christiani 1700. Auricchio spricht von der Absicht des Consortio Liutai Antonio Stradivari Cremona, in absehbarer Zeit von den wichtigsten Instrumenten der Cremona String Collection eine neue Serie von Monografien herauszubringen. Diese Serie beginne mit der Vorstel-

Abb. 71: Der Geigenbauer Claus Derenbach in seiner Werkstatt am Brüsseler Platz in Köln.

lung des neuesten Zuwachses der Sammlung, eben dem Stauffer ex Christiani 1700 Cello. Er dankt dem Herausgeber und den Autoren der Essays „for having brought this valuable publication into being".

Ich beuge mich wieder vor, blättere erneut um. Hier beginnt der Abschnitt von Christian Bellisario über die Geschichte des Stauffer ex Christiani 1700. Der Autor folgt dem Lebenswandel des Instruments quasi von seinem Entstehungsjahr 1700 bis heute, ausgenommen der 80 ersten Jahre seines Bestehens, die terra incognita sind. Der Text wird von einigen Illustrationen begleitet, z. B. den Porträts der Brüder Duport, die möglicherweise das ex Christiani einmal besessen haben. Genaueres weiß man leider nicht. Und nun taucht der Name der Frau auf, nach der das Cello benannt ist: Elise Barbier Cristiani. Sie gilt als erste Cello-Solistin der Musikgeschichte und starb 1853, gerade einmal 25-jährig, in Nowotscherkassk, Sibirien, während ihrer Tournee durch Russland an der Cholera. Von dieser Reise gibt es einen Reisebericht, der hauptsächlich aus den Briefen Lise Christianis zusammengestellt ist und 1863 veröffentlicht wurde. Darin schildert die Musikerin ausführlich ihre Aufenthalte in Irkutsk, Jakutsk, Petropawlowsk, Ajan, Ochotsk und Kasan. Ihrem eigenem Zeugnis zufolge gab sie während ihrer Sibirien-Tournee 40 Konzerte und spielte manchmal an Orten, „wo noch niemals ein Künstler hingekommen war" (Lise Cristiani, „Voyage dans la Sibérie orientale. Notes extraites de la correspondance d'une artiste [Mlle Lise Cristiani] 1849–1853", in: Le Tour du Monde 1863 I, S. 385–400). Die jedem Cellisten bekannte Romanze „Lied ohne Worte" op. 109 von Felix Mendelssohn Bartholdy ist Lise Christiani gewidmet.

Das Stauffer ex Christiani 1700 gelangte danach in unterschiedliche Hände; eine Zeitlang besaß es Hugo Becker, dann – im Jahre 2005 – kehrte es schließlich als Leihgabe an die Stadt nach Cremona zurück.

„The history of the cello has thus described a full circle." Das Christiani/Becker/Stauffer/...Cello ist dorthin zurückgekehrt, wo es im Heiligen Jahr 1700 erschaffen wurde.

Schweigend verharren Claus und ich einige Momente reglos. Es ist ganz still, das Sonnenlicht bringt von draußen einen warmen Schein ins Zimmer, es duftet noch etwas nach einem leckeren, sehr verspäteten Mittagessen.

Leise ächzend beuge ich mich wiederum zu dem auf dem Boden liegenden Buch hinunter. Die folgenden Seiten bringen einen Text über das Cello aus geigenbauerischer Sicht, und dann kommen die Fotos. Ich denke, es ist ein sinnloses Unterfangen, die Aufnahmen hier beschreiben zu wollen. Jedoch kann Claus jetzt nicht mehr schweigend dasitzen. Er springt auf und holt von irgendwo her weitere Bücher, ebenfalls großformatige Publikationen, über Stradivaris Instrumente, manche auch über Guarnerius. Einige Fotos irritieren mich dermaßen, dass ich meine, auf ein Vexierbild mit dreidimensionaler Wirkung zu starren, oder auf ein Mandala. Claus spricht un-

Abb. 72: Elise (bzw. Lise) Barbier Cristiani (1827–1853),
nach: Thomas Couture (1815–1879), ca. 1850.

terdessen von den wunderbar ausgeprägten, ellipsenförmigen Mittelbügel von Stradivaris Instrumenten...

Etwas später erkundige ich mich bei Claus nach seinen eigenen neuesten Arbeiten. Mich interessiert schon lange sein Stradivari-Gambenmodell, dass er seit einigen Jahren in abgewandelter Form immer wieder baut. Er zeigt mir seine neuesten, noch im Werden begriffenen Instrumente, eine Diskantgambe und eine Violone und spricht von seinen Intentionen bei der Arbeit.

Dann ist mein Besuch bei Claus zu Ende.

Fachliteratur

Eigentlich wäre man geneigt zu vermuten, dass Fachliteratur nicht per se eine Literaturform sei, von der man sich ein Cellofan-Buch erhoffen könnte. Doch weit gefehlt! Mit den Veröffentlichungen zum Cello von William Pleeth, Maria Kliegel, Winfried Pape und Wolfgang Boettcher fühlt man sich als Cellofreund sofort nach dem Aufschlagen des Buches gut aufgehoben, und da gibt es eine ganze Anzahl weiterer Beispiele. Der Grund für das Interesse ist auch ganz klar: Man erhofft sich Tipps für das eigene Lernen, vielleicht auch Erleichterungen für das mühselige Üben. Man möchte wissen, wie das Cellospiel „richtig geht"!

Die lange Reihe der interessanten Dissertationen zu den verschiedensten „cellospezifischen" Themen wollte ich an dieser Stelle nicht eröffnen – ebenso wenig wie die der ausgewählten Artikel aus Fach- und Musikzeitschriften wie der „NMZ" oder „Das Orchester" usw., das wäre ein uferloses Unterfangen geworden.

In die Liste habe ich übrigens auch Bücher aufgenommen, die aufgrund des frühen Datums ihres Entstehens vom Fachpublikum teilweise als überholt betrachtet werden. Mehrere Gründe sprechen dafür, diese Bücher trotzdem hier aufzulisten. Zum Einen richtet sich mein Buch an den Cellofan, und der ist auch Nostalgiker. Zum Anderen ist die Sprache in diesen Büchern sehr schön und kultiviert, was ja unserem Thema, dem Cello, entspricht. Außerdem gibt es tatsächlich Themen, die in den heutigen Abhandlungen keine oder nur ungenügende Beachtung finden.

Maria Kliegel: „Mit Technik und Fantasie zum künstlerischen Ausdruck", aus der Reihe Schott Master Class (Schott Music, Mainz 2006), Buch und zwei DVDs. Maria Kliegels Lehrbuch sollte jeder Cellist gelesen haben. Es spielt überhaupt keine Rolle, welche musikalische Auffassung man hat oder welche spezielle Technikschule man durchlaufen hat: Die Verfasserin schafft es, dass man sich über die verschiedenen, berühmt-berüchtigten „Stellen" der Celloliteratur, die es zu meistern gilt, wirklich neue Gedanken macht. Und der große, wertvolle Schatz an Anregungen, Tipps und Empfehlungen hilft einem sehr bei diesem schwierigen Unterfangen. In allen Kapiteln – über die linke Hand, Handstellung, Bogenarm, Lagenwechsel, das Vibrato usw. – zeigt sich Maria Kliegels Erfahrung als Pädagogin nicht zuletzt darin, dass sie immer wieder den Leser anspricht und darauf hinweist, welche zusätzliche Kenntnisse und Mittel er für sein Cellospiel mit dem letzten Kapitel hinzugewonnen hat.

Abb. 73: Die Cellistin Maria Kliegel.
Foto: Conny Müller.

Es sei dahingestellt, ob man nun jedes einzelne, leider sehr klein abgebildete Notenbeispiel akribisch durchexerzieren sollte, aber von der Art, wie hier Probleme analysiert, Schlussfolgerungen gezogen und Übestrategien entwickelt werden, sollte man sich so viel wie möglich aneignen und lernen – kurz: Es ist eine Hymne auf „Die Kunst des Fingersatzes". Ein solches Buch zu schreiben und fertigzustellen ist für VerfasserIn und Herausgeber eine ungeheure Arbeitsleistung, das sollte man unbedingt immer bedenken.

Aus meiner Sicht gibt es einen Punkt, den ich etwas bedauere: Dem Bogen wird im Buch lediglich ein einziges Kapitel („Bogenarm und Klanggestaltung") von sechs Seiten gewidmet, von 189 Seiten insgesamt. Es geht in diesem Abschnitt nicht um Bogentechnik, also den Bogengriff, die Bogenführung oder die Bewegungen der Finger, des Armes, die Kontaktstelle, Bogengeschwindigkeit oder -einteilung usw., sondern eher allgemein um die Notwendigkeit einer abwechslungsreichen Klanggestaltung und eines individuellen Klanges mittels des Bogens. Es wird darauf hingewiesen, dass die Grundlagen der Bogentechnik auf der ersten DVD erläutert und demonstriert werden. Das finde ich schade. Es wäre für viele Cellisten vermutlich hilfreich gewesen, wenn die Bogentechnik entsprechend der unzähligen Notenbeispiele für die linke Hand auch im Buch behandelt würde.

Maria Kliegel bemerkt auf Seite 121 über die Bogentechnik: „... je nach Begabung, Gestaltungswille und Fantasie kann sie (die Bogentechnik) individuell sehr komplex werden, die Suche nach Vollendung kann ein ganzes Leben lang dauern. Welch interessante, aufregende Aufgabe!" Vielleicht könnte sie ja doch noch ein Buch schreiben, dass ähnliche Ideen wie für die linke Hand auch für den Bogen vorstellt. Denkbar wäre dann noch ein drittes Buch, in dem die Techniken von linker Hand und Bogen miteinander verbunden werden.

Eines sollte man beim Studieren des Buches im Kopf behalten: Es ist ein Lehrbuch der Cellotechnik, das heißt, die Richtung verläuft hauptsächlich so: gute Technik erlernen – Musizieren, nicht: Musizieren mittels guter Technik – wie es der sorgfältig formulierte Titel auch deutlich sagt. Es geht also nicht primär um die Musik, aber Maria Kliegels Buch macht deutlich klar: Die hohe Kunstform einer guten Cellotechnik ist notwendig, um Musik ausüben zu können. Wie oft geschieht es, dass man sich um diese Tatsache „herumdrücken" möchte!

Es gab vor Maria Kliegels Buch zwei Veröffentlichungen, die ihrem Ansatz sehr nahe kommen. Eigentlich gehören sie nicht hierher, denn es sind eher Notenausgaben:
- Maurice Gendron: „Die Kunst des Violoncellospiels", herausgegeben von Walter Grimmer (Schott, 1998), und
- Paul Tortelier: „How I Play, How I Teach" (Chester Music, 1992).

In der Reihe „The Strad" sind ebenfalls eine ganze Reihe Bücher zur Cellotechnik erschienen, von denen ich hier folgende nur ganz kurz ansprechen möchte.
- Emil Krall: „The Art of Tone-Production on the Violoncello" („The Strad" Library, 1917). Es ist nicht nur eine ausgedehnte Untersuchung des Problems, sondern es schließen sich im Chapter VI. einfach aussehende und gute besprochene „Studies in Tone Production" an.
- Edmund S. van der Straeten: „Technics of Violoncello Playing".

Henry Saint-George: „The Bow, its History, Manufacture and Use" (1896). Dieses Buch mit einer Abhandlung über den Bogen stellt ein Unikum dar – unverständlicherweise gibt es über dieses wichtige Thema ansonsten keine umfangreiche Untersuchung. In „The Bow, its History, ..." werden die Geschichte des Bogens und seine Herkunft behandelt. Der mittelalterliche Bogen wird anhand früher Zeichnungen und Skulpturen rekonstruiert, es werden Überlegungen über den Stradivari-Bogen angestellt, berühmte Namen wie Dodd und Vuillaume fallen. Es folgt eine Liste von Geigenbauern. Bogentechniken werden erklärt, die Holzarten für den Bogenbau werden aufgezählt usw. Das Buch ist mit einer ziemlich großen Anzahl von Zeichnungen des Verfassers illustriert.

Der Bogen ist ja ein besonderes Thema. Man sollte es nicht glauben, aber seine Bedeutung hinsichtlich des Klanges wird von vielen Cellisten noch immer vollkommen unterschätzt nach dem Motto: „99 Prozent des Klanges macht sowieso das Cello." Als jedoch vor circa drei Jahrzehnten die Carbonbögen auf den Markt kamen, waren viele Streicher sofort mit dabei und erhofften sich für relativ wenig Geld einen Ton, wie ihn sonst nur ein alter französischer Bogen geben kann. Ich erinnere mich in diesem Zusammenhang an einen bestimmten Tag – ich hatte damals eine Stelle in einem Opernorchester im schönen Dresden. Die Probe sollte gleich beginnen, ich war noch etwas müde, da kam mein Pultnachbar auf mich zu, ein stets zu Späßen aufgelegter Franzose. Er sagte: „Guck mal hier, Dietmar!" Und damit ließ er einfach seinen Bogen herunterfallen – ein riesiger Aufschrei ringsum, und ich bekam fast einen Herzinfarkt –, zumindest war ich jetzt wenigstens hellwach. Alle Streicher des Orchesters versammelten sich um uns herum, betroffene Gesichter. Mein französischer Pultnachbar grinste über beide Ohren, bückte sich nach seinem Bogen, und – Oh Wunder! Er war heil geblieben. Es war nämlich einer dieser neuen Carbonbögen.

Arthur Broadley: „The Violoncello; its History, Selection an Adjustment" und „Chats to 'Cello Students" (1923). Besonders das Kapitel 15 der „Chats" ist sehr interessant: Delivery-Style-„Form" versus „Feeling"-Conception-Essentials of a „Fine" Delivery-Orchestral Playing. Der Autor findet eindringliche Worte, mit denen er den Studenten dazu bewegen möchte, die Interpretation der Meisterwerke für das Cello mit größtmöglicher Ernsthaftigkeit, besser: mit Ehrfurcht, anzugehen: „Compare some of the music by such as Romberg to that of Beethoven or Schumann; the first merely studies in sound, the latter brimful of thoughts, impressions, which appeal to the intellect of the performer, and test his musicianship by the manner in which they are expressed or overlooked."

Winfried Pape und Wolfgang Boettcher: „Das Violoncello. Geschichte – Bau – Technik – Repertoire" (Schott, Mainz 1996).
  Wolfgang Boettcher (geb. 1935) war bis 1976 zweiter Solo-Cellist der Berliner Philharmoniker und übernahm dann eine Professur an der Hochschule der Künste Berlin (heute Universität der Künste Berlin). Er unterrichtete ebenfalls 25 Jahre lang an der „Carl Flesch Akademie Baden-Baden". Anna Fuchs vom Leitungsteam der CFA informierte mich darüber, dass das Jubiläum eigentlich gefeiert werden sollte, doch nun sei die Akademie in diesem Jahr der Corona-Pandemie zum Opfer gefallen. Die Veranstalter hoffen, das im nächsten Jahr nachholen zu können.
  Winfried Pape (1936–2017) studierte Violoncello bei Rudolf Metzmacher in Hannover, dann bei Maurice Gendron in Saarbrücken und parallel dazu Musikwissenschaft, ebenfalls in Saarbrücken. Er war danach Orchestermusiker in Herford und Hamburg (Solocellist) und ab 1978 Professor für Musikpädagogik am Institut für Musikwissenschaft und Musikpädagogik der Justus-Liebig-Universität Gießen. Dort entwickelte er federführend die fachdidaktischen Schwerpunkte Populäre und Neue Musik in der Musiklehrerausbildung.
  Von Winfried Pape gibt es eine ganze Reihe von Veröffentlichungen zu den Themen Musikpädagogik, Musik und Massenmedien, Popularmusik und neue Musikalische Trends (Videoclips und Musik im Internet).
  Das Buch des Autorenteams Pape und Boettcher ist ein Standardwerk und daher für jeden Cellisten unverzichtbar. Besonders das Kapitel über das Cellorepertoire, und

davon speziell den Abschnitt „Musik für Violoncello im 20. Jahrhundert" mit einem langen, chronologisch geordneten Werkverzeichnis und einem relativ knappen erläuternden Text finde ich sehr gelungen.

Wenn man sich mit dem Buch von Pape und Boettcher beschäftigt, bemerkt man eigentlich nicht, dass es von zwei Autoren geschrieben wurde. Während eines Telefongesprächs bat ich Wolfgang Boettcher, mir über die Zusammenarbeit mit Winfried Pape zu berichten, was er gerne tat: „Wir beide haben zusammen studiert. Er (Winfried Pape) wandte sich später der Musikwissenschaft zu. Als dann der Schott-Verlag mit der Idee für das Buch zu mir kam, holte ich ihn mit ins Boot und er war hellauf begeistert." Von Wolfgang Boettcher stammen die Kapitel zum Instrumentenbau, zur Technik des Violoncellospiels und zum Repertoire, besonders für die Musik des 20. Jahrhunderts.

Abb. 74: Wolfgang Boettcher. Foto: Kogge-Gateau, 2020.

Zum Thema Cello in der Rockmusik finden sich am Ende des Kapitels „Violoncellospiel im 20. Jahrhundert" auf Seite 163 die bedenklichen Sätze: „Im sogenannten nichtklassischen Bereich – und hier vor allem in der Rock- und Popmusik – konnte das Cello als eigenständiges Instrument keine Konturen gewinnen. Nur im Jazz, wovon noch die Rede sein wird, erlangte es eine gewisse Außenseiterrolle."

Es ist ganz klar, dass sich in dieser Beziehung seit dem Erscheinen von Winfried Papes und Wolfgang Boettchers Buch die Cellowelt hundertprozentig verändert hat. Beispiele wie Apocalyptica, Tina Guo und Two Cellos, die mit ihren Konzerten riesige Konzerthallen füllen, die unzähligen Bands, in denen das Cello vertreten ist und den Sound maßgeblich mitprägt (Carpe Noctem, Murder By Death, Leprious, Dirty Cello, Leecher, Alfred James Band usw.), Duo-Ensembles wie „Mr. & Mrs. Cello", „Vc2 Cello Duo", „Brooklyn Duo" usw., hunderte von Notenausgaben von Popmusik-Coverversionen mit und ohne Mitspiel-CDs, tausende von YouTube-Filmchen von Cellisten jeden Alters und jedes Spielniveaus, die diese Popstücke spielen, Festivals wie das „New Directions Cello Festival for non-classical cello" in New York – alles dies hat sich inzwischen in den letzten Jahrzehnten ereignet und den „Cellobereich" enorm verändert.

Abb. 75: Massimiliano Martinelli und Fulvia Mancini sind „Mr & Mrs Cello".

Auf dem Gebiet der Unterrichtsliteratur hat sich in dieser Beziehung ebenfalls Vieles geändert, einige Stichworte: Gabriel Koeppens dreibändige Celloschule (Schott, 2013), „Cello Time" von Kathy und David Blackwell (drei Bände, Oxford University Press), die Lehr-DVD „Chops & Grooves" mit dem Cellisten Rushad Eggleston (Homespun) usw. Zu dieser sehr dynamischen Entwicklung müsste unbedingt eine Untersuchung – zumindest eine Übersicht – geschrieben werden. Oder – und das wäre am erfreulichsten – ein Nachfolgeband zu Papes und Boettchers wunderbaren Buch. Es ist sehr schade, dass Winfried Pape nicht mehr dazu gekommen ist, vor seinem Tode im Jahre 2017 dieses Buch zu schreiben, war er doch bis zuletzt in der Gesellschaft für Zeitgenössische Musik in Aachen äußerst aktiv auf dem Gebiet der Musik der Avantgarde und der populären Musik.

Ich möchte hierzu aus meiner persönlichen Erfahrung noch etwas bemerken. Es geschieht immer öfter, dass ich selbst bei feierlichen Anlässen wie Hochzeiten, Geburtstagsfeiern und Begräbnisfeierlichkeiten auf Wusch der Veranstalter Stücke aus dem Popmusik-Genre spiele. Ich gehe davon aus, dass andere Berufsmusiker die gleiche Erfahrung machen. Dieser Umstand zeigt meiner Meinung nach sehr deutlich an, was viele Hörer heute von der Musik erwarten, was sie beim Hören von Musik empfinden und welche Musik sie bewegt. Die Menschen wollen sich bei Gelegenheiten, wie ich sie oben geschildert habe, also im weitesten Sinne bei Familienfeiern, an ein bestimmtes Ereignis aus ihrem Leben erinnern. Oft ist dieses Ereignis, das für ihr Leben eine besondere Bedeutung hat, an die Melodie eines bestimmten Liedes gekoppelt. Diese – sagen wir mal – „musikalische Erinnerung" stammt heute oftmals aus dem Popmusik-Bereich. Es ist interessant, dass dann für die Aufführung meist der Wunsch ausgedrückt wird, der Song solle nicht in originaler Gestalt nachgespielt werden, sondern in einer Version für ein klassisches Instrument – wie eben dem Cello.

Doch zurück zu dem Buch von Winfried Pape und Wolfgang Boettcher. Das Kapitel „Das Violoncello im Jazz" gibt, obwohl es nur sehr kurz ist, hilfreiche Anregungen, um sich dem Thema anzunähern. Dem Kapitel sind einige diskographische Hinweise angehängt. Allerdings ist es hier – ähnlich wie beim Thema Cello in der Rockmusik – so, dass die rasante Entwicklung des Cello-Jazzgenres eine Aktualisierung dieses Abschnitts notwendig machen würde. Die Liste der heutigen Jazzcellisten ist inzwischen unüberblickbar lang geworden; das Gleiche gilt für die Fülle von interessanten Projekten, in denen das Jazzcello involviert ist. Im Internet finden sich dazu ausführlichere Seiten, aber leider konnte ich bis jetzt kein Buch entdecken, das sich speziell des Jazzcellos oder der Jazzcellisten angenommen hätte.

Es gibt ja eine ganze Anzahl von Büchern mit nahezu dem gleichen Titel: „Das Violoncello", „Das Cello", „The Cello" oder „Das Violoncell", „Le Violoncell" – das ist bei dem Thema ja auch logisch. Wenn man nun noch die englischen, italienischen, spanischen, französischen und in anderen europäischen Sprachen geschriebenen Versionen hinzunimmt, wird die Auflistung leicht unübersichtlich. Ich habe mich hier auf die deutsch- und englischsprachigen Bücher beschränkt und außerdem nur diejenigen aufgezählt, die einem Cellofan im Vergleich zu den anderen Veröffentlichungen etwas Neues bieten – und sei es nur in der Anmutung, ein gar nicht zu unterschätzender Aspekt.

So ist die Anmutung des Buches von Winfried Pape und Wolfgang Boettcher in dem Moment, in dem man es in die Hand nimmt, ähnlich derjenigen eines medizinischen Wörterbuches. Dieser Eindruck verschwindet natürlich sofort, wenn man sich dann in den Inhalt vertieft. Dasselbe geht mir übrigens durch „die Finger", wenn ich an Maria Kliegels Buch (s. o.) denke.

Etwas anderes ist es mit dem Buch von William Pleeth: „Das Cello" (1993, Edition Sven Erik Bergh im Verlag Ullstein). Zwar ist der Schutzumschlag sehr nüchtern gestaltet, aber die Papiersorte ist holziger und das Format handlicher als Pape/Boettcher.

Wenn man Pleeths Buch liest, gewinnt man den Eindruck, dass der berühmte Lehrer von Jacqueline du Pré sich auch an seine Leser wie ein Lehrer wendet, dem es um die Vermittlung von Cellotechnik, aber darüber hinaus um eine Philosophie des Cellospiels geht: quasi im weiteren Sinne Cellounterricht. Das ganze Konzept

ist sehr praxisnah, so dass man viele Anregungen für das tägliche Üben und für den Konzertalltag bekommt. Nur in diesem Cellobuch habe ich so viele wichtige Abschnitte zu den Themen Ensemblespiel (z. B. „Die Bedeutung der Baßstimme und der Mittelstimmen beim Ensemblespiel", „Tonfarbe und Klangqualität im Verhältnis zu anderen Instrumenten") gefunden. Und ganz allein hier finden sich die wichtigen Kapitel zum Thema Cello-Klavier-Duo: „Vom Klavier lernen" und „Gleichgewicht mit dem Klavier".

Der britische Cellist und Cellolehrer William Pleeth (1916–1999) hatte sich bereits im Alter von 15 Jahren ein Repertoire erarbeitet, wie es viele Cellisten ihr ganzes Leben lang nicht zuwege bringen. Dazu gehörten die sechs Bach-Suiten, sämtliche Capricci von Alfredo Piatti und 32 Solokonzerte, von denen er 24 auswendig spielen konnte. Er studierte Violoncello an der London Cello School und schloss dann ein Studium bei Julius Klengel in Leipzig an. Sein Hauptbetätigungsfeld als Musiker war die Kammermusik; 1952 gründete er das „Allegri Quartet". Doch besonders als Lehrer genoss einen außergewöhnlich guten Ruf. Zu seinen Schülern gehören Jacqueline du Pré, Michael Sanderling und Anita Lasker-Wallfisch. Jacqueline du Pré hat immer wieder betont, dass – obwohl sie ja später auch von Pablo Casals, Paul Tortelier und Mstislaw Rostropowitsch unterrichtet wurde – William Pleeth den größten Einfluss auf sie ausgeübt habe.

„The Cello", von Elizabeth Cowling (Charles Scribner's Sons, New York, 1975). Von allen Editionen mit demselben Thema ist es am ehesten das, was ich als „Schmöker" bezeichnen würde. Es ist handlich, nicht so schwer und das Papier relativ bräunlich. Für mich waren solche Dinge immer sehr wichtig, wenn es darum geht, mit wie viel Sympathie ich mich mit einem Buch beschäftige. Das ist unsachlich, für jeden Cellofan aber eine völlig klare Angelegenheit.

In Elizabeth Cowlings Buch gibt es eine erfreulich hohe Anzahl an Fotos mit Celli der verschiedenen Geigenbauer. Es sind zwar relativ kleine Bilder, zudem in Schwarz-Weiß, aber es lassen sich dennoch interessante Einzelheiten erkennen. Oberflächlich betrachtet berichtet Elizabeth Cowling über das Cello Dinge, die man zum großen Teil auch bei Pape/Boettcher lesen kann, jedoch gibt es immer wieder eine Fülle von neuen Details. Erfrischend ist auch der flotte Duktus ihres Vortrags. „Salopp" wäre zu viel gesagt, es wird einfach an der englischen Sprache liegen.

„Le violoncelle en France au 18e siècle", von Sylvette Milliot (Champion-Slatkine, Paris-Genève 1985), französisch.

linke Seite
Abb. 76: Winfried Pape bei einem Konzert am 29. Mai 2009 in der Klangbrücke Aachen.
Foto: Ullrich Stiens.

Sylvette Milliot, geboren 1927, ist Cellistin und Direktorin der französischen Forschungsorganisation CNRS (Centre national de la recherche scientifique). Ihre umfangreiche Studie mit immerhin 746 Seiten wendet sich vor allem an Instrumentenhistoriker, Musikhistoriker und moderne Interpreten des Barockrepertoires. In ihrem chronologisch aufgebauten Buch untersucht die Autorin die technische Evolution des in Italien geborenen Instrumentes, das zunächst lange Zeit im offiziellen Musikleben eine eher untergeordnete Rolle spielte und im 18. Jahrhundert zum Soloinstrument aufstieg. Sylvette Milliot hebt besonders die Bedeutung der französischen Cellopädagogen hervor und stellt die zahlreichen zeitgenössischen Lehrwerke (méthodes) ausführlich vor.

Zwei weitere Bücher von Sylvette Milliot möchte ich hier wenigstens erwähnen. Es sind die „Entretiens avec André Navarra" (Société de musicologie de Languedoc, 1991, 125 Seiten) und „Marin Marais" (Fayard, 1991, 288 Seiten), beide französisch.

Von Wilhelm Joseph von Wasielewski stammt das wichtige Buch „Das Violoncell und seine Geschichte", erschienen bei Breitkopf & Härtel, Leipzig 1894. Der Violinist, Dirigent und Musikwissenschaftler Wilhelm Joseph von Wasielewski (1822–1896) betrat mit einigen seiner Schriften völliges Neuland, so auch mit diesem ersten wirklichen Kompendium über das Cello. Weitere Bücher von ihm sind: „Robert Schumann" (Verlagsbuchhandlung Kunze, Dresden 1858), „Die Violine und ihre Meister" (Breitkopf & Härtel, Leipzig 1869), „Die Violine im 17. Jahrhundert und die Anfänge der Instrumentalkomposition" (Max Cohen & Sohn, Bonn 1874), „Geschichte der Instrumentalmusik im XVI. Jahrhundert" (Guttentag, Berlin 1878), und „Ludwig van Beethoven" (Brachvogel & Ranft, Berlin 1888).

Carl Schroeder: „Violoncello-Spiel" (saxoniabuch 2015). Der Cellist, Komponist und Dirigent Carl Schroeder (1848–1935) war nacheinander Solocellist in Sankt Petersburg, Warschau, Paris, am Hoftheater in Braunschweig und ab 1874 beim Gewandhausorchester Leipzig. In Leipzig wirkte er auch als Lehrer am Königlichen Konservatorium und wurde Mitglied der dortigen Freimaurerloge „Minerva zu den drei Palmen". Während seiner Zeit in St. Petersburg wurde Anton Rubinstein sein Freund und Kammermusikpartner. Als Dirigent war er an der Deutschen Oper in Rotterdam, an der Königlichen Hofoper Berlin, am Hamburger Stadttheater und ab 1890 in Sondershausen als Hofkapellmeister und Direktor des Fürstlichen Konservatoriums Sondershausen engagiert. Es gibt von ihm eine Anzahl von Kompositionen, darunter Etüden für das Cello und ein Studienkonzert.

Sein Buch „Violoncello-Spiel" behandelt Ursprung, Geschichte, technischen Aufbau, Technik des Violoncello-Spiels, den Vortrag („Die Geistige Ausbildung", „Der Geschmack") usw. Neugierig machen Abschnitte wie „Prüfung der Gesamthaltung", „Imitationen alter italienischer Instrumente" und „Versuch der Auffindung des mutmaßlichen Geheimnisses der italienischen Instrumentenbauer". Im Anhang gibt es eine Liste „Hervorragende Cellisten des 18. und 19. Jahrhunderts".

Lev Ginsburg (1907–1981): „The History of the Violoncello" (Paganiniana Publications, 1983), englisch (aus dem Russischen übersetzt). Das Buch untersucht die geschichtliche Evolution des Violoncellos über einen Zeitraum von ca. zwei Jahrhunderten, beginnend mit der Klassik des 18. Jahrhunderts (Romberg, dann Servais usw.) bis ungefähr zur Mitte des 20. Jahrhunderts. Besondere Aufmerksamkeit schenkt Ginsburg den „Schulen" der verschieden Länder und ihren herausragendsten Cellisten, wie z. B.: „19th Century. Cellists of the Parisian School: Baudiot, Franchomme, Battanchon and Chevilliard." Bei der Übersetzung handelt es sich um einen Auszug, die Russische Schule etwa wurde bedauerlicherweise ausgeklammert.

Bemerkenswert ist die Fülle von Zitaten, Berichten von Konzerten usw., die das Buch von Ginsburg so interessant machen: „I love you, and this is all I can tell you now because I am dead tired and weak." (aus einem Brief von Chopin an seinen Freund Franchomme vom 17. September 1849).

Der französische Cellist und Komponist Auguste-Joseph Franchomme (1808–1884) hatte maßgeblich Anteil an der Ausgestaltung der Cellostimmen in Frédéric Chopins Grand Duo Concertant E-Dur (1832) und der Sonate g-Moll (1845/1846), beide für Klavier und Violoncello.

Über die beiden berühmtesten Cellokonzerte der Romantik, die Konzerte von Robert Schumann und Antonin Dvořák, gibt es zwei sogenannte Werkmonografien, die sehr aufschlussreich sind.
- Heinz von Loesch: „Schumann, Konzert für Violoncello und Orchester a-Moll, Meisterwerke der Musik" (Wilhelm Fink Verlag, 1998), und
- Jan Smaczny: „Dvořák, Cello Concerto" (Cambridge University Press, 1999).

In den beiden Monografien werden die Hintergründe der Entstehung, die Aufführungstraditionen sowie die jeweilige Sonderstellung der Konzerte im Schaffen der Komponisten beleuchtet. In der Untersuchung des Schumann-Konzertes gelingt es dem Autor, den Leser speziell für Schumanns eigens für dieses Konzert entwickelte neue Kompositionstechnik zu begeistern: Mittels einer besonderen Art der Motivbehandlung wird das Miteinander von Solist und Orchester organisiert und eigentlich erst möglich gemacht.

Jan Smaczny untersucht in seiner Studie im ersten Kapitel „Dvořák and the Cello" zunächst weitere Werke, die Dvořák für Cello geschrieben hat. Dabei steht dessen nahezu unbekanntes erstes Cellokonzert in A-Dur von 1865 im Vordergrund. Aus dem Vergleich mit dem späteren Konzert in h-Moll gewinnt Smaczny wertvolle Erkenntnisse. Weitere Kapitel heißen z. B. „Decisions and revisions, sketch and compositional process", „The score II, interpretations" und „Performers and performances".

Beide Autoren sind ausgewiesene Musikwissenschaftler. Heinz von Loesch absolvierte außerdem ein Cellostudium in Frankfurt am Main und in Hannover.

Eine weitere Werkmonografie ist das Buch „Suiten für Violoncello J. S. Bach (BWV 1007–1012)" von Stanislav Apolin (Editio Moravia, Brno 1995). Auf der Titelseite ist der Titel länger: „Synopsis der Barockregeln zur Stilinterpretation der Suiten für Violoncello von J. S. Bach BWV 1007–1012". Der tschechische Cellist Stanislav Apolin (geb. 1931) studierte bei Vasa Cerny in Brünn und Mstislav Rostropowitsch in Moskau. Seit 1970 wirkte er als Professor an der Musikhochschule in Belgrad, seit 1972 am Konservatorium in Luzern und gleichzeitig an der Musikhochschule in Prag.

Seine Schrift über die Interpretation der Bach-Suiten fällt in eine Zeit, in der sich in der Klassischen Musikwelt Musiker wie Nikolaus Harnoncourt, Gustav Leonhardt, Franz Brüggen, August Wenziger, Franzjosef Maier und Reinhard Goebel Gedanken über die „Historische Aufführungspraxis" machten. Die Ergebnisse dieser Überlegungen führten dazu, dass die aus der Tradition übernommene Art der Interpretation „Alter Musik", besonders was die Musik des Barock und der Klassik betrifft, die sogenannte „romantische Spielweise" von den meisten Musikern aufgegeben wurde, und an ihre Stelle eine an originalen Quellen orientierte Spielweise und Interpretation trat. Apolin macht aber schon in seinem Vorwort darauf aufmerksam, dass der Wandel für viele Musiker schwierig ist, wenn sie ihre „antrainierte" Art, Cello zu spielen, nicht grundsätzlich überdenken wollen.

Die Schrift beginnt mit der Erläuterung der Suitenform und der Charakterisierung der einzelnen Sätze. Es folgt ein Überblick über die geschichtlichen Umstände der Entstehungszeit der Bachsuiten und dann der Abschnitt: „Wie spielten wohl die Interpreten des Barock…?" Hier sind wir auch schon mitten drin in Fragen wie Artikulation, typische Ausdrucksmittel, Fingersätze, Phrasierung, Ornamentik und Inégalité. Notenbeispiele verdeutlichen das Gesagte.

Am Schluss steht ein Zitat von Alfred Einstein, das ich hier wiedergeben möchte: „Hoffentlich gelangen wir zu der richtigen Auffassung von der alten Musik, um sie besser zu verstehen und liebzugewinnen, als die Verkünderin einer besseren, vornehmeren, aristokratischeren Gefühlssphäre, als unsere eigene."

Bei den Worten „richtigen Auffassung" und „besseren … Gefühlssphäre" läuten bei dem einen oder anderen bestimmt die Alarmglocken, aber mit der „vornehmeren, aristokratischeren Gefühlssphäre, als unsere eigene" gehe ich konform. Denn das ist ja die Gefühlssphäre, zu der das Cello gehört. Allerdings gibt es Folgendes noch zu bedenken: Der Begriff der „vornehmen Gefühlssphäre" ist ein wertvoller Maßstab. Aber die Rückbesinnung auf die „Alte Musik" ist nicht die ganze Lösung in Bezug auf unser modernes Musikschaffen, egal wie „richtig" unsere Auffassung von ihr ist.

Im Anhang ist ein kurzes aber interessantes Quellenverzeichnis. Darin taucht u. a. ein Artikel von Siegfried Pank auf: „Artikulation und Fingersatz in der Musik des 18. Jahrhunderts" (ESTA Nachrichten, 1990).

Abb. 77: Facsimile des ersten Menuets aus Johann Sebastian Bachs erster Suite für Violoncello in der Handschrift der Anna Magdalena Bach.

Es folgt nun ein Buch, dass sich derselben Thematik annimmt, wenn auch in ganz anderer Form. Es ist von Anner Bylsma (1934–2019) und trägt einen Titel, der aufhorchen lässt: „Bach, The Fencing Master, An Bachs Arm, Lautes Lesen aus den ersten drei Suiten für Violoncello" (Amsterdam 2000), deutsche Übersetzung von Barbara Kernig.

Das Buch ist natürlich ein Schatz für alle Cellisten. Auf den Buchseiten (ca. DIN A4) wurden mittels des Prozesses des Scannens, Ausschneidens und Klebens – und das Säubern nicht zu vergessen – einzelne Phrasen aus Anna Magdalena Bachs Handschrift der Bachsuiten montiert. Daneben, darüber und darunter befinden sich Pfeile, Buchstaben, Zahlen, und – und das ist das Wichtigste: Anner Bylsmas Reflexionen, Meditationen und Wahrnehmungen zum Notentext. Der Leser wird Zeuge, wie Anner Bylsma sich bei seiner Übe-Arbeit verhält. Der Leser darf seinem Gedankenfluss folgen; alle Verästelungen seiner Gedankengänge werden aufgezeigt, auch die Sackgassen. Es wird deutlich, dass jedes Ergebnis nur ein Zwischenergebnis ist und mit jeder neuen Erkenntnis oder jeder neuen Idee wieder umgestoßen werden kann. Diese Kreativität wird z. B. in der Suche nach dem „richtigen" Fingersatz und dem „richtigen" Bogenstrich deutlich. Da die Originalhandschrift Johann Sebastian Bachs bekanntlich verschollen ist, stellt hauptsächlich die Abschrift seiner Frau Anna Magdalena die Grundlage für die modernen Editionen der sechs Suiten dar. Leider ist in der Handschrift Magdalena Bachs aus verschiedenen Gründen nicht immer deutlich zu erkennen, wo z. B. die Bindebögen beginnen und auf welcher Note sie enden. In den meisten Fällen liegt es daran, dass die Bögen sehr weit über den Noten angesetzt sind, und dann hört man Anner Bylsmas innerlich rufen (verzweifelt): „Oh, Magdalena, warum hast Du gerade hier die Bögen nicht tiefer geschrieben!" Doch dann macht er sich an die Arbeit und probiert alle für die Stelle in Frage kommenden Bogenstriche aus, sinniert über die möglichen Stricharten und kommt zu einem vorläufigen Ergebnis. Dies alles schreibt er in seinem Buch nieder, und wir Leser dürfen uns dann unsere Köpfe darüber zerbrechen, was wir, weil wir neugierig sind – und das alles sehr interessant, fruchtbar und außerdem sehr unterhaltsam ist –, sehr gerne tun. Nur zimperlich sollte man nicht sein.

Immer wieder geschieht es, dass Exkurse eingeschoben werden, wie z. B. über das Schreibwerkzeug Gänsefeder, die – so Bylsma – kein primitives Werkzeug, sondern im Gegenteil ein besonders geschicktes Instrument sei.

Es ist auch ein mutiges Buch. Denn Anner Bylsma äußert seine Gedankengänge ganz frei heraus, ob es sich um Tatsachen handelt oder Vermutungen oder sein Gefühl. Damit unterscheidet es sich sehr von jenen Büchern, in denen unsichere Verfasser vieles ungesagt lassen. Es handelt sich also um ein im höchsten Maße originelles, informatives und anregendes Buch – und dabei noch um ein sehr kurzweiliges!

Im Anhang befinden sind Transkriptionen der ersten drei Suiten für Viola und Violine.

Es gibt von Anner Bylsma außerdem die dazugehörenden Bände:
- „Bach and the happy few – About Mrs. Anna Magdalena Bach's Autograph Copy of the 4th, 5th and 6th cello suites, Amsterdam (Verlag: Bylsma's Fencing Mail 2014), und
- „Bach, The Fencing Master 2nd edition" (2014), Englisch. Dieses Buch ist eine Kombination und Revision der früheren Editionen: „Bach, the Fencing Master" (1998), „Droppings" (2015), und „Bach and the Happy Few" (2014).

„Die sechs Bachsuiten sind das alte Testament des Cellisten – die fünf Beethovensonaten das neue." Diesen Spruch haben gewiss alle Celloschüler mindestens einmal von ihren verehrten Lehrern gehört. Und auch Steven Isserlis benutzt ihn als „Aufhänger" für sein Vorwort zu dem Buch „Beethoven's Cello: „Five Revolutionary Sonatas and Their World" von Marc D. Moskovitz und R. Larry Todd (Boydell & Brewer Ltd., 2017). Marc D. Moskovitz, erster Cellist des ProMusica Chamber Orchestra, Columbus/Ohio und R. Larry Todd, Professor an der Duke University, Durham/North Carolina, ist mit „Beethoven's Cello" ein Buch gelungen, das – soweit ich weiß – von sämtlichen Kritikern ohne Einschränkungen sehr gelobt wurde. Das Lob beinhaltet sowohl den Inhalt als auch die Ausstattung und Gestaltung des Buches. Für jeden Cellisten ein Muss – in diesem Falle ein „must have".

Grace Lin Anderson: „Artistry and Cello Technique. Illustrated through Bernard Greenhouse's Interpretation of Beethoven's D Major Sonata for Cello and Piano, Op. 102 No. 2" (Scholar's Press, 2014), englisch.

Die Arbeit Grace Lin Andersons geht der Frage nach: Wie kann ein Musiker tiefste menschliche Emotionen durch Klang darstellen? Grundlage für ihr Buch ist ein Interview mit ihrem Lehrer, Bernard Greenhouse (1916–2011), einem der gefeiertsten Cellisten unserer Zeit. Greenhouse wiederum verweist bei seinen Erläuterungen zu dieser für uns Cellisten fundamentalen Thematik auf den Einfluss, den sein Lehrer Pablo Casals auf ihn ausgeübt habe. Besonders habe ihn die Fähigkeit Casals' fasziniert, bei seinen Konzerten durch sein Cellospiel unmittelbar mit den Zuhörern zu kommunizieren.

Der Leser wird bemerkt haben, dass sich das sehr kurze, aber „auf den Punkt" kommende Buch an den fortgeschrittenen Cellostudenten richtet. In Kapitel 2 von „Artistry and Cello Technique" erläutert Anderson die Grundlagen, die nach Bernard Greenhouse vom Cellostudenten erworben werden sollten. Dazu sei das Trainieren von speziellen Übungen empfehlenswert, die nicht unbedingt die Geschwindigkeit und die Agilität schulen, sondern den Interpreten dazu befähigen sollen, eine große Palette von Nuancen und Tonfarben zu kreieren. Greenhouse nennt diese Übungen „techniques for making music". Kleine Tipps am Rande bereichern das Kapitel sehr, z. B. Bemerkungen zum Vibrato: „Viele Cellisten verstehen es, mittels einer größeren Schnelligkeit die Intensität ihres Vibratos zu steigern. Nur wenige haben mit dem Wechsel der Amplitude, also der Weite des Vibratos, experimentiert."

In den folgenden Kapiteln wird nun Beethovens letzte Sonate für Cello und Klavier, ein komplexes Werk aus der letzten Schaffensperiode des Komponisten, von Anderson und Greenhouse als Studienobjekt verwendet, um zu erörtern, mit welchen Mitteln der Interpret eine Partitur in verständliche Sprache verwandeln kann. Hier werden Empfehlungen für einzelne Takte oder Phrasen gegeben, aber auch Betrachtungen über den Charakter der einzelnen Sätze der Sonate angestellt. Den zweiten Satz, „Adagio con molto sentimento d'affetto", bezeichnet Greenhouse als tiefgründigstes Werk Beethovens, und entsprechend eindringlich sind seine an den Studenten gerichteten Worte: Betrachte jede Note als „having its own landscape".

Eine weitere Grundaussage des Buches ist der Appell an junge Cellisten, sich besonders um eine unverwechselbare, individuelle, wirklich eigene „Cellostimme" zu bemühen. Dieser Aufforderung nach dem Suchen nach einer eigenen Individualität als Musiker an die „junge Generation" der Cellisten von Seiten der älteren Generation begegnet man des öfteren, und sie ist wohl aus ihrer Sicht berechtigt. Es fragt sich jedoch, ob der Wunsch nach einer starken eigenen Persönlichkeit von den jungen Cellisten von heute überhaupt erstrebt wird. Insgesamt hat sich das Bild des Cellisten und des Musikerdaseins ja stark gewandelt. Es geht hier um Prioritäten, die gesetzt werden: Berufung – Beruf, Musik – Karriere. An den Musikhochschulen ist der Wan-

Abb. 78: Grace Anderson und Bernard Greenhouse nach einer Aufführung von Schuberts Streichquintett in der University of North Carolina at Greensboro in Greensboro, North Carolina, USA, Mai 2011.

del an den Lehrplänen nachzuvollziehen. In den 1980er-Jahren erlernte der Cellist in der Hauptsache die zwei Konzerte, ein „klassisches" und ein „romantisches", um das Probespiel zur Aufnahme in ein Orchester zu bewältigen. Heute ähnelt sein Studium immer mehr dem eines Musikmanagers – wenn man es einmal übertrieben darstellt. Die Klassenvorspiele an den Musikhochschulen sind oft nicht mehr Übungskonzerte im kleineren Rahmen, sondern Präsentationen eines Produktes. Ein Konzept für die Abschlussprüfung des Bachelorstudiums sieht z. B. vor, dass der Prüfling das Publikum wie ein Conférencier durch das Konzert führt. Das hat natürlich auch Folgen auf sein musikalisches Ziel und damit im Endeffekt auf die Musikkultur, wie wir sie heute erleben. Den speziellen eigenen, individuellen Touch können sich am Ende nur noch einige herausragende Talente leisten, und auch diese setzen ihn dann auch nur ganz sparsam ein.

Die Bibliografie im Anhang von Grace Lin Andersons Buch nennt einige interessante Veröffentlichungen, unter anderem mehrere Dissertationen, die sich mit den fünf Sonaten für Cello und Klavier von Beethoven befassen.

Eine Bemerkung zur drucktechnischen Seite der Ausgabe: Der Text im vorderen Teil hat einen sehr großen Zeilenabstand, hingegen braucht man für die Entzifferung der im hinteren Teil vollständig abgebildeten Klavierstimme der Beethoven-Sonate mit der Einrichtung von Greenhouse unbedingt eine Lupe, denn der Maßstab ist leider viel zu klein.

Grace Lin Anderson hat mir in einer Mail von ihrer sehr persönlichen Beziehung zu ihrem Lehrer Bernard Greenhouse geschrieben:

> „He was a wonderful teacher and mentor to me. Not only did he teach me extensively at his home in Cape Cod, he and his late wife Aurora also cooked and housed me. He also attended my wedding and got to know my growing family in North Carolina. I feel very fortunate to have been his student, and a direct link to Pablo Casals, whom he studied with in Prades."

Bernard Greenhouse besaß das berühmte „Countess of Stainlein ex-Paganini Stradivarius"-Cello von 1707. Das Instrument inspirierte seine Tochter Elena Delbanco zu einem Roman mit dem Titel „The Silver Swan", erschienen 2015 im Verlag Other Press. Die Parallelen des Plots zu ihrem eigenen Leben sind unübersehbar: Es geht um eine Tochter, ihren Vater, der ein bekannter Cellist ist, und um ein Stradivari-Cello.

Von Elena Delbancos Ehemann Nicholas Delbanco hinwiederum stammt das Buch „The Countess of Stanlein Restored: A History of the Countess of Stanlein Ex Paganini Stradivarius Cello of 1707" (Verso, 2001), englisch. Nicholas Delbanco wurde 1942 als Sohn deutscher jüdischer Eltern in London geboren. Er studierte an der Harvard University und an der Columbia University. Er gehört zu den anerkanntesten amerikanischen Schriftstellern. Die große Bedeutung, die er dem Schreiben als Ausdruck einer hohen Kultur beimisst, drücken die folgenden Worte aus: „It's one of the ways we preserve our shared culture, a signal to the future and a record of the past." (aus: „Why Writing Matters", Yale University Press, 2020)

Die interessante und in seiner Kürze verblüffende Grundaussage seines Buches „The Countess of Stanlein Restored" ist: „The Countess of Stanlein Stradivarius is only itself when played." Das Cello ist nur es selbst, wenn jemand es spielt. Ob Nicholas Delbanco es gefragt hat? Es kann schon sein, dass er vielleicht Recht hat.

Nachdem soeben mehrere Monografien von Cello-Standardwerken aufgeführt wurden, wäre es natürlich passend, wenn an dieser Stelle nun ein Buch über die beiden Sonaten von Johannes Brahms folgen könnte. Es ist ja zwar über diese großen Werke schon viel geschrieben worden, doch ich kenne leider keine Buchveröffentlichung, die ich hier nennen könnte. Für Tipps in dieser Beziehung bin ich sehr dankbar. Auf der Internetseite des Bärenreiter-Verlages findet sich ein Artikel von Clive Brown mit dem Titel „Brahms spielen – die Cellosonaten", den man unbedingt lesen sollte, wenn man sich informieren möchte. Es gibt dort wertvolle Tipps, wo man sich Anregungen zum Thema Spieltechniken, Fingersätze und Bogenstriche zur Brahms-Zeit holen kann. Man weiß, dass Brahms in jungen Jahren selbst einiges Geschick auf dem Cello entwickelt hatte, denn 1895 teilt er dem berühmten Cellisten Julius Klengel mit: „Sie müssen wissen, dass wir engere Kollegen sind. Als Knabe habe auch ich Cello gespielt und es sogar bis zu einem Rombergschen Konzert gebracht."

Gerhard Mantel (1930–2012) war zunächst ab 1953 Solocellist im Sinfonieorchester Bergen, Norwegen, und ab 1956 im Kölner Rundfunk-Sinfonieorchester des WDR. Ab 1958 konzertierte er als freiberuflicher Musiker in den meisten Ländern Europas, Nord- und Südamerikas, in Japan, Korea und im Nahen Osten. 1973 nahm er die Professur an der Hochschule für Musik und Darstellende Kunst in Frankfurt am Main an.

Gerhard Mantel hat zahlreiche wegweisende Publikationen zu didaktischen und instrumentalpädagogischen Themen in Lehrbuchform veröffentlicht. Fast alle diese Werke sind im Schott-Verlag Mainz erschienen. Es sind im Einzelnen die folgenden Titel:
- „Cellotechnik. Bewegungsprinzipien und Bewegungsformen" (Schott, Mainz 2011).
- „Cello üben. Eine Methodik des Übens nicht nur für Streicher. Von der Analyse zur Intuition" (1999).
- „Cello mit Spaß und Hugo. Ein neuer Weg zum Cellospiel", eine Celloschule in drei Bänden (1996), „Einfach üben. 185 unübliche Überezepte für Instrumentalisten" (2001).
- „Intonation. Spielräume für Streicher" (2005).
- „Interpretation. Vom Text zum Klang" (2007).
- „Etüden üben", drei Bände mit Kommentarband (2011).

Außerdem ist im Atlantis-Musikbuchverlag noch „Mut zum Lampenfieber. Mentale Strategien für Musiker zur Bewältigung von Auftritts- und Prüfungsangst" (Zürich/Mainz 2003) erschienen.

Hans-Joachim Dezelski: „Avanti Dilettanti – Lasst das Cello ertönen! For Thy Pleasure – Cellospielen für Erwachsene" (Books on Demand, 2019). Das Buch versucht einen Weg vorzustellen, sich das Cellospiel auf autodidaktischem Weg beizubringen. Der Autor – selbst ein Autodidakt – möchte keine falschen Erwartungen erwecken und macht darauf aufmerksam, dass dem Unterfangen des Selbstunterrichts Grenzen auferlegt sind. Aber er stellt seinem Leser auch das Erleben der Freude in Aussicht, wenn die ersten, selbst produzierten Töne erklingen und wenn daraus mit der Zeit Musik erwächst. Unter dem Schlagwort „Wünschenswerte Kenntnisse" steht da Folgendes zu lesen:

„Die wichtigste Frage: Wann kann ich so virtuos wie Yo-Yo Ma spielen? NIE!"

„Was kann ein Autodidakt erreichen? ... Formulierung des wichtigsten Zieles: Ich mache Musik vorerst nur zu meinem eigenen Vergnügen!"

„Jeder neue, selbst gespielte Ton ist ein Erfolg. Basta!"

Ich habe sehr zwiespältige Gefühle bei diesem Buch. Meiner Überzeugung nach kann man sich das Cellospiel nicht selbst beibringen. Es ist nicht möglich, alle Fehler, die sich zum Beispiel im Bogenarm einschleichen, selber zu erkennen – geschweige denn selber zu „kurieren". Und es ist für jeden Lehrer – egal wie brillant er auch sein mag –, sehr beschwerlich, in fast allen Fällen sogar unmöglich, solche jahrelang praktizierte Fehler im Nachhinein wieder zu beseitigen.

Auf der anderen Seite freut mich natürlich die Musikbegeisterung des Autors. Und es gibt noch einen weiteren, sehr wichtigen Aspekt: Ich habe es schon mehrmals erlebt, dass mir Menschen anvertraut haben, dass sie aus Angst auf die Erfüllung des Wunsches, ein Instrument zu erlernen, verzichtet hätten. Die Gründe für diese Ängste waren sehr unterschiedlich und lagen natürlich auch in der Persönlichkeit der jeweiligen Person verborgen. Mehrheitlich war es die Angst, sich eventuell vor einem Lehrer zu blamieren, oder es war die eigene Überzeugung, „unmusikalisch" zu sein. In diesen Fällen könnte Dezelskis Buch Abhilfe schaffen und einen Zugang zum Cello ermöglichen.

Zum Thema „Fachliteratur" gehören heute auch die Originalquellen der unterschiedlichsten Art. Das wären für uns als Musiker natürlicherweise zunächst die Notenhandschriften, doch die fallen hier nicht direkt unter unser Thema. Es gehören dazu z. B. aber auch Briefe wie Beethovens berühmtes sogenanntes „Heiligenstädter Testament" (1802), Verträge wie z. B. Haydns Arbeitsvertrag, in dem genau vorgeschrieben ist, welche Perücke er zu welchem Anlass zu tragen hat, und Tagebücher. Quellen dieser Art gibt es in unterschiedlichem Umfang über nahezu jeden wichtigen Komponisten, und sie vermitteln ungeahnte Einblicke in ihre Lebensumstände und in gewissen Maße in ihre Persönlichkeit. Das Lesen darüber kann einen Musiker dazu bewegen, eine völlig neue musikalische Richtung einzuschlagen. Wie schon gesagt, gibt es sehr viele solcher Quellen, und ich möchte hier nur drei Beispiele nennen.

Da ist zunächst Walter Kolneders „Antonio Vivaldi, Dokumente seines Lebens und Schaffens" (Hinrichshofen, Wilhelmshaven 1979). Verschiedenste Dokumente wie Urkunden, Verträge, Briefe, Gemälde, ja sogar Briefmarken, Medaillen und Plakate geben Auskunft über Vivaldis Leben; seine Familie, die Arbeitsverhältnisse und -bedingungen, über seine Arbeit als angesehener Opernkomponist und seinen Aufstieg als Violinvirtuose und Komponist. Erhellend sind auch die Reproduktionen von Gemälden, die uns Vivaldis Heimatstadt Venedig zeigen, und die Skizzen zu Bühnenbildern von zeitgenössischen Opernproduktionen.

Aus einem auf Seite 146 abgedruckten Sitzungsprotokoll vom 20. September 1720 geht hervor, dass Vivaldi am „Seminario dell'Ospitale della Pietà", einem Waisenhaus für Mädchen, fürderhin nicht nur für die Ausbildung der Geigerinnen des dortigen Orchesters zuständig sein, sondern in Zukunft auch den Cellounterricht erteilen soll: „Über Anregungen, die dieser Anstalt von der Güte der Herren beauftragten Verwaltern der Kirche und des Ensembles mit soeben verlesenem Schreiben gemacht wurden, ist es als unbedingt notwendig dargestellt, dass es wenigstens eine Zeitlang in diesem Ensemble einen Violoncellolehrer gibt, um es in eine vollkommene Harmonie im Zusammenspiel zu bringen. Es findet Anklang, sich des Ehrwürdigen D. Antonio Vandini (ausgebessert in Vivaldi), Priesters, zu bedienen, ..." (Bericht zur Sitzung 27. September 1720, in der Vivaldi zum Cellolehrer gewählt wurde. Venedig, Archivio di Stato, Nottatorio dell'Ospitale della Pietà)

Vivaldi hat 27 Cellokonzerte und ein Konzert für zwei Celli geschrieben. Zusätzlich hat sich ein Flötenkonzert mit einer Einrichtung für Violoncello erhalten. In der Mehrzahl sind diese Stücke wohl für die Cellistinnen des Waisenhauses entstanden. Es stellt sich nun die Frage, inwieweit sie ursprünglich mit geigerischen Mitteln gespielt wurden, besonders was die Fingersätze betrifft. Hat Vivaldi seinen Celloschülerinnen möglicherweise beigebracht, Geigenfingersätze zu benutzen? Oft hat man ja auch bei den Sonaten den Eindruck, dass einem einfach – salopp gesagt – ein Finger fehlt, damit die Stelle „gut liegt".

In diesem Zusammenhang möchte ich auf das Buch von Nancy Price, „The Cellist's Vivaldi", aufmerksam machen. Thema sind Vivaldis Konzerte und Sonaten für Violoncello (Verlag Lulu, 2014), englisch.

Eine wichtige Quelle war für mich das „Tagebuch einer musikalischen Reise (1770–1772) von Charles Burney. In diesem Buch hielt Burney seine persönlichen Eindrücke von den Musikdarbietungen fest, die er auf seiner Reise durch Frankreich, Italien, durch Flandern, die Niederlande und am Rhein bis Wien, durch Böhmen, Sachsen, Brandenburg, Hamburg und Holland erlebt hatte. Burney äußert sich zusätzlich über alles, was ihm am Rande seiner Reisen auffällt. Er beschreibt den Zustand von Orgeln, das Verhalten des italienischen Publikums bei Opernaufführungen, seinen Besuch in der Vatikanischen Bibliothek, die von der preußischen Belagerung zerstörten Häuser von Prag, zeichnet ein Porträt des 78-jährigen Voltaire usw. Der Bericht war mit dafür „verantwortlich", dass ich mich für die historische Aufführungspraxis auf originalen Instrumenten zu interessieren begann und mich um ein Barockcello bemühte. Da tat sich dann eine neue musikalische Welt auf. Später führte mich dieser Weg noch zur Viola da gamba und damit zum Cellisten und Gambisten Siegfried Pank (geb. 1936), der an der Musikhochschule Leipzig 1991 die Studienrichtung „Alte Musik" gründete und aufbaute. Er wirkt bis heute als Instrumentalist, Pädagoge und als Juror bei zahlreichen Wettbewerben. Es ist erstaunlich, dass eine ausführlichere Biografie über Siegfried Pank noch nicht geschrieben wurde.

Eine dritte Quelle als Beispiel möge hier genügen. Es handelt sich um das bekannte Lehrbuch von Joachim Quantz, „Versuch einer Anweisung die Flöte traversière zu spielen", das dieser für seinen Schüler Friedrich den Großen verfasste. Das Buch widmet sich nicht nur dem Traversflötenspiel, sondern gibt in den hinteren Kapiteln minutiös formulierte technische Ratschläge dafür, wie die anderen Instrumente sich beim gemeinsamen Musizieren – besonders beim Begleiten – zu verhalten haben. So lesen wir z. B. über die Kontaktstelle des Bogens: „Um aber darinne (gemeint ist, die erforderliche Zitterung der Seyte') die rechte Maaße zu treffen, halte ich dafür, daß, wenn ein guter Violinist, um einen dicken männlichen Ton heraus zu bringen, den Bogen einen Finger breit vom Stege abwärts führet, daß alsdenn der Bratschist die Entfernung von zweenen, der Violoncellist von drey, bis vier, und der Contraviolinist von sechs Fingern breit nehmen müsse. Man merke, daß auf den dünnen Seyten eines jeden Instruments, der Bogen etwas näher am Stege, auf den dicken Seyten aber, etwas weiter von ihm abwärts geführet werden könne."

Uns Cellisten ist – wie allen anderen Instrumentalisten auch – ein eigener Abschnitt gewidmet: „IV. Abschnitt. Von dem Violoncellisten insbesondere. 1. §. Wer auf dem Violoncell nicht nur accompagniret, sondern auch Solo spielet, thut sehr wohl, wenn er zwey besondere Instrumente hat; eines zum Solo, das andere zum Ripienspielen, bey großen Musiken. Das letztere muß größer, und mit dickern Seyten bezogen seyn, als das erstere. Wollte man mit einem kleinen und schwach bezogenen Instrumente beydes verrichten; so würde das Accompagnement in einer zahlreichen Musik gar keine Wirkung thun. Der zum Ripienspielen bestimmte Bogen, muß auch stärker, und mit schwarzen Haaren, als von welchen die Seyten schärfer, als von den weißen angegriffen werden, bezogen seyn."

Bei dem Buch „Barockcello – Ein Lehrbuch für fortgeschrittene Schüler, Lehrer und interessierte Laien" (Ortus Musikverlag) von Tobias Bonz handelt es sich nicht um eine Originalquelle, sondern um eine Kompilation von Originalquellen. Es zeigt exemplarisch, wie die historischen Quellen aus Italien, Frankreich, England und Deutschland zusammengefasst und für den heutigen Cellounterricht nutzbar gemacht werden können. In der Auswahl wurden Werke berücksichtigt, die nach Meinung des Autors für den heutigen Umgang mit der Musik des 17. bis 19. Jahrhunderts hilfreich sind, nämlich aus den Celloschulen von Corrette (1741), Cupis (1772), Muntzberger (1802), Breval (1804), Duport (1806) und vor allem Dotzauer (1824 und 1833) sowie aus der Violinschule von Geminiani (1751, als Transkriptionen). Einige Kapitelüberschriften des Buches geben an, woher die Übungen stammen, z. B.: 4.4: Urstudie von Duport, 6: Barocke Tonleitern nach Cupis und Geminiani, 7.4: Urstudie von Laurenti, 8: Martelé und Staccato nach Stoeving und Dotzauer, 9: Große Intervalle nach Dotzauer und Geminiani, 10: Doppelgriffe nach Dotzauer und Duport, 13.4: Urstudie von Baillot, 15.4: Urstudie von Cossmann.

Es ist faszinierend zu beobachten, wie das Cellospiel über die Jahrhunderte hinweg von den verschiedenen Meistern entwickelt wurde. Weitere wichtige Themen finden z. B. in folgenden Kapiteln Beachtung: 5: Bogenstrich in Takt und Tanz um 1700, 6.1: Historische Fingersätze, 11: Das Tempo in Italien um 1700, 13.1: Barocke Strichkombinationen, 14: Präludien und Kadenz, 14.2: Verzierte Fermaten, 15.3: Verzierung einer Melodie, 18.1: Italienisches Rezitativ im 17. Jahrhundert. Das Buch „Barockcello" ist ganz aus der Erfahrung des konzertierenden Cellisten heraus geschrieben worden, und ebenso ist die große Unterrichtserfahrung von Tobias Bonz herauszuspüren. Hier wird nicht lange „gefackelt", sondern hier geht es gleich zur Sache!

Filme

Der Kinofilm und teilweise auch der Fernsehfilm haben eine dem Roman ähnliche Erzählstruktur, und vielfach ersetzt heute sogar die Romanverfilmung das ursprünglich zugrunde liegende Buch. Typische Genres der Literatur wie der Abenteuer- und Liebesroman, die Biografie, die Komödie, das Drama, der Krimi und der Historische Roman kommen auch im Film vor. Deswegen werden im Folgenden einige wenige Filme genannt, in denen das Cello eine besondere Rolle spielt. Es sind vor allem Filme, von denen man sich wünschte, dass man sie in einem kleinen Programmkino – so gegen Mitternacht – ansehen könnte, möglicherweise mit einem guten Weinchen dazu.

Es geht hier also nicht um Interviews mit Musikerpersönlichkeiten, Features oder aufgezeichnete Livekonzerte bzw. Recitals, so interessant sie auch sein mögen.

„Ariane – Liebe am Nachmittag", mit Audrey Hepburn und Gary Cooper, Regisseur: Billy Wilder (Vereinigte Staaten 1957). Es ist wunderbar, Audrey in ganz jungen Jahren zu erleben. Gary Cooper ist zwar toll, aber besser mit Grace Kelly. Ariane ist eine Cellostudentin in Paris, Frank Flanagan (Gary Cooper) ist ein abgeklärter Mann von Welt – also ein sehr ungleiches Pärchen.

„Ich und meine Schwester", Italienische Tragikomödie von 1987, Originaltitel: „Io e mia sorella", Dauer: 105 Min., Regisseur: Carlo Verdone, mit Ornella Muti, Thomas Arana, Carlo Verdone und Elena Sofia Ricci

Carlo (Carlo Verdone) und seine Ehefrau Serena (Elena Sofia Ricci) führen ein ruhiges Leben in geordneten Verhältnissen. Beide spielen im Opernorchester eines kleinen Städtchens, er als Oboist und sie als Cellistin. Da stirbt Carlos Mutter, und am Tage ihrer Beerdigung taucht Carlos jüngere Schwester Silvia (Ornella Muti) nach Jahren wieder in ihrem Heimatstädtchen auf und bringt Carlos und Serenas Welt durch ihr chaotisches Temperament völlig durcheinander.

James Bond! Wer hätte sich träumen lassen, dass ein Cello je die Hauptrolle in einem James Bond 007-Film übernimmt. Gut, es ist nicht die absolute Hauptrolle, denn James ist ja auch noch da, und dann gibt es auch noch seine Hauptgeliebte für den Moment. Aber spätestens dann kommt unser Violoncello! Gespielt von einer Scharfschützin mit hoher Trefferquote, aber auch mit Gefühl und allem, was bei einem James Bond-Spektakel dazugehört.

„James Bond – Der Hauch des Todes" (Vereinigtes Königreich 1997)

Besonders empfehlen möchte ich jedem Cellofan den Film „Ach, diese Frauen" (Schweden 1964). Es handelt sich um eine der wenigen Komödien Ingmar Bergmans. Wenn man diesen Film sieht, hat man das Gefühl, dass Woody Allen neben einem im Kino sitzt. Mit staunend weit aufgerissenen Augen hinter der schwarzen Hornbrille und halboffenem Mund, der sich bei den entsprechenden Stellen ganz leicht zu einem angedeuteten, verständnisinnigen Lächeln verzieht. So, wie man es gleich zu Anfang seines Films „Mach's noch einmal Sam" sehen kann, als er sich wahrscheinlich zum hundertsten Male die Schlussszene von „Casablanca" ansieht.

Zur Handlung: Der berühmte, alternde Cellostar Felix hat sich mit seiner Gattin und seinen sechs Geliebten in seine extravagante Villa zurückgezogen. Eines Tages dringt in die an der Oberfläche friedlich erscheinende Atmosphäre des Hauses der Musikkritiker Cornelius ein. Ahnungslos wird er binnen kurzem in ein verwirrendes Intrigenspiel verstrickt.

Der Fernsehfilm „Saraband" (2003) war Ingmar Bergmans letzter Film. Auch hier spielt das Cello eine große Rolle. Karin bekommt von ihrem Vater Cellounterricht. Sie möchte sich auf die Aufnahmeprüfung in einem Musikkonservatorium vorbereiten. Als Karin die Möglichkeit erhält, an der Sibelius-Akademie in Helsinki vorzuspielen, gerät sie in einen Zwiespalt. Aber sie beschließt letztlich, ihren eigenen Weg zu gehen, und nimmt einen Studienplatz an einer Musikhochschule in Hamburg an.

„Die Hexen von Eastwick" (USA 1987), Komödie mit Starbesetzung: Michelle Pfeiffer, Susan Sarandron, Cher, Jack Nicholson, und dem Dvořák-Cellokonzert. Daryl Van Horne (Jack Nicholson) ist nicht der Kunstsammler, für den man ihn in der Kleinstadt Eastwick hält, sondern der Teufel selbst. Nacheinander verführt er die drei Freundinnen Alexandra, Sukie und Jane.

Jane spielt Cello. Als eines Tages Daryl Van Horne bei ihr auftaucht, die Geige unterm Arm, braucht es nicht lange, bis er beim gemeinsamen Musizieren Janes Leidenschaft entfacht hat. Der Auftritt des Cellos ist zwar nur kurz, aber umso feuriger.

„Der Tote im Watt", Krimi, Fernsehfilm, Regie: Maris Pfeiffer (Deutschland 2013). Komposition: Jörg Lemberg, Cellist: Andreas Schäfer, Darstellerin: Petra Schmidt-Schaller.

Jeanne, die Schwester des Ermordeten, spielt Cello. Auch die Filmmusik, die die Melancholie des Watts unterstreicht, wird von Celloklängen geprägt.

In der US-amerikanischen Sitcom „The Big Bang Theory" von Chuck Lorre und Bill Prady (CBS, 2007–2019) gibt es mehrere Episoden, in denen Leonard, eine der Hauptpersonen, Cello spielt. Er trifft sich z. B. mit Kollegen von der Universität, an der er als Physiker arbeitet, um mit ihnen Quartett zu spielen, oder er spielt für seine Freundin Penny ein Ständchen. In mehreren Folgen wird von den anderen Charakteren der Serie immer wieder mal die Gelegenheit ergriffen, ihn wegen seines Cellospiels zu hänseln. Leonards lakonischer Kommentar lautet dann: „Meine Mutter hat mich dazu gezwungen, Cello zu lernen. Sie war wohl der Meinung, dass ich auf dem Schulhof noch nicht oft genug verprügelt würde." Das ist übrigens ein Thema, das in der gesamten Literatur, die wir oben behandelt haben, völlig ausgespart bleibt.

„Schuld – nach Ferdinand von Schirach: Das Cello", vierte Episode aus der Fernsehserie des ZDF (Deutschland 2017), Drama; Regie: Hannu Salonen. Dem Film liegt das Buch „Verbrechen", daraus die Kurzgeschichte „Das Cello", von Ferdinand von Schirach zugrunde (Piper Verlag, München 2009). Zur Handlung siehe oben im Kapitel „Romane", S. 29 f.

„Dina – meine Geschichte", Regie: Ole Bornedal, Darsteller: Maria Bonnevie und Gérard Depardieu (2002), nach dem Roman von Herbjorg Wassmo. Zur Handlung siehe oben, S. 27.

„Der Solist" von Joe Wright (Vereinigte Staaten, 2009), Filmdrama. Bitte nicht verwechseln mit dem Krimi „Der Solist" von Thomas Kretschmann. Die Hauptrollen spielen der Oscar-Preisträger Jamie Foxx und Robert Downey Jr. Der Film entstand nach dem gleichnamigen Buch von Steve Lopez und hat in der öffentlichen Kritik leider nicht für ungeteilte Begeisterung gesorgt. Die Filmzeitschrift Cinema drückte es so aus:

„Die Absicht des Films, auf das Schicksal der Obdachlosen in der Stadt der Engel aufmerksam zu machen, ist redlich. Es wäre zu wünschen gewesen, dass dies nicht in einer solch nüchternen Erzählweise geschieht, die völlig unberührt lässt. Fazit: Leidenschaftsloser Appell an die Menschlichkeit."

Ich habe den Film natürlich auch gesehen. Da mich das Thema interessierte, fand ich auch den Film interessant. Der zitierten Kritik stimme ich aber zu. Zur Handlung siehe oben im Kapitel „Romane", S. 31.

Die DVD des Filmes habe ich vor knapp zehn Jahren von einem meiner Schüler geschenkt bekommen. Diesen Schüler hielt ich, vor allem was das Manuelle betraf, für sehr begabt, und so passierte eines Tages die folgende Geschichte. Ich war mit einer Schülerin in ihren Cellounterricht vertieft, da öffnete sich plötzlich die Tür, und der nachfolgende Schüler, eben jener mit der manuellen Begabung, stand im Unterrichtsraum. Dies war sehr verwunderlich, weil die Tür von außen eigentlich nur mit einem Schlüssel zu öffnen war, denn es war dort keine Klinke angebracht, sondern nur ein Knauf. Die Schülerin und ich starrten ihn daher, mitten aus der Arbeit gerissen, verblüfft an. Er blickte schüchtern zurück und murmelte vor sich hin: „Ich wollte nur mal ausprobieren, ob ich mit meiner Bankkarte die Tür hier aufbekomme..." Er war definitiv manuell begabt.

„Nokan – Die Kunst des Ausklangs" (Japan 2008). Oscar für den besten fremdsprachigen Film 2009, zahlreiche weitere Auszeichnungen. Der Cellist Daigo Kobayashi verliert seine Stelle, als das Orchester, bei dem er engagiert ist, aufgelöst wird. Er sucht sich eine neue Arbeit und findet ziemlich schnell eine: bei einem Leichenwäscherunternehmen.

Dem außergewöhnlichen Film von Yōjirō Takita (Regie) und Kundo Koyama (Drehbuch) gelingt es, mit Humor und Komik das Tabuthema Tod aufzubrechen.

„Hilary und Jackie", Regie: Anand Tucker, Darsteller: Rachel Griffiths, Emily Watson (Großbritannien 1998), weitgehend an das Buch „Ein Genie in der Familie" („A Genius in the Family") von Hilary und Piers du Pré angelehnt. Von der Kritik wurden neben den darstellerischen Leistungen von Emily Watson (Jackie) und Rachel Griffiths (Hilary) besonders die exquisite Kameraarbeit von David Johnson (geb. 1954) und der erlesene Soundtrack des australischen Komponisten Barrington Pheloung (1954–2019) hervorgehoben.

Jacqueline du Prés Ehemann Daniel Barenboim distanzierte sich ausdrücklich von dem Film.

„Cello" (2017), von Angie Su. Der knapp 20 Minuten dauernde Film zeigt den berühmten Cellisten Lynn Harrell (1944–2020) in der Rolle des Meistercellisten Ansel Evans, der an ALS erkrankt ist, einer nicht heilbaren degenerativen Erkrankung des motorischen Nervensystems. Bei seinem Kampf mit der Krankheit bekommt die Beziehung Ansel Evans' zu seiner Enkelin, gespielt von Samantha Desman, ein neues Gewicht.

Abb. 79: Filmregisseurin Angie Su und der US-amerikanische Cellist Lynn Harrell.

„El Encuentro – Ein Film für Bandoneon und Cello, Dino Saluzzi – Anja Lechner" (Schweiz 2011), Dokumentarfilm, Regie: Norbert Wiedmer und Enrique Ros.

Gegenstand des Films ist zunächst die Begegnung des argentinischen Bandoneonspielers und Komponisten Dino Saluzzi (geb. 1935) mit der deutschen Cellistin Anja Lechner (geb. 1961). Es treffen zwei Welten aufeinander: die Welt des südamerikanischen Tangos auf die der europäischen Musik.

Anja Lechner studierte bei Heinrich Schiff in Köln und Basel und bei János Starker in Bloomington. Sie fühlt sich in der klassischen sowie in der improvisierten Musik gleichsam zuhause. In den 1980er-Jahren widmete sie mehrere CD-Projekte dem Tango, so z. B. die Produktionen „Tango Mortale" (Skarabäus Records 1986) und „Tango Mortale Blue" (Vergo, Mainz 1989). Beide Aufnahmen entstanden mit dem Pianisten und Komponisten Peter Ludwig. Für die CD „Tango mortale" erhielt das Duo den Preis der Deutschen Phono-Akademie. Seit Anfang der 1990er-Jahre arbeitet Anja Lechner mit Dino Saluzzi zusammen

In „El Encuentro – Ein Film für Bandoneon und Cello" geht es nicht ausschließlich um den Tango. Tatsächlich werden Anja Lechner und Dino Saluzzi bei ihrer Arbeit mit den verschiedensten Ensembles und Komponisten begleitet. Anja Lechner spricht viel über die große Bedeutung, die sie dem Reisen für ihre Musik beimisst. Die Länder, die sie besonders gerne immer wieder besucht, sind Argentinien und Armenien. Es klingt, als sei sie selber überrascht, als sie beiläufig feststellt: „Eigentlich sind alle Musiker, mit denen ich im Moment spiele, aus einem anderen Kulturkreis."

Im Film gibt es übrigens eine längere Episode, die Anja Lechner bei der Zusammenarbeit mit dem armenischen Komponisten Tigram Mansurian (geb. 1939) zeigt. Anlass ist die Aufführung des zweiten Cellokonzertes von Mansurian.

Von dem aus Südkorea stammenden US-amerikanischen Künstler Nam June Paik ist der 28 Minuten dauernde Film „Global Groove" (1973). Der Film besteht aus mehreren Teilen, deren Motive sich jeweils später noch mehrmals wiederholen. Wie oben schon erwähnt, gibt es auch einen Abschnitt, in dem Charlotte Moorman mit dem „Nam June Paik TV-Cello" zu sehen ist. Die ästhetische Wirkung der aus Filmclips zusammengestellten Collage besteht in der bis zur Verfremdung getriebenen technischen Manipulation der Bilder. Auch der Ton des Videos ist stellenweise verfremdet. Der Hörer kann z. B. an einer Stelle deutlich erkennen, dass Charlotte Moorman den berühmten „Schwan" von Camille Saint-Saëns spielt, aber der Klang von Cello und dem übrigens nicht gezeigten Klavier verschwimmt hier und da im Hall, wird wieder deutlicher und taucht wieder ab. Insgesamt betrachtet ist das Video eine bunte, tosende Bild- und Klangflut, die über den Betrachter hinwegrollt. Beim mehrmaligen Betrachten findet man sich dann schon besser zurecht und kann einige Stellen genießen. Sehr interessant sind einige interviewartige Einschübe mit dem Komponisten John Cage.

Peter Land: „The Cellist" (1998), Dauer: 9:10 Min.

Zum „Schwan" von Camille Saint-Saëns tanzt ein nackter Cellist graziös wie eine Ballerina um sein Cello herum und versucht sich in einigen Hebefiguren – alles aufgenommen in Slow Motion.

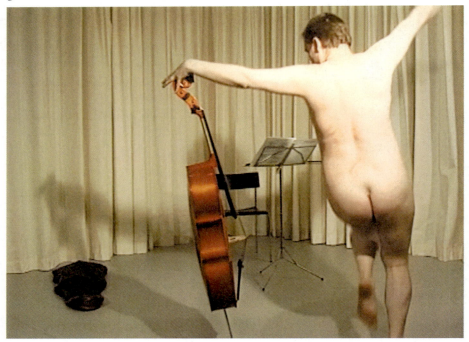

Abb. 80: „The Cellist", film still aus einem Kurzfilm von Peter Land, 1998.

Der dänische Künstler Peter Land (geb. 1966) arbeitet in den Bereichen, Installation, Performance, Video und Grafik. Seine Arbeiten beschäftigen sich – könnte man sagen – in „burlesker" Weise mit verschiedenen Arten des männlichen Scheiterns. Bei dem Video „The Cellist" bleibt der Betrachter bis zuletzt im Unklaren darüber, ob der Protagonist das Cello, das er so liebevoll umtanzt, auch spielen kann.

„Mein blaues Cello" (Produktion: Paolo-Film, 2010), Dokumentarfilm, Dauer: 62 Min.

Der deutsche Cellorevolutionär Frank Wolff, geboren 1945, bewegt sich musikalisch zwischen „E- und U-Musik", zwischen Bach und Jimi Hendrix. 2007 erhielt er die Goetheplakette der Stadt Frankfurt am Main. Frank Wolff lebt zurzeit in Berlin.

In einem Bericht, der am 28. August 2020 in der Frankfurter Allgemeinen Zeitung unter der Schlagzeile „Der mit dem Cello tanzt" anlässlich seines 75. Geburtstages erschien, stellte er fest:

"Auch wenn meine Finger nicht mehr so schnell sind, ich spiele heute so gut wie noch nie in meinem Leben."
Der Regisseur Wolfgang Würker begleitete den Ausnahmecellisten über einen längeren Zeitraum und zeichnet ein eindrucksvolles Porträt des Musikers. Die Filmaufnahmen entstanden in Frankfurt am Main und Umgebung, an der Mosel, auf Helgoland, in Berlin und Oslo. Weitere Mitwirkende sind der Sänger und Dirigent Markus Neumeyer, die Sängerin Ingrid El Sigai, der Kulturredakteur Hans Riebsamen, die Malerin Friederike Walter, der Politiker Wolfgang Thierse, der Winzer Ulrich Stein und die Fotografin Barbara Klemm.

Abb. 81: Frank Wolff: „Mein blaues Cello", CD-Cover (Parthas Verlag Berlin).

Schon 2003 erschien die CD „Mein blaues Cello" (beim Parthas Verlag Berlin). Frank Wolff erzählt in diesem Konzertmitschnitt von seinem künstlerischen und politischen Leben.

Die „Höhle der vergessenen Träume" (Frankreich, USA, Großbritannien, Kanada, Deutschland, 2011), Regie: Werner Herzog.

Erst 1994 wurden im südfranzösischen Ardèche-Tal die sogenannten Chauvet-Höhlen entdeckt. Das war aus verschiedenen Gründen eine wissenschaftliche Sensation. Die ca. 400 Wandbilder sind bis zu 32 000 Jahre alt und bedecken die Wände eines 400 Meter langen Höhlensystems. Leider sind die Malereien sehr empfindlich, so dass bisher nur wenige Menschen die Höhlen betreten durften. Neben einem Team von Wissenschaftlern war das der deutsche Regisseur Werner Herzog, der unter strengsten Auflagen im Frühjahr 2010 mit einem kleinen Team von drei Leuten und nur ungenügender technischer Ausstattung dort drehen durfte.

Leider wurde an dem Film viel „herumgemäkelt". Ich kann mich dem überhaupt nicht anschließen. Alleine die Bilder der wunderbaren Malereien wiegen Schwächen, die dem einen oder anderen aufgestoßen sein mögen, bei weitem auf. Außerdem schafft es Werner Herzog, sein Publikum nachhaltig für die Erschaffer der Malereien zu interessieren. Er erzählt von den Ursprüngen der Menschheit; jedoch nicht nur von den Bedürfnissen und Lebensbedingungen des damaligen Menschen ist die Rede, sondern – wie der Titel des Films es poetisch ausdrückt – von seinen „verlorenen Träumen", also seiner Spiritualität.

Es geht eine ungeheure Faszination von dem Gedanken aus, dass die Höhle von Menschen unserer Zeit nun erstmalig wieder betreten wird, nachdem ein Felssturz den Eingang vor 20 000 Jahren versiegelt hatte. Zwischen manchen Malereien, die da nebeneinander an den Wänden zu sehen sind, liegen 5 000 Jahre – was sind das für ungeheure Dimensionen!

Für uns Cellisten kommt hinzu, dass es auch ein Cellofilm ist, denn der Soundtrack stammt von dem niederländischen Cellisten Ernst Reijseger (geb. 1954). Seine Musik für Chor, Orgel, Klavier, Flöte und (natürlich) Cello ist ein komplexes Klanggemälde, das sich im Film mitunter fast schon zu sehr in den Vordergrund schiebt – aber das ist ja Geschmackssache.

Die gemeinsame Arbeit von Werner Herzog und Ernst Reijseger beschränkte sich bei weitem nicht nur auf den Film „Höhle der vergessenen Träume". Weitere Filme, zu denen Reijseger ebenfalls die Musik komponierte, waren z. B. „The White Diamonnd" (2004) und „The Wild Blue Yonder" (2005). Sehr aufschlussreich ist auch der kurze Film „Shadow, Ode to the Dawn of Man : Making of music to Cave of Forgotten Dreams", den Werner Herzog bei der recording session zur „Höhle..." gefilmt hat.

2019 wurde an Ernst Reijseger der Filmpreis der Werner Herzog Stiftung verliehen. Werner Herzog äußerte sich dazu mit folgenden Worten: „Ernst Reijseger hat Musik komponiert, die weit mehr als ein Hintergrundgefühl für einen Film ist. Seine

Abb. 82: Der Avantgarde-Cellist Ernst Reijseger mit seinem fünfsaitigen Cello, Filmstill aus „Shadow, Ode to the Dawn of Man: Making of music to Cave of Forgotten Dreams", gefilmt von Werner Herzog bei der recording session.

Musik hat oft die Rolle eines Hauptdarstellers, gleichermaßen in Dokumentar- wie in Spielfilmen."

Ernst Reijseger begann im Alter mit acht Jahren, Cello zu spielen. Seit den frühen 1970er-Jahren interessierte er sich zunehmend für die Improvisation. Sein Lehrer, der renommierte Cellist Anner Bylsma, riet ihm daraufhin, das Studium am Amsterdamer Konservatorium abzubrechen und seinem eigenen Weg zu folgen. Es gibt einige interessante YouTube-Filmchen von seinen live-Auftritten im Internet.

Der große Komponist Richard Strauss (1864–1949) schuf eine bedeutende Reihe von Tondichtungen. Werke wie „Till Eulenspiegels lustige Streiche" op. 28 (1894–1895), „Also sprach Zarathustra" op. 30 (1896) und „Ein Heldenleben" op. 40 (1898) folgen direkt literarischen Vorlagen. So wurde auch der Roman „Don Quijote de la Mancha" des spanischen Schriftstellers Miguel de Cervantes für Richard Strauss zu einer wichtigen Inspirationsquelle.

In der sinfonischen Dichtung „Don Quixote – Fantastische Variationen über ein Thema ritterlichen Charakters" op. 35 (1897) für Solocello, Solobratsche und großes Orchester, entstanden 1897 in München, verkörpert das Cello die Gestalt des Don Quixote, während die Bratsche seinen treuen Weggefährten und Knappen Sancho Pansa darstellt. Richard Strauss fügte seiner Partitur nachträglich zu den einzelnen Abschnitten des Werks kurze programmatische Erläuterungen zum besseren Verständnis hinzu. Die Satzfolge lautet:

1. Introduktion: Mäßiges Zeitmaß – Don Quichotte verliert über der Lektüre der Ritterromane seinen Verstand und beschließt, selbst fahrender Ritter zu werden
2. Thema. Mäßig – Don Quichotte, der Ritter von der traurigen Gestalt
3. Maggiore – Sancho Pansa
4. Variation I: Gemächlich – Abenteuer an den Windmühlen
5. Variation II: Kriegerisch – Der siegreiche Kampf gegen das Heer des großen Kaisers Alifanfaron
6. Variation III: Mäßiges Zeitmaß – Gespräch zwischen Ritter und Knappen
7. Variation IV: Etwas breiter – Unglückliches Abenteuer mit einer Prozession von Büßern
8. Variation V: Sehr langsam – Die Waffenwache
9. Variation VI: Schnell – Begegnung mit Dulzinea
10. Variation VII: Ein wenig ruhiger als vorher – Der Ritt durch die Luft
11. Variation VIII: Gemächlich – Die unglückliche Fahrt auf dem venezianischen Nachen
12. Variation IX: Schnell und stürmisch – Kampf gegen vermeintliche Zauberer
13. Variation X: Viel breiter – Zweikampf mit dem Ritter vom blanken Mond
14. Finale: Sehr ruhig – Wieder zur Besinnung gekommen

Auf dem YouTube-Kanal kann man sich nun einen guten Überblick über die verschiedenen Interpreten verschaffen, die sich des schwierigen Celloparts angenommen haben. Besonders interessant sind dabei vor allem die Ideen der Produzenten, die erzählerische Handlung filmisch umzusetzen. Es gibt mehrere Ballettfassungen, einige Versionen, die die Don Quixote-Illustrationen von Gustave Doré zeigen usw. Auch in der bekannten Reihe „New York Phiharmonic Young People's Concerts" wird der Don Quixote von Leonard Bernstein vorgestellt. Und schließlich gibt es eine Produktion mit Mstislav Rostropowitsch, die mir persönlich am besten gefällt. Es ist die Filmproduktion „Last Don Quixote" mit Mstislav Rostropovich, Seiji Ozawa und dem Saito Kinen Orchestra (2010). Ergänzend zu der Konzert-Aufführung werden speziell gefilmte narrative Filmclips eingeblendet. Sie zeigen Rostropowitsch wie einen Schauspieler agierend beim Studium des Don Quixote von Miguel de Cervantes. Den Film gibt es als DVD und auch als Bestandteil der Seiji Ozawa 75th Anniversary Box Set (2011).

Mstislav Rostropowitsch war dieses Projekt sehr wichtig, besonders auch, dass er mit Seiji Ozawa zusammenarbeiten konnte. Der Film macht deutlich, dass er sich sowohl als Cellist, aber auch als Mann im vorgerückten Alter, stark mit den beiden Don Quixotes von Miguel de Cervantes und Richard Strauss identifizierte. Es ist seine letzte Aufführung des Don Quixote, und somit stellt der Film eine Art Vermächtnis dar.

Kinder- und Jugendfilme

„The Cellist", von 2020, Dauer 2 min. Der kurze Film ist von Angelica Rodriguez, und sie gibt auf ihrem YouTube-Kanal eine kurze Inhaltsangabe: „Claymation video. A cellist cat showing a regular day at work" (Knetfiguren-Video. Der normale Arbeitstag einer Cellokatze).

„Goshu, der Cellist" ist ein Anime-Film aus dem Jahre 1982. Regie und Drehbuch: Takahata Isao. Dauer ca. 60 min. Die Handlung basiert auf einer Geschichte des japanischen Dichters und Schriftstellers Miyazawa Kenji. Der Film handelt von einem Cellisten namens Goshu, der durch die Hilfe von Tieren ein besserer Musiker wird.

„Lauras Stern und der geheimnisvolle Drache Nian" (Deutschland/China, 2009), computeranimierter Trickfilm. Zur Handlung siehe auch Buch zum Film oben, S. 70.

„Die Pfefferkörner, Das Cello", Staffel 16, Folge 196. „Die Pfefferkörner" ist eine deutsche Kinder- und Jugendfernsehserie, die seit 1999 existiert. Krissis Cello wird gestohlen und taucht bei einem Geigenbauer wieder auf. Die Pfefferkörner ermitteln auf Hochtouren. Die Folge dauert ca. 30 Minuten und wurde am 23. November 2019 das erste Mal gesendet.

„Hanni und Nanni" (Deutschland 2010), Jugendfilm-Komödie, basierend auf Enid Blytons gleichnamiger Kinderbuchreihe.

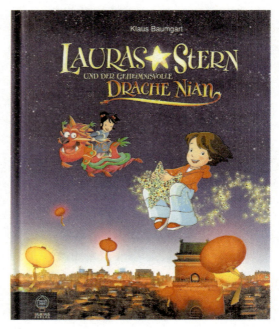

Abb. 83: „Lauras Stern und der geheimnisvolle Drache Nian".

Es ist der erste Film von inzwischen drei Hanni-und-Nanni-Filmen. Siehe auch das Buch zum Film oben, S. 78.

„Herz über Kopf – Die Melodie ihres Lebens" (Belgien, Frankreich, 2016), Tragikomödie. Regie: Michel Boujenah, Darsteller: Pascal Elbé und Charles Berling.
   Der Film basiert auf dem französischen Kinderbuch „Le cœur en braille" von Pascal Ruter. Die zwölfjährige Marie kann wunderbar Cello spielen. Eines Tages stellt sich jedoch heraus, dass sie an einer Augenerkrankung leidet und in naher Zukunft blind sein wird. Trotzdem möchte Marie unbedingt vorher die Aufnahmeprüfung an einer bekannten Musikhochschule bestehen. Sie bittet Victor, einen Mitschüler, der in sie verliebt ist, sie bei ihrem Vorhaben zu unterstützen. Sie hilft ihm ab sofort bei den Hausaufgaben, im Gegenzug soll er zu ihren Augen werden.

„Wenn ich bleibe" (USA 2014), ein Filmdrama nach dem Roman von Gayle Forman (siehe oben Jugendbücher, S. 81). Die Hauptrolle der Mia wird von Chloë Grace Moretz gespielt. Für ihre Rolle begann Moretz sieben Monate vor Drehbeginn, Cello zu üben. Trotzdem wurde für die Celloszenen ein Double eingesetzt. Im Film ist in den entsprechenden Szenen nur der Kopf von Moretz zu sehen, der über den Kopf des Musikdoubles gelegt wurde.
   Der Film wechselt zwischen Rückblenden und Gegenwart. Rückblende: Adam Wilde, ein Rockmusiker und Mitschüler Mias, verliebt sich in Mia, als er sie beim Cellospielen sieht. Die Beiden besuchen zusammen ein Cellokonzert, kommen sich näher und küssen sich. Gegenwart: Der Wagen der Familie prallt auf einen entgegenkommenden Truck. Dann: Mia hat eine außerkörperliche Erfahrung und sieht, wie ihr Körper von Ärzten behandelt wird. Sie versucht zu sprechen, doch niemand kann sie hören…
   Altersfreigabe; FSK ab 6 freigegeben. Das ist meiner Ansicht nach viel zu früh.

Wie der Zufall es will, habe ich zurzeit eine Schülerin, die Mia heißt und die vor einigen Jahren den Film zusammen mit einer Freundin gesehen hat. Ich habe sie gefragt, wie ihr der Film gefallen hat. Sie konnte sich noch ganz gut daran erinnern und hat mir eine Mail geschickt, die ich mit ihrer Erlaubnis hier wiedergebe:
> „Ich habe den Film hauptsächlich deswegen angesehen, weil mir die Parallelen zu mir selber aufgefallen sind; die Protagonistin heißt, wie ich, Mia, spielt Cello und hat blonde Haare. Ich dachte, dass der Film vielleicht eine Art interessanter Musikerfilm ist (ich hab mir auch nicht wirklich durchgelesen, worum es wirklich geht). Letztendlich war ich ziemlich enttäuscht, da ich mir eher die Musik als Haupthandlung vorgestellt hätte und nicht den Unfall und den Tod der Eltern. Teilweise gab es sehr gute Stellen in dem Film, zum Beispiel als sie angefangen hat, Cello zu spielen und noch nicht so gut war, aber trotzdem nicht mit Üben aufge-

hört hat und einen enormen Ehrgeiz gezeigt hat. Auch die Vorspiel-Szene, wo sie zeigt, was sie wirklich kann, war natürlich super. Ich fand außerdem gut, dass die Genres von klassischer Cello Musik und Rockmusik vereint wurden, weil das ja nicht so oft gemacht wird. Wie gesagt, hat mich aber das ganze Drumherum mit dem Unfall eher genervt und ich persönlich fände den Film als reinen Musikerfilm sehr viel schöner und interessanter. Die Nebenhandlung mit den Krankenhaus-Szenen hat da einfach nicht wirklich zu gepasst."

„Thilda & die beste Band der Welt" (Norwegen, Schweden 2018), Komödie, Road Movie. Regie: Christian Lo. Als Grim und Aksel, zwei junge Musiker, für ihre Band „Los Bando Immortale" noch einen Bass-Spieler suchen, taucht als einzige Bewerberin Thilda auf. Sie kann zwar für ihre neun Jahre super spielen, aber ist sie wirklich die richtige Besetzung für die Band? Gute Frage, denn Thilda spielt Cello. Leider drängt die Zeit, denn die Band möchte in Tromsø ganz oben im Norden Norwegens einen Rock-Wettbewerb gewinnen, und so wird Thilda ruck-zuck zum Bandmitglied erklärt. Dann machen sich die Musiker gemeinsam mit Martin, dem Vierten im Bunde, in einem Campingbus auf den Weg. Einige überaus lustige Begebenheiten, mitleiderregende Gesangsversuche und nicht zuletzt eine turbulente Verfolgungsjagd sorgen für genügend Komik!

Ausklang

Hier in Deutschland beginnt jetzt Stück für Stück auch für die Instrumentallehrer der „normale" Berufsalltag wieder. Ab Dienstag den 5. Mai gibt es zumindest wieder „Präsenzunterricht". Allerdings sollen Lehrer und Schüler in den Unterrichtsstunden Atemschutzmasken tragen. Ich habe jetzt schon vier Tage auf diese Weise unterrichtet, doch nach einiger Zeit muss man die Masken einfach abnehmen. Es ist ja schon anstrengend, wenn man mit der Maske nur mal einkaufen geht. Fast alle meine Schüler benutzen selbstgenähte Masken, einige Muster sehen eigentlich ganz hübsch aus. Manchen jungen Cellisten gibt es richtig ein verwegenes Aussehen à la Cellobanditos. Zwar nicht mit Mantel und Degen, aber dafür mit Maske und Bogen.

Für die konzertierenden Musiker sieht es nicht so rosig aus. Ob es in baldiger Zukunft wieder „normale" Konzerte geben wird, steht noch in den Sternen. Doch es kann sein, dass sich die „Coronazeit" auf die Musikausübung und den Kulturbetrieb ohnehin jetzt schon so nachhaltig ausgewirkt hat, dass es hier zu Veränderungen kommen wird.

Die einschlägigen Musikzeitschriften beschäftigen sich intensiv mit dem Thema, wie z. B. das Mitglieder-Magazin der GEMA „virtuos", deren Schlagzeile der Ausgabe 2/2020 lautet: „Kreativ(e) in Zeiten von Corona. Wie stark die Pandemie ins Leben der GEMA-Mitglieder eingreift – und was sie aus der Krise machen."

Auch die Ausgabe der Zeitschrift „Das Orchester" (Schott) vom Juli 2020 steht ganz im Zeichen von Corona und beschäftigt sich in verschiedenen Artikeln mit diesem Thema. Alle diese Aufsätze lassen deutlich die Betroffenheit, Unsicherheit und auch die Ratlosigkeit der Musiker und Veranstalter erkennen. So spricht die Cellistin Julia Hagen in ihrem Interview „Ein Traum und ein Privileg" mit Marco Frei über die Bedeutung von Stiftungen für junge Talente und ihre Erfahrungen mit der Orpheum-Stiftung. Diese Stiftung sollte ihr als Karrierestart dienen, der nun erst einmal zumindest verzögert wird. Unter dem Titel „Corona extra" sind eine ganze Reihe weiterer Aufsätze versammelt, die versuchen, das Thema Corona in Bezug auf die klassische Musik zu diskutieren. Es sind im Einzelnen folgende Texte:
- Kulturpolitische Wünsche. Forderungen und Absichtserklärungen für eine Zukunft nach der Corona-Pandemie (Sven Scherz-Schade).
- Die Stunde des Streaming. Abschied vom Analogen? Wie das Virus die Wege der ästhetischen Erfahrung verlegt hat (Holger Noltze).

- Bach schlägt Corona. Orchester und Solisten dachten sich einiges aus, um ihr Publikum online zu erreichen (Ute Grundmann).
- Zukunft für die Festivals. Intendanten von Klassik-Festen wollen Planungssicherheit und klare Worte (Frauke Adrians).
- Zwischen Chance und Risiko. Künstler- und PR-Agenturen in Zeiten der Corona-Krise (Marco Frei).

Es wird u. a. deutlich, wie schwierig es ist, die Zeit nach Corona, also die Zukunft, vorauszusehen und sich darauf vorzubereiten.

Dadurch, dass die Konzerte und großen Musikevents ausfallen, wird die Musik notgedrungen im kleinen Rahmen ausgeübt, als Kammermusik zu zweit, oder manchmal nur für sich selbst, ganz ohne Publikum. Außerdem habe ich mit einigen Stücken beschäftigt, die sonst gar nicht „dran" gewesen wären. Dieses nicht auf ein Konzert ausgerichtete Musizieren bewirkt eine Konzentration auf das eigentliche Musikmachen, losgelöst von jedem Vorführzwang. Ich spreche hier nicht vom täglichen Celloüben, sondern vom Musikausüben. Ich habe auf diese Weise wieder viel über die Wirkungsweise der Musik gelernt. Möglicherweise kann man – in Anlehnung an den Titel des preisgekrönten Romans „Die Entdeckung der Langsamkeit" (1983) des deutschen Schriftstellers Sten Nadolny – von der „Entdeckung der Alleinsamkeit" beim Musizieren sprechen. Ebenso wie aus Sten Nadolnys Langsamkeit kann aus dem Alleinsein viel Fruchtbares erwachsen. Allerdings: Große Opern bekommt man so natürlich nicht hin.

* * *

Es ist vermessen, hier, am Ende dieser großen Liste von so vielen wunderbaren Büchern über das Cello, auch noch Extrawünsche zu äußern, das ist mir bewusst. Trotzdem.

Es würde sich lohnen, ein Buch mit dem Titel „Das Cello in der Malerei" zu schreiben, denn Bilder erzählen viel, ganze Geschichten. Die beiden bekannten Porträts von Luigi Boccherini und Guilhermina Suggia wurden weiter oben schon genannt, und es gibt in der europäischen Malerei noch viele wunderbare Beispiele, angefangen mit den Freskenmalereien der Capella Madonna di Loreto in Rocapietra über die italienischen Malergenies, die Meister der niederländischen Schule („Goldenes Zeitalter", Dirk Hals, de Hooch u. a.), Peter Paul Rubens, die „Klassische Moderne" (Paul Gauguin, Amadeo Modigliani, später Salvador Dalí) bis in unsere Zeit.

Außerdem gibt es meines Wissens nach leider kein Buch, dass die hervorragendsten Celli in Biografien vorstellt. Eine Vorstellung davon könnte das mit beseeltem Geist geschriebene letzte Kapitel aus Gregor Piatigorskys „Mein Cello und ich" geben. Unter der Überschrift „Geschichten aus dem Leben einiger berühmter Celli" schreibt er über das ‚Batta', eines der berühmtesten Celli von Antonio Stradivari: „Mit seinen beinahe unergründlichen Möglichkeiten spornte es mich an, in seine Tiefen zu dringen, und ich habe nie schwerer gearbeitet und nie etwas heißer ersehnt, als aus diesem überragenden Instrument alles herauszuholen, was es zu geben vermag." Was die Ausstattung angeht, ist natürlich das Buch über das Stauffer ex Christiani 1700 Stradivari-Cello ein sehr gutes Beispiel (s. o., S. 159 f.).

Dann noch ein Buch über Bögen. Die Bücher über die Violinbögen der französischen Bogenbauerfamilie Tourte, insbesondere über François Xavier Tourte (1747–1883), den man auch den „Stradivari des Bogens" nannte, und das oben schon erwähnte Buch von Henry Saint-George „The Bow, its History, Manufacture and Use" (aus der „The Strad"-Reihe, s. o., S. 165) sind sehr gute Ansatzpunkte. Ich denke da an ein Buch, das die Eigenschaften der besten Bögen vorstellt, die Fähigkeiten, die Töne in der 22. Lage, mitten „im Schnee", ohne jedes Gestöber hervorzuzaubern. Der die Kantilenen lang zieht und der traurig und fröhlich zugleich, vielleicht sogar etwas launisch ist.

Und nun kommt mein eigentlichster Wunsch. Das wäre ein Buch, dass den Ton des Cellos beschreibt, den Gesang, den es in die Welt schickt. Wer Pierre Fournier mit Arthur Schnabel oder mit seinem Sohn Jean Fonda, die Beethovensonaten hat spielen hören, der weiß, was ich meine:

> „Pierre Fournier chante mieux que tout qui chante." (Colette)

Anhang
Franz Hohler: Der Vater meiner Mutter

Er hatte als Kind seine Eltern verloren und erlebte eine geradezu Gotthelf'sche Jugendzeit als schlecht behandelter Verdingbub, hatte es aber geschafft, das Technikum zu absolvieren, um danach den Beruf eines Fernmeldetechnikers auszuüben. Er heiratete eine Frau, die ebenfalls als Waisenkind aufgewachsen war, es kamen vier Kinder zur Welt, und als sich das nun alles wohl angelassen hatte, hat sich mein Großvater offenbar eines heimlichen Credos erinnert. Dieses Credo, das er sich durch die harten Zeiten seines Lebens hindurch bewahrte, muss so etwas wie der Glaube an das Schöne gewesen sein, denn mein Großvater beschloss mit 41 Jahren, Cello spielen zu lernen.

Wie tat er das? Borgte er sich ein Cello? Ging er zu einem Cellolehrer? Nein, er ging zu einem Geigenbauer und bestellte sich bei ihm ein Cello. Erst, als er das Instrument hatte – und es konnte nicht billig gewesen sein, denn Herr Meinel aus Liestal hatte einen guten Namen –, suchte er einen Cellolehrer auf. Der sagte ihm aber nach der zweiten oder dritten Stunde, es habe keinen Zweck, denn seine Finger seien zu klein für die Griffe, die das Cello verlange.

An dieser Stelle seiner Erzählung pflegte mir mein Großvater seine linke Hand hinzuhalten und den kleinen Finger etwas abzuspreizen, was ihm eben kaum gelang.

Und so stellte er das Instrument zur Seite und ging in einen Mandolinenclub, dort war es bestimmt auch lustiger als in der Cellostunde, und die Griffe waren weniger groß. Das Cello aber musste er noch jahrelang abzahlen, erst vor kurzem habe ich in einer Familienschublade das Bündelchen Quittungen mit den monatlichen Ratenzahlungen gefunden. Seinen Töchtern ließ er Privatunterricht in Geige und Klavier geben – meine Mutter war ein Leben lang eine gute Geigerin –, aber sein Sohn interessierte sich nicht für das Cello.

Und schon kam die nächste Generation.

Mein älterer Bruder lernte auch Geige, und als mich meine Eltern fragten, welches Instrument ich lernen wolle, wir hätten ein Klavier und ein Cello im Haus, sagte ich als Zehnjähriger ohne zu zögern: Cello. Ich begann auf einem Dreiviertel-Instrument, aber schon bald waren meine Hände samt meinem kleinen Finger groß genug, dass ich auf das Cello meines Großvaters wechseln konnte, und auf diesem Cello spiele ich noch heute, und wenn ich meine Chansons singe, begleite ich mich darauf.

Ohne den hartnäckigen Glauben meines Großvaters an das Schöne hätte sein Instrument in unserer Familie nicht auf mich gewartet, und vielleicht konnte erst ich sein Credo verwirklichen, zwei Generationen später, auch ich hartnäckig genug, um an meinem Credo festzuhalten: Das, was du gut findest, musst du tun!

aus: F. H., Das Ende eines ganz normalen Tages (Luchterhand, München, 2008). Abdruck mit freundlicher Genehmigung des Verfassers.

LITERATURVERZEICHNIS

Althans, Florian: Cello (Brotlos Verlag, Krefeld 2018).
Amato, Mary: Playlist für Zwei (dtv Verlagsgesellschaft, 2014).
Anderson, Grace Lin: Artistry and Cello Technique. Illustrated through Bernard Greenhouse's Interpretation of Beethoven's D Major Sonata for Cello and Piano, Op. 102 No. 2 (Scholar's Press, 2014), englisch.
Anderson, James: Desert Moon (Polar Verlag 2018), englisch.
Apolin, Stanislav: Suiten für Violoncello J. S. Bach (Editio Moravia, Brno 1995).
Arédit (Verlagshaus): Le violoncelle de Sophie, Comic (Nr. 147 aus der Serie „Sylvie", Collection Roses Blanches, Verlag Arédit, Tourcoing, Frankreich 1970), französisch.
Bächi, Julius: Berühmte Cellisten (Atlantis Musikbuch-Verlag, Zürich, vierte Auflage 1987).
Baldock, Robert: Pablo Casals – Das Leben des legendären Cellovirtuosen (Kindler-Verlag, München 1994).
Baquet, Maurice und Doisneau, Robert: Ballade pour violoncelle et chambre noire (Éditions Herscher, Paris 1981), französisch.
Baumgart, Klaus: Lauras Stern und der geheimnisvolle Drache Nian (Baumhaus Verlag, Bergisch Gladbach 2009), Buch und Film.
Beethoven, Ludwig van: Das Heiligenstädter Testament vom Oktober 1802 (Wilhelm Kumm Verlag, Offenbach am Main 1941), mit Faksimile.
Benckiser, Nikolas: Der Tanz mit dem Cello und andere Freuden (Knecht Verlag, Frankfurt am Main 1966).
Bewan, Bev: The Electric Light Orchestra Story (Mushroom Publishing, 1980), englisch.
Biene, Auguste van: Auguste van Biene ...The Actor Musician (Autor und Verlag konnte ich leider nicht ermitteln, Melbourne (?) um 1901), englisch.
Bilkau, Kristine: Die Glücklichen (btb Verlag, 2017).
Blum, David: Casals and the Art of Interpretation (University of California Press, 2015), englisch.
Blum, David: Paul Tortelier. A Self-Portrait in Conversation with David Blum (William Heinemann, London 1984), englisch.
Blyton, Enid (nach): Hanni & Nanni (Egmont Schneiderbuch, Köln 2010); siehe auch: Kessler, Pascale.
Bodeau, Hervé: Maurice Baquet – portrait avec violoncelle (Paulsen-Guerin, 2016), gebundenes Buch und Fotoalbum im Schuber, französisch.
Boger, Margot: Das Geheimnis des Stradivari (Wilhelm Limpert Verlag, Berlin 1944).
Bonz, Tobias: Barockcello – Ein Lehrbuch für fortgeschrittene Schüler, Lehrer und interessierte Laien (Ortus Musikverlag).
Borth, Monika: Der siebte Cellist. Aus dem Leben des Berliner Philharmonikers und Gründers der 12 Cellisten Rudolf Weinsheimer (Schott-Verlag, Mainz 2019).

van den Brincken, Anna-Dorothee: Jacques Offenbach, Ausstellung des Historischen Archivs der Stadt Köln aus Anlaß der 150. Wiederkehr des Geburtstages des Komponisten" (Köln 1969).
Brindejont-Offenbach, Jacques: Mein Großvater Offenbach (Henschelverlag, Berlin 1967).
Brown, Clive: Brahms spielen – die Cellosonaten (Internetartikel auf der Seite des Bärenreiter-Verlags: https://www.baerenreiter.com/im-fokus/musik-fuer-cello/brahms-spielen-die-cellosonaten, abgerufen im September 2020).
Burney, Charles: Tagebuch einer musikalischen Reise durch Frankreich und Italien, durch Flandern, die Niederlande und am Rhein bis Wien, durch Böhmen, Sachsen, Brandenburg, Hamburg und Holland 1770–1772 (Verlag Philipp Reclam jun., Leipzig 1975).
Busch, Wilhelm: Und die Moral von der Geschicht (Verlag S. Mohn, Gütersloh 1962).
Bylsma, Anner: Bach, The Fencing Master. An Bachs Arm. Lautes Lesen aus den ersten drei Suiten für Violoncello (Amsterdam 2000).
Ders.: Bach, The Fencing Master. 2nd edition (2014), englisch.
Carlino, Renée: Denkst du manchmal noch an mich? (Fischer Taschenbuch Verlag, 2018).
Casals, Pablo, aus: die Zeit Klassik-Edition, Band 6 (Zeitverlag Gerd Bucerius).
Cheah, Elena: Die Kraft der Musik. Das West-Eastern Divan Orchestra (Edition Elke Heidenreich bei C. Bertelsmann, München 2009).
Chodorowska, Anna: Lieder für Thomas (Verlag „Ruch", Warschau um 1970).
Cohn, Leah: Der Kuss des Morgenlichts (Fischer Taschenbuch Verlag, 2011).
Conte, Arthur: Pablo Casals erzählt aus seinem Leben (Alfred Scherz Verlag, Bern 1952).
Corredor, José Maria: Gespräche mit Casals (Alfred Scherz Verlag Berlin (1954).
Cowling, Elizabeth: The Cello (Charles Scribner's Sons, New York, 1975), englisch.
Coyote, Ivan E.: Als das Cello vom Himmel fiel (Krug & Schadenberg, 2011).
Cramer, Sofie: Der Himmel kann warten (Rowohlt Taschenbuch Verlag, 2015).
Davies, Catrina: Mit Cello und Liebeskummer, Eine Reise zur Mitternachtssonne (S. Fischer Verlag, Frankfurt am Main 2015).
De'ak, Steven: David Popper (Paganiniana Publications, Neptune City NJ, 1980), englisch.
Delahaye, Gilbert und Marcel Marlier: martine découvre la musique (Casterman, 1985), französisch.
Delbanco, Elena: The Silver Swan (Other Press, 2015), englisch.
Delbanco, Nicholas: The Countess of Stanlein Restored: A History of the Countess of Stanlein Ex Paganini Stradivarius Cello of 1707 (Verso, 2001), englisch
Deserno, Katharina: Cellistinnen. Transformationen von Weiblichkeit in der Instrumentalkunst (Böhlau Verlag, Köln 2018).
Deutschmann, Matthias: Noch nicht reif und schon faul (Verlag Orell Füssli, 2014).
Dezelski, Hans-Joachim: Avanti Dilettanti – Lasst das Cello ertönen! For Thy Pleasure – Cellospielen für Erwachsene (Books on Demand, 2019).
Dohr, Christoph: Beiträge zur Offenbach-Forschung (Verlag Dohr, Köln 1998 ff.), vier Bände, Reihe wird fortgesetzt.
Easton, Carol: Carol Easton: Jacqueline du Pré, Musik war ihr Leben, eine Biographie. Deutsch von Cornelia Stoll und Verena Koch (Paul Zsolnay, Wien 1991).
Eggebrecht, Harald: Große Cellisten, mit zwei Exkursen über große Bratschisten und 69 Abbildungen (Piper, 2007).
Eggebrecht, Harald und Uta Süße-Krause: Cellisten/Cellists (Michael Imhof Verlag, Petersberg 2011).

Epstein, Helen: Der musikalische Funke (Scherz Verlag, 1988).
Faber, Toby: Stradivari's Genius: Five Violins, One Cello, and Three Centuries of Enduring Perfection (Random House, 2006), englisch
Fifield, Christopher: Max Bruch. Biographie eines Komponisten (Schweizer Verlagshaus, Zürich 1990).
Fohl, Dagmar: Alma (Gmeiner-Verlag, 2017).
Forman, Gayle: Wenn ich bleibe (Blanvalet Verlag, 2010).
Dies.: Nur diese eine Nacht (Blanvalet Verlag, 2011).
Francombe, Leona: Madame Ernestine und die Entdeckung der Liebe (Goldmann Verlag, 2014).
Funke, Cornelia: Ein Engel in der Nacht – Eine musikalische Erzählung (Pentatone Music, 2019)
Galloway, Stephen: Der Cellist von Sarajevo (btb Verlag, München 2010).
Gavoty, Bernard: Pablo Casals, aus: „Les grands Interprètes" (Éditions René Kister, Genève 1955), französisch.
Ders.: Pierre Fournier, aus: „Les grands Interprètes" (Éditions René Kister, Genève 1955), französisch; Fotos von Roger Hauert.
Ders.: Antonio Janigro, aus: „Die grossen Interpreten" (Verlag René Kister, Genf 1962).
Gerlach, Rolf: Cello unter Trümmern. Kleine Geschichten (Verlag der Nation Berlin, 1988).
Gendron, Maurice: „Die Kunst des Violoncellospiels", herausgegeben von Walter Grimmer (Schott, Mainz 1998).
Gillett, Rupert: Many Celli (illustriertes Buch und Download-Code, Selbstverlag, 2017), englisch.
Ginsburg, Lev: The History of the Violoncello (Paganiniana Publications, 1983), englisch.
Goetz, Curt: Tatjana (Rowohlt Taschenbuch Verlag, Reinbek bei Hamburg 1965).
Gourdin, Henri: Pablo Casals, l'indomptable (Verlag PARIS, 2013), französisch.
Ders.: Das Mädchen und die Nachtigall (Verlag Urachhaus, 2019).
Gregori, Eleanore (Lektorat): Laura spielt Verstecken, aus: pixi-Buch-Serie „Lauras Stern" (Carlsen Verlag, 2007).
Gronemeyer, Gisela: Ernst und Hingabe. Die amerikanische Avantgarde-Cellistin Charlotte Moorman, aus: MusikTexte 43 (Februar 1992).
Gruber, Lola: Trois concerts (Verlag Phebus, 2019), französisch.
Grümmer, Paul: Begegnungen. Aus dem Leben eines Cellisten (Bong Verlag, München 1963).
Gur, Batya: Das Lied der Könige (Bertelsmann Verlag, 1998).
Guttenbacher, Patrik, Marc Haines und Alexander von Petersdorff: Unexpected Messages – The Story Of The Electric Light Orchestra (Verlag Face The Music Germany, Villingen 1996), englisch.
Gwynne, Phillip: Outback (Sauerländer, Düsseldorf 2011).
Hampton, Colin: A Cellist's Life (String Letter Publishing, 2011), englisch.
Harnoncourt, Nikolaus: Musik als Klangrede. Wege zu einem neuen Musikverständnis. Essays und Vorträge (Bärenreiter-Verlag, Kassel 2014).
Ders.: Was ist Wahrheit? Zwei Reden (Residenzverlag, Salzburg und Wien 1995).
Harris, Anstey: Find mich da, wo Liebe ist (Ullstein Taschenbuch Verlag, 2019).
Harrison, Beatrice: The Cello and the Nightingales. The Autobiography of Beatrice Harrison, Edited by Patricia Cleveland-Peck. Foreword by Julian Lloyd Webber. (John Murray, London 1985), englisch.

Harvey, Sarah N.: Arthur oder Wie ich lernte, den T-Bird zu fahren (dtv Verlagsgesellschaft, 2015).
Hawig, Peter: Jacques Offenbach. Facetten zu Leben und Werk (Verlag Dohr, Köln-Rheinkassel 1999).
Hill, W. Henry: Antonio Stradivari. His Live & Work (Dover, 1902), englisch.
Ders.: The Violin Makers of Guarneri Family (Dover Publications, Reprint 1989), englisch.
Hill, W. E. & Sons: The Tuscan and the Messie (London 1976), englisch.
Hill, Henry, Arthur & Alfred: Giovanni Paolo Maggini: His Life and Work (1892), englisch. Siehe auch: Huggins, Margaret L.
Höcker, Karla: Große Kammermusik (Rembrandt Verlag, Berlin-Zehlendorf 1962), mit 34 Abbildungen.
Höcker, Karla: Johannes Brahms. Begegnung mit dem Menschen (Erika Klopp Verlag, Berlin 1983).
Hohler, Franz: Das Kabarettbuch (Luchterhand, München 1987).
Ders.: Drachenjagen – Das neue Kabarettbuch (Luchterhand, München 1996).
Hoyer, Andrea: Im Konzert. Ein Bilderbuch (Schott-Verlag, Mainz 2018), überarbeitete Neuauflage.
Huggins, Margaret L.: Giovanni Paolo Maggini, His Life and Work, compiled and edited from material collected and contributed by William Ebsworth Hill and his sons William, Arthur & Alfred Hill (W. E. Hill & Sons, London, Reprinted from the originals published before 1900), englisch.
Iser, Ulrich: Mordversuch am Kurfürsten? Die Affäre um den Kammermusikdirektor Joseph Clemens dall'Abaco, in: Der Riss im Himmel: Clemens August und seine Epoche, hrsg. von Frank Günter Zender ..., Bd. 7, Die Bühnen des Rokoko (DuMont, Köln 2000).
Ishiguro, Kazuo: Bei Anbruch der Nacht (Karl Blessing Verlag, 2009).
Ivashkin, Alexander und Josef Oehrlein, Rostrospektive – Zum Leben und Werk von Mstislav Rostropovich. Biographie (Reimund Meier Verlag, Schweinfurt 1997), deutsch und englisch.
Jacob, P. Walter: Jacques Offenbach in Selbstzeugnissen und Bilddokumenten, rororo bildmonographie (Rowohlt Taschenbuch Verlag, Reinbek bei Hamburg 1969).
Joseph, Wendy: Das Geheimnis des Cellolehrers (Verlag Droemer/Knaur, 2019).
Juurikkala, Ville Akseli: Photobook – Apocalyptica (2011).
Kahn, Albert E.: Pablo Casals – Licht und Schatten auf einem langen Weg. Erinnerungen, aufgezeichnet von Albert E. Kahn (Fischer Taschenbuch Verlag 1974).
Kaiserkern, Babette: Luigi Boccherini: Musica Facet Amorem. Leben und Werk des Luigi Boccherini (Weimarer Verlagsgesellschaft, 2014).
Kenji, Miyazawa: Gorch, the Cellist, Bilderbuch mit CD bzw. mit DVD (Matsuka Phonics Institute, 2005), englisch.
Kessler, Pascale: Hanni und Nanni, nach Motiven aus den Jugendbuchklassikern von Enid Blyton, Buch zum Film (Egmont Schneiderbuch, Köln 2010).
Kirkendale, Ursula: Antonio Caldara: sein Leben und seine venezianisch-römischen Oratorien (Böhlau, Graz und Köln 1994).
Kirsch, Winfried und Ronny Dietrich (Herausgeber): Jacques Offenbach – Komponist und Weltbürger. Ein Symposion in Offenbach am Main, aus der Reihe „Beiträge zur Mittelrheinischen Musikgeschichte", Nr. 26 (Schott-Verlag, Mainz 1980).

Kleinknecht, Friedrich: Die Solocellisten der Musikalischen Akademie. Zum 200-jährigen Bestehen der Musikalischen Akademie (Privatdruck, www.siamclassics.com, 2011).

Kliegel, Maria: Mit Technik und Fantasie zum künstlerischen Ausdruck, aus der Reihe Schott Master Class (Schott-Verlag, Mainz 2006).

Kolneder, Walter: Antonio Vivaldi. Dokumente seines Lebens und Schaffens (Hinrichshofen, Wilhelmshaven1979).

Kracauers, Siegfried: Jacques Offenbach und das Paris seiner Zeit (erste Veröffentlichung 1937 in Amsterdam, viele Neuveröffentlichungen unterschiedlicher Herausgeber).

Krall, Emil: The Art of Tone-Production on the Violoncello („The Strad" Library, 1917), englisch.

Krause, Ute: Der Löwe auf dem Dachboden (Diogenes Verlag, Zürich 1998).

Krüger, Michael: Die Cellospielerin (Suhrkamp Verlag, Frankfurt am Main 2000).

Krüpe-Silbersiepe, Hartmut: Der Cellist und andere Erzählungen (Verlag epubli, 2018).

Kühne, Tobias: André Navarra und die Meisterschaft des Bogens. Wiener Gespräche und Erinnerungen seiner Schüler. Hrsg. von Andrea Welker (Verlag Bibliothek der Provinz, Weitra 1998).

Kühne, Sebastian und Tobias: Das magische Cello (Ogham Verlag, Stuttgart 1991).

Lasker-Wallfisch, Anita: Ihr sollt die Wahrheit erben. Die Cellistin von Auschwitz. Erinnerungen (Rowohlt Taschenbuch Verlag, Reinbek bei Hamburg 2000).

Latham, Morton: Alfredo Piatti – A Sketch (W. E. Hill & Sons, 1901), englisch.

Lodetti Barzanò, Annalisa und Christian Bellisario: Signor Piatti – Cellist, Composer, Avantgardist (Kronberg Academy Verlag, 2001), deutsch und englisch.

Loesch, Heinz von: Robert Schumann, Konzert für Violoncello und Orchester a-Moll, Meisterwerke der Musik (Wilhelm Fink Verlag, 1998).

Lopez, Steve: Der Solist (Blanvalet Taschenbuch Verlag, 2009).

Luyken, Sonja: Jacques Offenbach. Genie der Heiterkeit. Kölner Biographien, Band 1 (Nachrichtenamt der Stadt Köln, 1969).

MacAlindin, Paul: Bis der letzte Ton verklingt: Die Geschichte des irakischen Jugendorchesters (Wilhelm Heyne Verlag, München 2017).

Märkl, Kim: Im Land der Mitternachtssonne. Eine Geschichte aus dem hohen Norden für Jugendliche und Erwachsene (Musikverlag Zimmermann 2004).

Dies.: Der Cellist von Venedig, Eine musikalische Reise durch die Zauberwelt des Cellos (Monarda, 2017), CD.

Mantel, Gerhard: Cellotechnik. Bewegungsprinzipien und Bewegungsformen (Schott-Verlag, Mainz 2011).

Ders.: Cello üben. Eine Methodik des Übens nicht nur für Streicher. Von der Analyse zur Intuition (Schott-Verlag, Mainz 1999).

Ders.: Cello mit Spaß und Hugo. Ein neuer Weg zum Cellospiel, eine Celloschule in drei Bänden (Schott-Verlag, Mainz 1996)

Ders.: Einfach üben. 185 unübliche Überezepte für Instrumentalisten (Schott-Verlag, Mainz 2001)

Ders.: Mut zum Lampenfieber. Mentale Strategien für Musiker zur Bewältigung von Auftritts- und Prüfungsangst (Atlantis-Musikbuchverlag, Zürich und Mainz 2003).

Ders.: Intonation. Spielräume für Streicher (Schott-Verlag, Mainz 2005).

Ders.: Interpretation. Vom Text zum Klang (Schott-Verlag, Mainz 2007).

Ders.: Etüden üben, 3 Bände mit Kommentarband (Schott-Verlag, Mainz 2011).

McCarthy, Pearl: Leo Smith. A Biographical Sketch (University of Toronto Press 1956), englisch.
Mercier, Anita: Guilhermina Suggia: Cellist (Ashgate Publishing, 2008), englisch.
Mevissen, Katharina: Ich kann dich hören (Klaus Wagenbach Verlag, Berlin 2019).
Milliot, Sylvette Le violoncelle en France au 18ᵉ siècle (Champion-Slatkine, Paris-Genève 1985), französisch.
Morreau, Annette: Emanuel Feuermann (Yale University Press, 2002), englisch.
Moskovitz, Marc D. und R. Larry Todd: Beethoven's Cello, Five Revolutionary Sonatas and Their World (Boydell & Brewer, 2017), englisch.
Mühr, Alfred: Pablo Casals (Werbeschrift der Firma Nattermann, Köln 1960).
Omulolu, Cynthia J.: Für immer die Seele (Dressler Verlag, 2013).
Owen, Laurinel: Bowed Arts – Gedanken von Bernard Greenhouse über sein Leben und die Musik. Biographie (Kronberg Academy Verlag, 2002), deutsch und englisch.
Pank, Siegfried: Artikulation und Fingersatz in der Musik des 18. Jahrhunderts (ESTA Nachrichten, 1990).
Pape, Winfried und Wolfgang Boettcher: Das Violoncello. Geschichte – Bau – Technik – Repertoire (Schott-Verlag, Mainz 1996, 2., verbesserte Auflage 2005).
Pasetti, Marianne: Bevor die Blätter fallen (Schneider Verlag, 1985).
Pergamenschikow, Boris: Im Spiegel der Erinnerungen (Nicolaische Verlagsbuchhandlung, Berlin 2008).
Piatigorsky, Gregor: Mein Cello und ich und unsere Begegnungen (Deutscher Taschenbuch Verlag, München 1975).
Pinksterboer, Hugo: Pocket-Info Cello (Schott-Verlag, Mainz 2005).
Pleeth, William: Das Cello (Edition Sven Erik Bergh im Verlag Ullstein, 1993).
Polak, Chaja: Sommersonate (Piper Verlag, München 2000).
Potter, Tully: The Recorded Cello, Volumes 1 & 2 (Pearl, 1992), 2 x 3 CDs, englisch.
Pré, Jacqueline du, aus: die Zeit Klassik-Edition, Band 14 (Zeitverlag Gerd Bucerius).
Pré, Hilary und Piers du: Ein Genie in der Familie (Propyläen Verlag, 1999).
Price, Nancy: The Cellist's Vivaldi (Verlag Lulu, 2014), englisch.
Prokofjew, Sergej: Peter und der Wolf, Illustrationen von Frans Haacken (Parabel Verlag München, bzw. Alfred Holz Verlag Berlin, 1958).
Raisin, Rebecca: Mein wundervoller Antikladen im Schatten des Eiffelturms, Roman (Aufbau Verlag, Berlin 2018).
Richman, Alyson: Der italienische Garten, Roman (Diana Verlag, 2016).
Richter, J. F. (Herausgeber): Violoncellisten des 19. Jahrhundert in Wort und Bild. (Nachdruck des Buches „Violoncellisten der Gegenwart in Wort und Bild", A. G. Vormals J. F. Richter, Hamburg 1903).
Romano-Lax, Andromeda: Der Bogen des Cellisten (Bloomsbury, Berlin 2008). Roman mit CD.
Rostropowitsch, Mstislaw, aus: die Zeit Klassik-Edition, Band 19 (Zeitverlag Gerd Bucerius).
Rostropowitsch, Mstislaw und Galina: Die Musik und unser Leben. Aufgezeichnet von Claude Samuel (Scherz, Bern 1985).
Rothfuss, Joan: Topless Cellist. The Improbable Life of Charlotte Moorman (MIT Press 2017).
Saint-Cruz, Jules: Solo: Tunes of Passion (Feelings, 2017), englisch.
Salzman, Mark: Der Solist (Droemer Knaur, 1996).
Scheffler, Ursel: Ätze, das Computermonster (Ravensburger Buchverlag, 2004).

Dies.: Kommissar Kugelblitz – Kugelblitz in Hamburg (Schneiderbuch Verlag, 2018).
Schirach, Ferdinand von: Verbrechen (Piper Verlag, München 2009).
Schmidt, Michael: capriccio für siegfried palm, ein gesprächsporträt (ConBrio Verlagsgesellschaft, Regensburg 2005).
Saint-George, Henry: The Bow – its History, Manufacture and Use („The Strad" Library,1896), englisch.
Schleske, Martin: Der Klang. Vom unerhörten Sinn des Lebens (München 2010).
Ders.: Herztöne. Lauschen auf den Klang des Lebens (Asslar 2016).
Schneidereit, Otto: Der Orpheus von Paris, Roman um Jacques Offenbach (VEB Deutscher Verlag für Musik, Leipzig 1978).
Ders.: Tödlicher Cancan, Ein Offenbach-Roman (VEB Deutscher Verlag für Musik, Leipzig 1971).
Schöchli, Agnes: Lola, das kleine Cello und der Blick ins Weite (Wagner Verlag, Gelnhausen 2012).
Schon, Heiko: Jacques Offenbach: Meister des Vergnügens (Regionalia Verlag, Rheinbach 2018).
Schroeder, Carl: Violoncello-Spiel, Nachdruck der Originalauflage von 1890 (saxoniabuch 2015).
Schulz, Wolfgang: Sonate für Cello (epubli, 2017).
Schuster, Michael und Steffen Fischer: Dobo und das verschwundene Cello (Köthen Kultur und Marketing 2014).
Schwindt, Barbara: Die Anderssonkinder, ein Roman für Kinder (Franckh'sche Verlagshandlung, Stuttgart (1971).
Shepheard Mark D.: 'Will the Real Boccherini Please Stand Up' – New Light on an Eighteenth-Century Portrait in the National Gallery of Victoria (Internetartikel, search www.academia.edu/724067), englisch.
Siblin, Eric: Auf den Spuren der Cellosuiten. Johann Sebastian Bach, Pablo Casals und ich (Irisiana Verlag, 2010).
Smaczny, Jan: Dvořák, Cello Concerto (Cambridge University Press, 1999), englisch.
Spoerri, Bettina: Konzert für die Unerschrockenen (Braumüller Verlag, Wien 2013).
Stank, Cornelia: Das wunderbare Cello (books on demand, 2015).
Starker, Janos u. a.: Von Budapest nach Bloomington – János Starker und die ungarische Cello-Tradition. Biographie (Kronberg Academy Verlag, 1999), deutsch und englisch.
Steachelin, Wolfgang: Das Cello (Verlag TWENTYSIX 2018).
Stead, Philip C.: Music for Mister Moon (Neal Porter Books, 2019), englisch.
Süße-Krause, Uta und Harald Eggebrecht: Cellisten/Cellists (Michael Imhof Verlag, Petersberg 2011).
Tariel, Adèle: Un air de violoncelle – 1989, La chute du mur de Berlin (Kilowatt 2016), französisch.
Tewes, Christin: An seiner Saite (Verlag epubli, 2018).
Tobel, Rudolf von: Pablo Casals (Rotapfel-Verlag, 1947).
Tokoro, Kemeko: Der Klang meines Herzens (Kazé Manga, 2018).
Tortelier, Paul: How I Play, How I Teach (Chester Music, 1992), englisch.
Turnage, Mark-Anthony: Kai, for cello and ensemble, Entstehungsjahr 1989/1990 (Schott Music, London).

Wallendorf, Klaus: Immer Ärger mit dem Cello. Liebeserklärung eines irrenden Waldhornisten an die streichenden Kollegen (Kiepenheuer & Witsch, Köln 2012).
Wasielewski, Wilhelm Joseph von: Das Violoncell und seine Geschichte (Breitkopf & Härtel, Leipzig 1894).
Wassmo, Herbjørg: Das Buch Dina (Knaur Taschenbuch, München 2008).
Wecker, Konstantin: Der Klang der ungespielten Töne (Ullstein Taschenbuch Verlag, 2006).
Wegener, Gertrud: Jacques Offenbach. Schauplätze eines Musikerlebens, Katalog zur Ausstellung des Historischen Archivs der Stadt Köln in Bad Ems und Köln (Köln 1980).
Weissweiler, Eva: Der Sohn des Cellisten (Hoffmann und Campe, Hamburg 1996).
Dies.: Notre Dame de Dada, Luise Straus – das dramatische Leben der ersten Frau von Max Ernst (Kiepenheuer & Witsch, Köln 2016).
Wiegele, Ursula: Cello, stromabwärts (Drava Verlag, Klagenfurt und Wien 2011).
Wilson, Ariane: Un violoncelle sur le toit du monde (Verlag Presses de la Renaissance, 2002), französisch.
Dies.: Le pèlerinage des 88 temples (Presses de la Renaissance, 2006), französisch.
Wilson, Elisabeth: Rostropovich, The Musical Life of the Great Cellist, Teacher and Legend (Faber, 2007), englisch.
Wischnewskaja, Galina: Galina, Erinnerungen einer Primadonna (Piper Verlag, München 1993).
Wondratschek, Wolf: Mara, eine Erzählung (Carl Hanser Verlag München Wien 2003).

Bildnachweis

Abb. 1	N. Scherbakow, D. Davis, Alexander Stogorsky, Gregor Piatigorsky und Wladimir Pawlowitsch Perlin, Tschaikowski-Wettbewerb, Frühling 1962, Autor unbekannt
Abb. 2	Albert Kahn: „Pablo Casals, Licht und Schatten auf einem langen Weg, Erinnerungen" (Fischer Taschenbuch Verlag, 1974). © S. Fischer Verlag, Frankfurt am Main
Abb. 3	Pablo Casals 1961. Urheber: Fritz Cohen / public domain
Abb. 4	Wolf Wondratschek und Luzia Braun im Gespräch (Leipziger Buchmesse 2011). Urheber Lesekreis
Abb. 5	Catrina Davies: „Mit Cello und Liebeskummer, Eine Reise zur Mitternachtssonne". © S. Fischer Verlag, Frankfurt am Main
Abb. 6	Hervé Bodeau „Maurice Baquet – portrait avec violoncelle" (Paulsen-Guerin, 2016). © Robert Doisneau
Abb. 7	Elena Cheah. © 2017 by Elena Cheah. Foto: Duncan Smith
Abb. 8	Paul MacAlindin „Bis der letzte Ton verklingt". © 2017 Heyne Verlag
Abb. 9	© Ferdinand von Schirach. Fotograf: Michael Mann
Abb. 10	Anita Lasker-Wallfisch: „Ihr sollt die Wahrheit erben, Die Cellistin von Auschwitz, Erinnerungen". © Rowohlt Taschenbuch Verlag, Reinbek bei Hamburg 2000
Abb. 11	Rebekka Schein 1935, zur Zeit ihrer ersten Konzerte. Quelle: privat
Abb. 12	Katharina Mevissen: „Ich kann dich hören". © 2019 Verlag Klaus Wagenbach
Abb. 13	Michael Krüger. © Peter-Andreas Hassiepen, München
Abb. 14	Eva Weissweiler. © Klaus Kammerichs
Abb. 15	Curt Goetz. © Archiv Valerie von Martens-Goetz
Abb. 16	Christin Tewes: „An seiner Saite". © privat
Abb. 17	Konstantin Wecker, Pressebild zu „Weltenbrand". © Thomas Karsten
Abb. 18	Ivan E. Coyote: „Als das Cello vom Himmel fiel". © Krug & Schadenberg, 2011
Abb. 19	Andromeda Romano-Lax. Quelle: privat
Abb. 20	Ariane Wilson. © Maya Gratier
Abb. 21	Ursula Wiegele: „Cello, stromabwärts". © Drava Verlag, Klagenfurt, Wien 2011
Abb. 22	Hartmut Krüpe-Silbersiepe: „Der Cellist und andere Erzählungen". © 2018 epubli, Coverillustration: Andreas Alba
Abb. 23	Kazuo Ishiguro. © Jane Brown, 2005
Abb. 24	Klaus Wallendorf: „Immer Ärger mit dem Cello". © 2012 by Kiepenheuer & Witsch
Abb. 25	„ˈtʃɛlo" (Cello), von Florian Althans. © Brotlos Verlag
Abb. 26	Philip C. Stead: „Music for Mister Moon"(Neal Porter Books, 2019). © Erin E. Stead
Abb. 27	Cornelia Stank: „Das wunderbare Cello". Illustration © 2012 by Carmela Palmieri (c-palmieri.de)
Abb. 28	„Kommissar Kugelblitz". © Max Waltehr, 2018
Abb. 29	Adèle Tariel: „Un air de violoncelle – 1989, La chute du mur de Berlin". © Kilowatt éditions 2016 (Paris, France)
Abb. 30	„Dobo und das verschwundene Cello". © 2020 by Michael Schuster und Steffen Fischer

Abb. 31	Kim Märkl: „Im Land der Mitternachtssonne". © 2004 by Musikverlag Zimmermann, Frankfurt am Main.
Abb. 32	Wilhelm Busch (1832–1908), Selbstporträt, Federzeichnung. Quelle: privat
Abb. 33	Sofie Cramer. © privat
Abb. 34	„Many Celli". © by Rupert Gillett
Abb. 35	„solo duo". © 2020 Franz Schär
Abb. 36	„Ein Engel in der Nacht". © Illustration by Mirada/PENTATONE Music
Abb. 37	„Cellowald", Geigenbau Christian Adam. © 2020 by Christian Adam
Abb. 38	Julius Bächi: „Berühmte Cellisten". © Schott Music
Abb. 39	Antoon Bouman, aus: „Violoncellisten der Gegenwart in Wort und Bild" (Herausgeber: J. F. Richter). Hamburg 1903
Abb. 40	Mstislaw und Galina Rostropowitsch: „Die Musik und unser Leben. Aufgezeichnet von Claude Samuel". © S. Fischer Verlag, Frankfurt am Main
Abb. 41	Carol Easton: „Jacqueline du Pré. Musik war ihr Leben – eine Biographie". © 1991 Paul Zsolnay, Wien
Abb. 42	Hilary und Piers du Pré : „Ein Genie in der Familie". Quelle: Propyläen Verlag, 1999
Abb. 43	Michael Schmidt: „capriccio für siegfried palm, ein gesprächsporträt". ConBrio Verlagsgesellschaft, Regensburg 2005
Abb. 44	Boris Pergamenschikow. © Ursula Gneiting-Nentwig, Köln 1982
Abb. 45	David Popper, Photogramm. Quelle: E. Bieber / Public domain
Abb. 46	Paul Tortelier, Zeichnung. Reginald gray
Abb. 47	Mstislav Rostropowitsch, Kazimir Wilkomirski und Pierre Fournier, 1966, Quelle: RIA Novosti archive, image #77963 / Fotograf: Mikhail Ozerskiy / CC-BY-SA 3.0
Abb. 48	Tobias Kühne: „André Navarra und die Meisterschaft des Bogens. Wiener Gespräche und Erinnerungen seiner Schüler", hrsg. von Andrea Welker. © Verlag Bibliothek der Provinz, Weitra 1998
Abb. 49	Auguste van Biene, etwa 1907. Harold Baker (†1942) / public domain
Abb. 50	Emanuel Feuermann in Japan, 1934. NHK / public domain
Abb. 51	Alexander Ivashkin / Josef Oehrlein: „Rostrospektive – Zum Leben und Werk von Mstislav Rostropovich, Biographie" (Reimund Meier Verlag, Schweinfurt 1997). Foto: Stephan Cropp
Abb. 52	Nikolaus Harnoncourt, Gustav Leonhardt und Prinz Bernhard der Niederlande bei der Überreichung des Erasmuspreises 1980 in Amsterdam. Hans van Dijk / Anefo
Abb. 53	Uta Süße-Krause und Harald Eggebrecht: „Cellisten/Cellists". © Annette Wittkopf
Abb. 54	Sol Gabetta. © 2017 by Julia Wesely
Abb. 55	Beatrice Harrison und ihre Schwester May Harrison, ca. 1926. 47th PennVols
Abb. 56	Guilhermina Suggia. Autor unbekannt / public domain
Abb. 57	Charlotte Moormann, Karikatur. Quelle: privat
Abb. 58	Katharina Deserno: „Cellistinnen, Transformationen von Weiblichkeit in der Instrumentalkunst". © 2018 Böhlau Verlag, Köln und Weimar
Abb. 59	„White Cello". © 2020 Liz Schneider. Foto: Gerhard Merzeder
Abb. 60	Franz Hohler, Anfang 1970er-Jahre. Quelle: Franz Hohler
Abb. 61	Matthias Deutschmann, 2013. © Anja Limbrunner
Abb. 62	Rebecca Carrington. © 2020 by kulturkraemer
Abb. 63	Rushad Eggleston, Quelle: privat
Abb. 64	Apocalyptica. © Ville Juurikkala
Abb. 65	Babette Kaiserkern: „Luigi Boccherini: Musica Facet Amorem. Leben und Werk des Luigi Boccherini". © Weimarer Verlagsgesellschaft in der Verlagshaus Römerweg
Abb. 66	„Offenbach-Bahn". © KVB, Kölner Verkehrs-Betriebe AG, Köln 2019

Bildnachweis

Abb. 67	Jacques Offenbach, ca. 1840, Zeichnung von Alexandre Laemlein. Quelle: public domain
Abb. 68	Heiko Schon: „Jacques Offenbach: Meister des Vergnügens". © Regionalia Verlag, Rheinbach 2018
Abb. 69	Jacques Offenbach, Karikatur von einem anonymen Zeichner. Quelle: privat
Abb. 70	Violoncello von Giovanni Paolo Maggini, Brescia ca. 1630. Quelle: privat
Abb. 71	Claus Derenbach. © Claus Derenbach
Abb. 72	Elise Barbier Cristiani, nach: Thomas Couture, ca. 1850 / public domain
Abb. 73	Maria Kliegel. © by Maria Kliegel, Foto: Conny Müller
Abb. 74	Wolfgang Boettcher. © Kogge-Gateau, 2020
Abb. 75	Mr & Mrs Cello. © 2020 by Massimiliano Martinelli und Fulvia Mancini
Abb. 76	Winfried Pape. © Ullrich Stiens
Abb. 77	Johann Sebastian Bach, Cellosuite, Faksimile / public domain
Abb. 78	Grace Anderson und Bernard Greenhouse, Mai 2011. Quelle: privat
Abb. 79	Angie Su und Lynn Harrell. © 2017 Hannoah Entertainment
Abb. 80	„The Cellist" (film still). © 1998 by Peter Land
Abb. 81	Frank Wolff: „Mein blaues Cello", CD-Cover. © Parthas Verlag Berlin
Abb. 82	Filmstill aus „Shadow, Ode to the Dawn of Man: Making of music to Cave of Forgotten Dreams". © Werner Herzog Film
Abb. 83	„Lauras Stern und der geheimnisvolle Drache Nian". © 2009 Baumhaus Verlag in der Bastei Lübbe AG

Danksagung

Ich möchte den vielen Schriftstellern, Illustratoren, Fotografen und Künstlern herzlich danken, die mir auf meine Fragen so bereitwillig und geduldig Auskunft gegeben bzw. mich großzügig mit Texten und Bildmaterial „versorgt" haben. Als ganz besonders schön habe ich die positive Anteilnahme und das Interesse an meinem Buchvorhaben empfunden, das mir allgemein entgegen gebracht wurde – wahrscheinlich sind es alle Cellofans. Es würde mich sehr freuen, wenn sich die wunderbaren Begegnungen und Gespräche, die sich neben den Recherchen ergeben haben, auch in Zukunft noch fortsetzen würden!

Einen besonderen Dank möchte ich an Christoph Dohr und Christian Vitalis vom Verlag Dohr Köln richten, die das Projekt betreut haben.